JAHRBUCH DES EMSLÄNDISCHEN HEIMATBUNDES

JAHRBUCH
DES EMSLÄNDISCHEN HEIMATBUNDES
BAND 37
1991

VERLAG DES EMSLÄNDISCHEN HEIMATBUNDES

Titelbild: Rapsfeld in Eisten auf dem Hümmling

Verlag: Emsländischer Heimatbund e. V., 4475 Sögel, Schloß Clemenswerth
Vorsitzender: Dr. Josef Stecker
Schriftleitung: Werner Franke, Josef Grave und Eckard Wagner
Gestaltung: Elmar Nordmann, 8901 Rehling/Obb.
Für die Redaktion des Jahrbuchs verantwortlich: Horst H. Bechtluft, Werner Franke, Josef Grave, Gerd Hugenberg, Holger Lemmermann, Helmut Tecklenburg und Eckard Wagner
Herstellung: Druckerei Rasch, Bramsche

ISBN 3-88077-021-2 Broschur
      3-88077-022-0 Festeinband

Dieses Buch wurde gedruckt auf 115 g/qm NopaCoat mattgestrichen der

 Nordland Papier GmbH, 2992 Dörpen/Ems, Telefon 04963/401-0

Alle Rechte an Text und Bildvorlagen einschließlich des auszugsweisen Abdrucks behält sich der Emsländische Heimatbund vor.

INHALTSVERZEICHNIS

Ein Jahr der Veränderungen 7
    von Josef Stecker

Ludwig Windthorst und das Emsland –
Zu seinem 100. Todestag 9
    von Josef Hamacher

Der Dompropst Franz Karl Berlage –
ein Heimatforscher aus Salzbergen 34
    von Andrea Kaltofen

Ein helles Licht der deutschen Barockmalerei erlosch im Emsland
Zum 250jährigen Todestag von Johann Evangelist
Holzer auf dem Jagdschloß Clemenswerth 45
    von Eckard Wagner

Vom Ende eines schlesischen Edelmannes im Emsland 55
    von Joachim Schrape

Der Frerener „Glockenstreit" 62
    von Hans Slemeyer

Gegen die Not durch Feuer und Hochwasser
Nachbarschaftshilfe der Stadt Meppen im 19. Jahrhundert 71
    von Karl Pardey

Der ehemalige Wehrmachtsschießplatz bei Schepsdorf als NS-Hinrichtungsstätte 77
    von Ludwig Remling

Landschaften im Emsland
Haselünne und Herzlake

Haselünne, Herzlake, Holte
Eine geschichtliche Betrachtung 92
    von Josef Hamacher

Was man so sieht
Eine Begegnung mit Haselünne und seinem Umland 136
    von Wilhelm Landzettel in Zusammenarbeit mit Christel Habbe

Stille Tage mit dem kleinen Muck
Szenen, Skizzen, Bilder aus dem Sommer 1990 174
    von Rainer A. Krewerth

Wissenswertes
über Haselünne und Herzlake 210
    von Werner Franke

Haselünne, Herzlake im statistischen Vergleich 237
    zusammengestellt von Helge Scharenberg

Mien Haseland 241
    von Alfons Sanders

Tonio Bödiker – ein Emsländer schrieb europäische Sozialgeschichte 243
    von Ulrich Adolf

„Schwarzware" aus Haselünne ging in alle Welt
Wichtigste Steinzeugtöpferei Norddeutschlands stand einst in Haselünne 254
    von Andreas Eiynck und Heinz Janzen

Bahnhöfe im Emsland 286
    von Eggert Sass

Oktober 297
    von Karl Seemann

Rückkehr in die Heimat
Ehemalige jüdische Bürger im Emsland oder
Gedanken zum Thema Heimat nach „Auschwitz" 298
    von Uwe Eissing

Die Emsländischen Freilichtspiele e. V. Meppen 304
    von Erhard Müller

Heini will in de Schaule –
Eine Erinnerung an Alt-Aschendorf 321
    von Heinrich Jungeblut

Klönaobend 323
    von Josef G. Schmidt

Schuten Bur laett sük berichten 324
    von Heinrich Book

Oaltwiewersommer 327
    von Friemann

Theo Kröger zum Gedenken 328
    von Josef Stecker

Ein Jahr der Jubiläen 330
    von Werner Franke

Ein Jahrzehnt Familienforschung – „Emsländische Landschaft" unterstützt
die Genealogie 339
    von Willy Friedrich

Bücherecke 341

Autorenverzeichnis 360

Fotonachweis 360

VORWORT

Ein Jahr der Veränderungen

von Josef Stecker

Dieses Jahrbuch erscheint am Ende eines Jahres, das dramatische politische Entwicklungen und Veränderungen gebracht hat: Den Schlußpunkt hinter eine fünfundvierzigjährige Nachkriegsepoche, die Lösung des Ost-West-Konflikts und das Ende der Teilung Europas und Deutschlands. In einem Akt friedlicher Revolution ist die totalitäre Gewaltherrschaft im Osten unseres Vaterlands zusammengebrochen, die Zentralverwaltungswirtschaft beseitigt; der „real existierende Sozialismus" hat weltweit Konkurs angemeldet. Die Einheit Deutschlands ist völker- und staatsrechtlich in Frieden verwirklicht – wahrlich ein von niemandem in dieser Form und in diesem Zeitraum erwartetes säkulares Ereignis. Dieses Ereignis hat ein gutes Fundament geschaffen für den Aufbau des ganzen Landes, allerdings auch nicht mehr, denn nun beginnt der Bau des Hauses, an dem alle mitwirken müssen. Sicherlich hat die Besserung der wirtschaftlichen Verhältnisse in der ehemaligen DDR Vorrang, aber dabei darf von Anfang an nicht vergessen werden, daß die Marktwirtschaft als freiheitliche Wirtschaftsordnung einer bestimmten Struktur der Gesellschaft und einer ihr eigenen geistig-moralischen Umwelt zugeordnet ist. Sie setzt eine Gesellschaft voraus, in der bestimmte unantastbare Normen und Werte in einer unerschütterlichen Rangordnung respektiert und verteidigt werden.
Bei der Verwirklichung dieser Ordnung sind alle diejenigen besonders gefordert, die sich der Heimatarbeit verpflichtet fühlen. Heimat gründet sich ja vor allem auf Werte jenseits von Soll und Haben, und sie lebt nur dort, wo alle Menschen sich in Freiheit entfalten können. Der Mensch kann nur dann volle Erfüllung seiner ihm von Gott gegebenen Natur

finden, wenn er sich willig einer Gemeinschaft einfügen und sich dieser solidarisch fühlen kann. Stellen wir uns also, wo immer sich Gelegenheit bietet, der Aufgabe, diese Solidarität zu verwirklichen!

Zum Inhalt dieses Jahrbuchs darf angemerkt werden, daß das Kernthema in diesem Jahr der Region Haselünne, Herzlake, Holte gewidmet ist. Von der südlichen Emslandschaft im vorigen Jahrbuch wechseln wir also in das Hasetal und bieten damit allen Emsländern einen, wie ich meine, interessanten Einblick in Geschichte und Gegenwart eines reizvollen Teils ihrer Heimat. Im übrigen hat sich die Schriftleitung wieder mit Erfolg bemüht, eine große Vielfalt von Themen aufzugreifen und reich bebildert darzubieten. Dazu gehört auch eine Reihe von Lebensbildern markanter Persönlichkeiten aus emsländischer Vergangenheit – allen voran ein bemerkenswerter Beitrag über Ludwig Windthorst, den „Abgeordneten für Meppen", dessen hundertsten Todestag wir 1991 begehen.
Insgesamt dürfen wir mit dem Jahrbuch 1991 den Emsländern und den Freunden des Emslandes wieder ein Buch in die Hand geben, für dessen Gestaltung Autoren und Schriftleitung hohes Lob verdienen.

EMSLÄNDISCHE LEBENSBILDER

Ludwig Windthorst und das Emsland – Zu seinem 100. Todestag

von Josef Hamacher

Ludwig Windthorst ist gestorben am 14. März 1891. Am 14. März 1991 wird die Deutsche Bundespost eine Sonderbriefmarke mit seinem Porträt herausgeben. Am selben Tag wird in Hannover eine Windthorst-Ausstellung eröffnet, die u. a. auch in Berlin, Bonn, Osnabrück, Celle und natürlich auch im Emsland zu sehen ist. Begleitet wird diese Ausstellung überall von Veranstaltungen, die dem Leben und Wirken dieses bedeutenden Mannes gewidmet sind. Träger dieses „Ludwig-Windthorst-Gedenkjahres" – so eine Presseverlautbarung – sind die Ludwig-Windthorst-Stiftung und der Landkreis Emsland[1].
Alle damit verbundenen Aktivitäten, auch Beiträge in Rundfunk und Fernsehen, gelten einem Manne, der eine Hauptrolle gespielt hat auf der politischen Bühne des 19. Jahrhunderts. Für uns Heutige „existiert" er als Mensch dieses vergangenen Jahrhunderts aber nicht nur in historischer Ferne – das ist bei anderen genauso –, sondern er ist darüber hinaus auch gründlich vergessen, abgesehen vom Emsland, wo Straßen, Plätze und Institutionen überall seinen Namen tragen. Wer das als inszenierte Erinnerung betrachtet, dem sei gesagt, daß diese historische Aufwertung sehr verdient ist. Denn bei aller Fragwürdigkeit zeitlicher und erst recht geschichtlicher Größe: Fraglos bedarf dieser große Parlamentarier der wiederholten Bemühung derer, die sich seinem Wirken verpflichtet fühlen[2]. Sicher: Otto von Bismarck, dessen großer Gegenspieler Ludwig Windthorst war, hat in weit höherem Maße als dieser das Auge der Mit- und Nachwelt auf sich gezogen. Und doch war nach Bismarck, dem Gründer des deutschen Reiches, Ludwig Windthorst der angesehenste deutsche Politiker seiner Zeit. Bismarck jedoch hat heute, auch bei kriti-

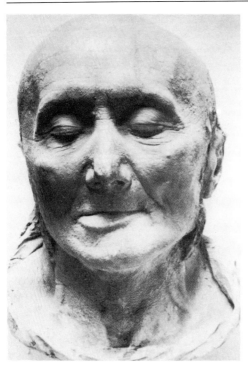
Totenmaske Windthorst

scher Betrachtung, immer noch seinen Platz im Pantheon der deutschen Geschichte; Windthorst hat dort nie einen gehabt. Der „Eiserne Kanzler", Monument der Macht, ist eine geschichtsbewegende Ausnahmefigur; sein großer Gegner im sogenannten Kulturkampf taugt manchen nur als nichtssagende Denkmalsfigur – auf dem Abstellgleis der Geschichte.

Gibt es trotzdem ein Recht, von Windthorsts „historischer Bedeutung" zu sprechen? Durchaus, auch wenn man einschränkend hinzufügt, daß eine historische Situation ihn dazu gemacht hat. Und wenn man sich – das muß man weiter hinzufügen – nicht den Blick verstellen läßt durch die Art und Weise, wie die Mit- und Nachwelt sein Bild verzeichnet oder auch überzeichnet hat. Politischer Manager oder Bekenner, Demagoge oder Kreuzritter, Unperson oder Übervater: Achtung und Ächtung lagen jahrzehntelang nahe beieinander. Geändert hat sich das erst nach dem Zweiten Weltkrieg. Die Bewertung Windthorsts wurde um so positiver, je mehr die bismarckfreundliche Geschichtsschreibung der Kritik unterzogen wurde. Im übrigen liegt die Erklärung für das lange Verkennen und das späte Erkennen von Windthorsts großer Bedeutung vor allem in dem zu Recht negativ besetzten Begriff „Kulturkampf", dessen gängige Optik allerdings einen politischen Katholizismus suggeriert hat, den man in Bausch und Bogen verurteilte, statt sich um das dokumentarisch Beweisbare zu bemühen. Aber das ist schon lange vorbei. Seit dreißig bis vierzig Jahren dürfte es keinen ernstzunehmenden Historiker mehr geben, der Bismarcks unselige Auseinandersetzung mit der katholischen Kirche nicht als dessen schwersten innenpolitischen Fehler betrachtet: Das ist das Urteil der Geschichte gegen das zum Teil sehr befangene Urteil jener Zeit.

Am heutigen Tage vollendete im 80. Lebensjahre, wohlversehen mit den heiligen Sterbesakramenten sein arbeits- und segensreiches Leben

Seine Excellenz der Staatsminister a. D., Reichstags- und Landtagsabgeordneter

Herr Dr. Ludwig Windthorst.

Kirche und Reich trauern am Sarge dieses hochbegabten und hochverdienten Mannes, welcher durch unerschütterliche Ueberzeugungstreue, durch hohe staatsmännische Begabung, durch die überwältigende Macht seines beredten Wortes, zugleich auch durch seltene Liebenswürdigkeit und Herzensgüte in ungewöhnlichem Maße hervorragte.

Was er für das deutsche Vaterland und als treuer Sohn der katholischen Kirche für diese in einer langen Reihe von Jahren geleistet, lebt in der treuen Erinnerung und den Herzen aller Zeitgenossen und die Geschichte wird es künftigen Geschlechtern verkünden.

Das katholische Volk Deutschlands verliert in dem Entschlafenen den bewährtesten und eifrigsten Vertreter, den geliebtesten und hochverehrtesten Führer, den gewaltigsten Vorkämpfer.

Einsam und verlassen stehen wir, seine Fraktionsgenossen, trauernd an der Bahre dieses edlen Mannes, der mehr als 20 Jahre in umsichtiger und unermüdlicher Thätigkeit an unserer Spitze stand, wir beweinen in dem Verewigten unseren Stolz und unsere Freude. Im Vertrauen auf Gott empfehlen wir die Seele des entschlafenen Freundes dem Andenken im Gebete.

Berlin, den 14. März 1891.

Die Centrumsfraktionen des deutschen Reichstages und des preuß. Abgeordnetenhauses.

Graf von Ballestrem.   Frhr. von Heeremann.

Diese Todesanzeige ist u. a. erschienen im Kath. Volksboten vom 22. März 1891: Graf Ballestrem, der links unterzeichnet hat, war der Nachfolger Windthorsts in dessen emsländisch-bentheimischem Wahlkreis

Und sosehr man auch zögert, das „Urteil der Geschichte" herauszulesen aus den Nachrufen, welche die deutschen Zeitungen dem großen Parlamentarier Ludwig Windthorst nach seinem Tode widmeten, so wird doch eines ganz deutlich in diesen Pressestimmen: Kosmetik war das nicht und auch nicht lauter Pietät. Das kann man getrost „zum Nennwert neh-

men". Wenn man einmal absieht von den bekenntnisfreudigen Formulierungen der zentrumsnahen Presse, so stellt man sich bei manchen tonangebenden großen deutschen Zeitungen doch die Frage: Wer hat sich da eigentlich geändert, Windthorst oder die Zeitung? Erst bei näherem Zusehen stellt man dann häufig genug fest, daß die Beurteilung Windthorsts im deutschen Blätterwald schon Jahre vor seinem Tod teilweise viel differenzierter war, als diese Blätter in Windthorst-Biographien manchmal zitiert werden. Und bis auf wenige Ausnahmen in den betont bismarckfreundlichen Blättern hat die deutsche Presse den Zentrumsführer Ludwig Windthorst – wenn auch nicht ganz ohne Kritik – in ihren Nachrufen fast so geehrt wie die hier wiedergegebene Todesanzeige, welche der „Katholische Volksbote" in Meppen am 22. März 1891 auf der ersten Seite brachte. Zu dieser allgemeinen „Kurskorrektur" schrieb im April 1891, einen Monat nach dessen Tod, eine sächsische Zeitung[3] überaus polemisch und tief enttäuscht: „Der Windthorsttaumel ist ein Zeugnis traurigen Niedergangs echt deutscher Gesinnung". Eine Berliner Zeitung spricht noch zehn Jahre danach von dem „Leichengepränge", das Windthorst „zuteil wurde wie einem Nationalheros"[4]. Und Bismarck grollte später in seinen „Gedanken und Erinnerungen": „Man hat ihn vor und nach seinem Tode zu einem Nationalheiligen gemacht"[5]. Davon kann aber nicht einmal hier im Emsland die Rede sein, das Windthorst fast 25 Jahre hindurch als Abgeordneter vertreten hat. Für den Wahlkreis „Meppen-Lingen-Bentheim"[6] wurde er 1867 zunächst in den Norddeutschen, 1871 dann in den Deutschen Reichstag gewählt. Für den Wahlkreis „Meppen-Aschendorf-Hümmling"[7] wurde er 1867 in den Preußischen Landtag gewählt. Bis zu seinem Tode im Jahre 1891 hat er diese beiden Wahlkreise in beiden Parlamenten vertreten, und von Anfang an nicht als namenloser Abgeordneter. Trotzdem war er auch hier heftig umstritten. Das gilt allerdings kaum für den Raum Meppen, Aschendorf, Hümmling. Bei den (indirekten) Wahlen zum preußischen Abgeordnetenhaus gaben ihm die 200 Wahlmänner fast immer alle ihre Stimme[8]. Das muß manchmal so selbstverständlich gewesen sein, daß die örtliche Presse kaum übermäßig Notiz davon nimmt. Einstimmig wurde Windthorst auch – das sei hier noch angemerkt – im Jahre 1885 vom Kreistag (!) in Lingen für den dortigen Wahlbezirk in den Provinziallandtag in Hannover gewählt[9].
Die lokale Presse wird repräsentiert durch den „Katholischen Volksboten", zeitweise Untertitel „Standpunkt Zentrum", und die bemüht neu-

tralen, aber doch unverkennbar zentrumskritischen „Ems- und Hase-Blätter". Mit Rücksicht auf den überwiegenden Teil ihrer Leser und Abonnenten hält sich diese Zeitung nach Möglichkeit zwar immer bedeckt. Aus dieser Deckung kommt sie aber immer mal wieder heraus mit zum Teil polemischen Leserbriefen gegen Windthorst und aggressiven Pressestimmen aus den großen deutschen Zeitungen. Und das besonders vor den Reichstagswahlen von 1871 und 1887. Niemals in seinem ganzen politischen Leben war Windthorst in der emsländisch-bentheimischen Presse und in der deutschen Presse so rigorosen Angriffen ausgesetzt wie in diesen beiden Wahljahren. Die in Meppen erscheinenden Zeitungen – der „Katholische Volksbote" und die „Ems- und Hase-Blätter" – bieten davon allerdings nur einen schwachen Eindruck. Ganz anders war das im Raume Lingen und besonders Bentheim, aufgrund der anderen konfessionellen Struktur durchaus verständlich. Während im nördlichen Emsland mehr als 90 Prozent der Bevölkerung katholisch war, gab es 1870 in den „Grafschaften Lingen und Bentheim 30 600 Katholiken und 28 700 Protestanten"[10]. Lingen war weitgehend katholisch, Bentheim fast rein protestantisch. Bei der Reichstagswahl vom 3. März 1871 jedoch – gleich nach der Reichsgründung – hält sich die Kritik an Windthorst überall noch in Grenzen. Im zentrumsfreundlichen „Lingener Volksboten" findet sich davon ohnehin kaum etwas. Und das „Lingen'sche Wochenblatt" – Erscheinungsweise zweimal wöchentlich – bringt in den Wochen vor der Wahl nur wenig mehr Kritik an Windthorst als die „Ems- und Hase-Blätter" auch. Danach jedoch geht diese Zeitung eindeutig und kontinuierlich auf scharfe Konfrontation zu Windthorst. Und im Jahre 1887, als ein großer Teil der deutschen Presse wahre Sprachfeldzüge gegen Ludwig Windthorst führt – da geht es um den Militärhaushalt –, übertrifft sie, Sprachrohr der örtlichen Opposition, noch bei weitem die auch schon ziemlich heftigen Wahlauseinandersetzungen in den „Ems- und Hase-Blättern". In neun Ausgaben hintereinander, vom 23. Januar bis zum 20. Februar 1887, findet man dort fast kein gutes Wort über Windthorst, den „Reichsfeind", der mit seiner Ablehnung des Militärhaushalts Kaiser und Reich in den Rücken falle und dabei sogar die „Empfehlungen" des Papstes Leo XIII. ignoriere (das Letztere trifft übrigens zu). Am 13. Februar 1887 bringt das „Lingen'sche Wochenblatt" u. a. einen langen Leserbrief, in dem sogar „angenommen wird, daß unter den gegenwärtigen Verhältnissen auch dem hochwürdigen Bischof von Osnabrück die Wahl" von Windthorsts

Das schönste Plätzchen in der Welt

In Italien, dem schönsten Lande der Welt, ist Rom die schönste Stadt. Das schönste Gebäude in Rom ist der Vatikan. In dem Vatikan nimmt den schönsten Platz das Zentrum ein, und mitten im Zentrum sitzt Dr. Windthorst, Exzellenz, die Perle von Meppen.

(Kladderadatsch, Anfang 1883)
Der Karikaturist will sagen, daß im Vatikan keine Politik gemacht werden könne ohne Windthorst, soweit es um die Beilegung des Kulturkampfes geht. Aber das trifft nur sehr bedingt zu. Windthorst selbst hat deutlich ausgesprochen, daß der Papst sich bei der Beendigung des Kulturkampfes über ihn hinweggesetzt hat

Gegner „durch seine Diöcesanen sehr willkommen sein würde". Und die „Bentheimer Zeitung" vom 9.2.1887 bringt einen „Offenen Brief an die Reichstagswähler in der Grafschaft Bentheim", eingesandt von dem früheren bentheimischen Landrat Graf Deym, der mit den Worten schließt: „Sollte es Ihnen (den Wählern in der Grafschaft) unmöglich sein, die vereinigten Wünsche des Kaisers und des Papstes am Wahltage zu erfüllen?" Das heißt also, gegen Windthorst und das Zentrum zu stimmen?! Diese summarische Übersicht führt zu folgendem Resümee: Die emsländische und bentheimische Presse bietet in ihrer politischen Haltung zu Windthorst dasselbe Bild wie die Wählerschaft in diesem Reichstagswahlkreis auch. Von Meppen über Lingen nach Bentheim nimmt die Sympathie für Windthorst immer mehr ab. Im Bentheimischen ist sie, salopp ausgedrückt, fast „gleich Null", ausgenommen zwei katholische Gemeinden. Das beweisen alle 10 Wahlen in der Zeit von 1867 bis 1890. Davon soll im Folgenden die Rede sein.
Werfen wir zunächst einen Blick auf die Wahlen von 1867, als Windthorst hier zum erstenmal kandidierte; das ist übrigens die einzige Wahl,

von welcher die Windthorstbiographien bisher Notiz genommen haben, wobei man den Begriff „Notiz" ziemlich wörtlich nehmen kann. Sie nehmen kaum mehr zur Kenntnis, als daß Windthorst in seinem Wahlkreis für den norddeutschen Reichstag 70 Prozent aller abgegebenen Stimmen erhalten hat. Man darf dabei übrigens nicht übersehen, daß es 1867 zweimal Wahlen gab zu diesem Reichstag, nämlich am 12. Februar zum verfassunggebenden und am 31. August zum gesetzgebenden Reichstag.

Als Ludwig Windthorst im Alter von 55 Jahren 1867 hier aufgestellt wurde, gab es die Zentrumspartei noch gar nicht und auch noch nicht den Kulturkampf. Aufgestellt hat ihn ein unabhängiges Bürgerkomitee, also überhaupt nicht irgendeine Partei. Und seinerseits beworben hat er sich auch nicht darum. Das ist die offizielle Version des Wahlkomitees und auch die einschlägige Lesart in der hiesigen Presse. So heißt es z. B. in den „Ems- und Hase-Blättern" vom 10.2.1867: „Aus den Ämtern des Herzogtums Arenberg und der Grafschaft Lingen hatte man eine Anfrage an ihn (Windthorst) gerichtet, ob er geneigt sei, eine Wahl des hiesigen Wahlkreises anzunehmen. Er hat sich zusagend erklärt und auf Anfragen aus anderen Wahlkreisen ablehnend geantwortet".

Für das Herzogtum Arenberg-Meppen und die Grafschaft Lingen war die Sache also ziemlich klar. Nicht für die Grafschaft Bentheim! Das ergibt sich bei einer Versammlung in Lingen, über welche die „Ems- und Hase-Blätter" am 3.2.1867 berichten. Darin heißt es: „Die aus der Grafschaft Bentheim anwesenden Redner erklärten, für Staatsminister a.D. Windthorst nicht wirken zu können, da solches keinen Erfolg haben würde". Das waren geradezu prophetische Worte. Bei keiner Wahl bis 1890 konnte Windthorst im Bentheimischen Fuß fassen. In den reformierten Ortschaften der Grafschaft Bentheim war man zwar durchaus bereit, einen Katholiken zu wählen – bei der überwiegend katholischen Bevölkerung des gesamten Wahlkreises Meppen-Lingen-Bentheim ohnehin die einzige ernsthafte Chance gegen Windthorst –, man wollte aber nicht den politisch sehr engagierten Katholiken Windthorst. Das beweisen z. B. die Wahlen zum norddeutschen Reichstag vom 31. August 1867. Bei dieser Wahl[11] war der junge Bürgermeister von Papenburg, Emil Russell, gegen Windthorst angetreten. Dieser erhielt im Herzogtum Arenberg-Meppen, seiner eigenen Heimat, 482 und in der Grafschaft Lingen nur 268 Stimmen; in der Grafschaft Bentheim dagegen entschieden sich 1782 Wähler für ihn, für Windthorst indessen nur 336.

Und Emil Russell gehörte zu einer im Emsland bekannten katholischen Familie. Ähnlich war die Situation, als 1871 der Obergerichtsrat Wilhelm Kerkhoff, gebürtiger Haselünner, gegen Windthorst antrat. Auch dieser, gut katholisch, wie er sich im „Lingen'schen Wochenblatt" und einer ganzseitigen Wahlanzeige der „Ems- und Hase-Blätter" vom 14.2.1871 seinen Wählern ausdrücklich empfahl: Auch dieser erhielt die bei weitem meisten Stimmen nicht etwa im Emsland, sondern in der Grafschaft Bentheim.

Bleiben wir aber zunächst noch bei den Wahlen vom August 1867. Gegen Windthorst werden beim Wahlkampf folgende Argumente vorgebracht: Er ist ein Auswärtiger; er stellt sich nicht selbst seinen Wählern; die preußische Regierung hat ihn aus dem Gerichtsdienst entlassen; er hat gegen die Verfassung des norddeutschen Bundes gestimmt[12]. An diesen vier Argumenten ist nicht zu rütteln. Windthorst kam aus dem Osnabrücker Land (geb. in Ostercappeln am 17.1.1812); mit dem Emsland hatte er nur in seiner Ministerzeit zu tun gehabt, und zwar in Sachen des Herzogs von Arenberg. Richtig ist auch, daß er sich nicht selbst seinen Wählern stellte. Nur zweimal in den fast 25 Jahren, in denen er das Emsland als Abgeordneter vertreten hat, hat er sich bei öffentlichen Kundgebungen hier sehen lassen. Er dirigierte den Wahlkampf aus der Ferne, aus Celle, Hannover und Berlin. In der Ferne aber, in ganz Deutschland also, „eilte er von Wahlversammlung zu Wahlversammlung": Das wissen wir von seinem engen Vertrauten, dem bedeutenden Zentrumsabgeordneten August Reichensperger[13]. Außerdem stimmt es auch, daß die preußische Regierung ihn aus dem Gerichtsdienst entlassen hatte. Nachdem Preußen nämlich 1866 das Königreich Hannover annektiert und zu einer preußischen Provinz degradiert hatte, konnte Windthorst sich an den fünf Fingern abzählen, daß er nicht länger in Celle am ehemals obersten Gericht des Königreichs bleiben könnte. Dort war er seit fast zwei Jahren Kronoberanwalt, also Oberstaatsanwalt. Das war aber nicht entscheidend. Entscheidend war, daß er zuvor zweimal Justizminister im Königreich Hannover gewesen war, nämlich 1851–1853 und dann wieder 1862–1865. Die Entlassung hatte also rein politischen Charakter. Ja, und das 4. Argument traf auch zu. Nachdem Windthorst nämlich bei der Februarwahl des Jahres 1867 von seinem hiesigen Wahlkreis in den norddeutschen Reichstag gewählt worden war, hatte er tatsächlich gegen dessen Verfassung gestimmt.

Eines der ganz wenigen erhaltenen Ölgemälde, nicht datiert, mit dem Portrait von Ludwig Windthorst: stark idealisiert, ganz der Staatsminister a. D., wie die zeitgenössische Portraitmalerei das so liebte.

Und was wird nun für ihn geltend gemacht? Hier ein Zitat aus den „Ems- und Hase-Blättern" vom 25. August 1867: „Als Auswärtiger ist er unabhängig von den Banden der Verwandtschaft, dem kein Familienglied den Blick trübt (Erläuterung d. V.: Gemeint sind die sogenannten großen Familien, die durch den Herzog von Arenberg besonders gefördert wurden). Er hat die höchsten Stufen des erlaubten bürgerlichen Ehrgeizes hinter sich (Erläuterung: erfolgreicher Rechtsanwalt, hohe Beamtenstellen, Präsident der 2. Kammer des hannoverschen Landtages, zweimal Justizminister). An seinen Namen knüpft sich eine große Vergangenheit. Im (norddeutschen) Reichstag findet er Beachtung wegen der seiner Person innewohnenden äußeren und inneren Autorität. Außerhalb des Parlaments ist er rührig wie kein anderer und kann auf diese Weise manches Wünschenswerte auf direkte oder indirekte Veranlassung erreichen. ... Diesen Mann wählt ihr als eine altbewährte Kraft, als den Mann der Erfahrung, als den Mann von echt christlichem Sinn, streng gegen sich, duldsam gegen andere, den deshalb unser König zweimal zum Rate seiner Krone wählte, der stets derselbe war und ist."

Der Schluß ist sehr fragwürdig. Denn gerade in seiner hannoverschen Zeit wechselte Windthorst gelegentlich seine politischen Positionen. Im übrigen aber halten alle diese Argumente jeder objektiven Prüfung stand. Aber sosehr man sich auch umtut in Windthorsts persönlicher Korrespondenz oder in der lokalen Presse dieses Jahres 1867: Nirgendwo ist ein Beleg dafür zu finden, daß Windthorst präsentiert oder gewählt worden wäre wegen seiner ausgesprochen welfischen Gesinnung. „Die Welfen gewannen also das Mandat mit 70% der abgegebenen Stimmen": Das ist eine sehr fragwürdige Feststellung[14]. Noch fragwürdiger ist die Behauptung der amerikanischen Windthorst-Biographin M. L. Anderson: „Mit dem Slogan ‚Nur nicht vergessen' gewann er (Windthorst) als Abgeordneter der kleinen herzoglichen Enklave Meppen einen Sitz im Abgeordnetenhaus"[15]. Nicht einmal eine Andeutung davon findet sich hier in der Presse; und eine „herzogliche Enklave" war Meppen auch nicht, sondern Teil des Königreiches Preußen. Völlig unhaltbar ist ihre Feststellung: „Er warf sich – darf man sagen: mit Vergnügen? – in den Wahlkampf"[16]. Gemeint ist die Wahl zum Norddeutschen Reichstag, Februar 1867. In der hiesigen Presse wird ausdrücklich beanstandet, daß Windthorst sich hier gar nicht hat sehen lassen. Unhaltbar, zum größten Teil jedenfalls, ist ebenso ihre Bemerkung: „ ... suchte die lokale Oligarchie, die als ‚die Familie' bekannt war und das beson-

Windthorst, vermutlich als junger Rechtsanwalt: Dieses Ölportrait ist so „geschönt", daß man den, den es darstellen soll, kaum wiedererkennt

dere Vertrauen des Herzogs (von Arenberg) genoß, beständig Windthorsts Wiederwahl zu verhindern, indem sie Kandidaten von außerhalb beibrachte"[17]. Windthorsts Rivalen in den Wahlen von 1867 und 1871 – der Papenburger Bürgermeister Russell und der Osnabrücker Obergerichtsrat Kerkhoff – waren gebürtige Haselünner, Kerkhoff war 10 Jahre lang als Beamter in Meppen tätig. Und mit den Rivalen von Windthorst in allen Wahlen bis 1890 hatten die „großen" emsländischen Familien nun wirklich „überhaupt nichts im Sinn"! Kurz und gut: Windthorsts Wahl in den Jahren 1867 und 1871 war eine Persönlichkeitswahl.

Aber ob nun für oder gegen Windthorst: In den Wahlkämpfen des Jahres 1867 mit seinen drei Wahlen ging alles noch recht harmlos zu. Ganz anders war das vor der Wahl vom 3. März 1871, der ersten Reichtagswahl nach der Reichsgründung. Das Hauptargument gegen Windthorst war, daß er, wie oben schon dargelegt, ein „Reichsfeind" sei. Da heißt es z. B. in einer ganzseitigen Wahlanzeige der „Ems- und Hase-Blätter"[18], die sich auch im „Lingen'schen Wochenblatt" findet: „Wer wollte jetzt noch fragen, ob es *sein* Weg war, auf welchem Deutschlands Größe und Deutschlands Ruhm erblühte! Genug, daß jetzt unsere Nation dasteht, groß und geachtet vor allen Völkern. Von ihrem Abgeordneten müssen die Wähler ein warmes deutsches Herz, ein reges Interesse für die Neugestaltung ihres großen Vaterlandes erwarten. Sie müssen verlangen,

Foto-Portrait aus dem Jahre 1889

daß er mit freudigem Eifer darangehe, die gewaltige Schöpfung im Inneren ausbauen zu helfen." Und in einem Leserbrief[19] heißt es: „Der Abgeordnete Windthorst hat so entschieden wie nur möglich den ganzen Bau (des Reiches) zu stören gesucht. Gerade im katholischen Interesse scheint es mir geboten, einen Mann von entschieden kirchlicher Gesinnung, aber auch von entschieden deutschem Herzen in den Reichstag zu schicken." Daß Windthorst „den Bau des Reiches zu stören gesucht hat": Dieser Vorwurf hängt zusammen mit seiner Stimmabgabe gegen die Verfassung des Norddeutschen Bundes. Politisch fiel das aber überhaupt nicht ins Gewicht. Die Reichsgründung war letztlich eine Folge der Niederlage Frankreichs im deutsch-französischen Krieg von 1870/71 und das Ergebnis einer Vereinbarung unter den deutschen Fürsten; Parlamentarier waren da kaum gefragt. Richtig dagegen ist, daß Windthorst dem neuen deutschen Reich ziemlich skeptisch gegenüberstand. Es widersprach seiner politisch-historischen Grundüberzeugung, daß Bismarck Österreich zuerst durch seine Diplomatie, dann durch seinen Krieg von 1866 aus Deutschland herausgedrängt und so eine Lösung der „deutschen Frage" im Einvernehmen und unter Beteiligung von Österreich verhindert hatte. Aber nachdem das Reich nun einmal da war, hat er sich auf den Boden der Tatsachen gestellt. An dem lange Zeit gehegten Vorurteil, übrigens auch vieler Historiker, Windthorst sei ein Feind des neuen deutschen Reiches gewesen, hat das aber nichts geändert, – noch bis zu den Wahlen von 1887. Das belegen die oben erwähnten Zitate aus der emsländischen Presse, die mühelos durch weitere ergänzt werden könnten. Und alle zusammen könnten ergänzt werden durch die überaus polemischen Angriffe auf Windthorst in einem großen Teil der deutschen Presse: eine schwere Last für den damals immerhin schon 75jährigen Zentrumsführer!

Das extreme politische Gefühlsklima dieses Jahres 1887 – Bismarck hatte den Reichstag aufgelöst und Neuwahlen ausgeschrieben – zeigt sich auch in der ungewöhnlich hohen Wahlbeteiligung: im Wahlkreis Meppen-Lingen-Bentheim 96,2 % nach bis dahin höchstens 85,6 %[20]; im Reich 77 %, der höchsten Wahlbeteiligung seit 1871[21]. Trotzdem verlor das Zentrum im Reichstag nur ein Mandat. Schon 1884 hatte die Partei dort die stärkste Fraktion gestellt mit 99 Abgeordneten vor den 67 Mandaten der Freisinnigen. Bis 1890 nahm es noch weiter zu bis auf 106 Abgeordnete, während die zweitstärkste Fraktion, die Deutsch-Konservativen, es nur auf 68 Mandate brachte[22].
In seinem emsländisch-bentheimischen Wahlkreis erhielt Windthorst 1887 nur „74,9 % der Stimmen, fast 24 % weniger als bei den früheren und späteren Wahlen in seiner Laufbahn": So die eben schon genannte Amerikanerin M. L. Anderson in ihrer zu Recht viel gelobten Windthorst-Biographie[23]. Das ist teils irreführend, teils nicht richtig. Irreführend ist, wenn man das Wahlergebnis in diesem Zusammenhang nur nach Prozenten nennt; dann erfährt der Leser nämlich nicht, daß Windthorst hier – in konkreten Zahlen – noch nie so viele Stimmen erhalten hat wie 1887, nämlich 18 023[24], während seine Ergebnisse bei allen Wahlen zum deutschen Reichstag zwischen 16 000 und 17 000 Stimmen lagen; der prozentuale Stimmenverlust hängt vor allem zusammen mit der extrem hohen Wahlbeteiligung von 96,2 %. Falsch ist der Vergleich mit den „früheren und späteren Wahlen in seiner Laufbahn". Die genannten 24 % treffen nur zu für die unmittelbar vorangegangene Wahl von 1884 und die folgende Wahl von 1890[25]: beide ganz untypisch, da Windthorst keinen Gegenkandidaten hatte. Im Vergleich zu den Wahlen von 1871 waren es z. B. nur 1,9 %, zu denen von 1874 nur 3,8 %. Und so waren es im Durchschnitt der Wahlen von 1871 bis 1890 auch keine 24 %, sondern nur 10,9 %, und das übrigens bei einer durchschnittlichen Wahlbeteiligung seines Wahlkreises von 79,1 %.
Zum Schluß dieser Wahlanalyse noch einige Besonderheiten! Bei den Wahlen von 1874, 1877 und 1878 (nach Auflösung des Reichstages) kandidierte im Wahlkreis Emsland-Bentheim gegen Windthorst der preußische Kultusminister Adalbert Falk, der Schildknappe Bismarcks im Kulturkampf. Und das ausgerechnet in den schlimmsten Jahren dieser Auseinandersetzung: eine große Herausforderung für die gut 70 Prozent katholischen Wähler dieses Wahlkreises! Als engster Gehilfe Bismarcks trug er die ministerielle Verantwortung für die Ausnahmegesetze gegen

> **Aus der Grafschaft Bentheim.**
> Die Wahlen des deutschen Reichstags stehen bevor und ist es an der Zeit, daß alle Patrioten, welche die Reichsregierung in ihrer dem deutschen Vaterlande so ersprießlichen Thätigkeit unterstützen wollen, sich über die Wahl eines Candidaten zu einigen suchen.
> Mehrere Wähler der Grafschaft Bentheim, welche zu diesem Zwecke zusammengetreten sind, wissen keine bessere Wahl in Vorschlag zu bringen, als diejenige unseres, die ultramontanen Bestrebungen so energisch und erfolgreich bekämpfenden
> **Cultusministers Falk.**
> Wir bezweifeln nicht, daß alle Gutgesinnten mit uns übereinstimmen und ersuchen die Ortsvorstände, dahin zu wirken, daß j e d e r Wahlberechtigte an der Wahlurne erscheint und seine Stimme für den vorgeschlagenen Candidaten abgiebt.

Lingensches Wochenblatt, 4.1.1874

die katholische Kirche. Bismarck selbst hat diese – in Anspielung auf Falk – eine „frisch-fröhliche Falkenjagd"[26] genannt; diese Gesetzgebungsmaschine bezeichnete er, Gipfel des Zynismus, als „Fangapparat für widerspenstige Priester"[27]. Aber Falk stand hier im Wahlkreis Meppen-Lingen-Bentheim von vornherein auf verlorenem Posten. Präsentiert als politischer Rammbock gegen Windthorst, verlor er doch von Wahl zu Wahl immer mehr Stimmen (von 21,3 über 17,9 auf 12,4 Prozent)[28]. Kein Wunder bei der konfessionellen Struktur dieses Wahlkreises! Schließlich hatten schon 1874 insgesamt 83 Prozent aller katholischen Wähler sogar in Deutschland der Zentrumspartei Windthorsts ihre Stimme gegeben[29], 1881 waren es sogar 86,3 Prozent[30]. Geographisch und politisch war das Emsland also kein Sonderfall. Eine ernsthafte Chance hatte Falk angesichts des Mehrheitswahlrechts überhaupt nicht. Nach diesem Kraftakt ohne Erfolg war es schwer, überhaupt einen Kandidaten gegen Windthorst zu finden. Die Opposition befand sich in einem ausgesprochenen Stimmungstief. Schließlich erklärte sich der Rektor a.D. Reibstein bereit, gegen Windthorst anzutreten: im Vergleich zu Falk ein politisches Leichtgewicht, eine pure Verlegenheitslösung. In den beiden protestanischen Ämtern Bentheim und Neuenhaus blieben denn auch 75,5 Prozent der Wähler der Wahlurne fern, in den anderen sechs Ämtern waren es im Durchschnitt nur 14,5 Prozent. Reibstein erhielt 1269 Stimmen, Windthorst 16443[31]. Ein Debakel!
Damit war die Opposition gegen Windthorst fürs erste am Ende. Auf dem Nullpunkt angelangt, stellte sie konsequenterweise für die Reichs-

Aus der Provinz.

Lingen, den 30. Januar 1887.

* Der hiesige Wahlausschuß hat auf eine Anfrage bei Sr. Excellenz dem Grafen Moltke, ob derselbe geneigt sei, das ihm von den Gegnern Windthorst's angetragene Reichstagsmandat im hiesigen Wahlkreise anzunehmen, folgende Antwort zu Handen des Herrn Superintendenten Raydt gelangen lassen:

Berlin, den 25. Jan. 1887.

Hochgeehrter Herr Superintendent!

Auf die gefällige Zuschrift vom 22. d. M. erwidere ich ergebenst, daß ich bereits mehrfache Anträge gleichen Inhalts abgelehnt habe. Mein bisheriger Wahlkreis hat mir 20 Jahre lang sein Vertrauen geschenkt, und ich kann dasselbe nicht mißbrauchen, indem ich mich in einem andern zur Wahl stelle. Sie wollen mir nicht verdenken, wenn ich bestimmt ablehne, eine ohnehin hoffnungslose Candidatur zu übernehmen. ImUebrigen spreche ich Ihnen und den Herren Mitunterzeichnern meinen aufrichtigen Dank aus für ihre patriotische Gesinnung und die mich ehrende Absicht.

Euer Hochwürden ganz ergebenster
Graf Moltke,
Generalfeldmarschall.

Lingensches Wochenblatt, 30. 1. 1887

*Generalfeldmarschall
Helmuth Graf von Moltke*

tagswahl von 1884 überhaupt keinen Kandidaten auf. Es wurde dazu aufgerufen, die Wahl durch Wahlenthaltung zu boykottieren[32]. Dann jedoch, im Jahre 1887, raffte sich die Opposition wieder auf. Zunächst bemühte sie sich um einen überaus prominenten Mann: Helmuth Graf von Moltke, preußischer Generalfeldmarschall, Sieger über Napoleon III. bei Sedan im Jahre 1870, hervorragender Militär und Mann von hoher Geistesbildung. Diese charaktervolle, für viele auch charismatische Persönlichkeit sollte hier als Wahllokomotive gegen Windthorst dienen. Als wenn das nur eine Fußnote wert wäre, steht darüber im „Katholischen Volksboten" vom 6. Februar 1887 nur zu lesen: „Graf Moltke hat die ihm von Lingen angetragene Kandidatur für den Wahlkreis Meppen-Lingen-Bentheim wohlweislich abgelehnt. Es war das klügste, das er machen konnte." Daß das Ganze keine Zeitungsente war – man könnte es fast annehmen –, ergibt sich aus dem „Lingen'schen Wochenblatt" vom 30. 1. 1887.

Bei dieser Wahl von 1887, auf die oben schon eingegangen wurde, erhielt Windthorst in der Grafschaft übrigens 897 Stimmen, 319 allein in den beiden katholischen Enklaven Wietmarschen und Engden, zwei von insgesamt 37 bentheimischen Gemeinden, die in der Wahlliste aufgeführt sind[33]. In den Jahren 1877 und 1878 – andere konnten hier noch nicht ausgewertet werden – war das ähnlich[34]. Und es muß hier einfach einmal gesagt werden, daß Windthorst im Bentheimischen nie so wenig Stimmen bekommen hat wie im August 1867; da waren es nämlich nur 336. Beachtung verdient dieser Sachverhalt nämlich deswegen, weil in allen Windhorstbiographien von 1898 bis 1988 für den Wahlkreis Meppen-Lingen-Bentheim immer wieder nur die Wahlen von 1867 herangezogen werden. Als wenn es andere Wahlen hier gar nicht gegeben hätte!

Damit sind wir am Ende dieser Wahlanalyse. Sie mußte so ausführlich ausfallen, weil gerade dieses Thema bisher ein völlig „unvermessenes Gelände" ist, sowohl in der Windthorstforschung wie auch in der Heimatgeschichte. Kaum anders liegen die Dinge bei dem Thema „Wahlkampf", das im Folgenden erörtert werden soll. Von vornherein muß man sich dabei freimachen von der Vorstellung, daß es im Wahlkreis Emsland-Bentheim etwa Wahlversammlungen gegeben hätte. In der lokalen Presse findet man davon jedenfalls kaum eine Spur. Wahrscheinlich hat Windthorst sich in den fast 25 Jahren, in denen er diesen Raum als Abgeordneter vertreten hat, seinen Wählern nur zweimal in einer öffentlichen Kundgebung gestellt, nämlich am 13. August 1872 in Papenburg und am 28. September 1884 in Meppen. Dabei handelte es sich in Papenburg nicht einmal um eine Wahlversammlung; da gab es gar keine Wahlen. Und zu Windthorsts Auftreten in Meppen wäre vor allem zu bemerken, daß er dort in seiner Rede eine Kundgebung in Amberg erwähnt: „Ich war kürzlich in Amberg. An einem Tag waren an die 10 000 (!) Menschen am Platz"[35].

Euer Hochwohlgeboren
sende ich im Anschluß ein Schrei- / ben des Herrn H. Bruns, welcher / seine Adresse und seinen ▷ *Wohn- / ort nicht näher angegeben. / Haben Sie die Güte, mit dem / Wasserbau-Inspektor Oppermann / zu reden, ob durch Förderung / des Kanalbaus den Armen Co- / lonisten geholfen werden kann. / Geben Sie mir dann bei Rück- / gabe des Schreibens den Titel und / den Wohnort des Herrn Bruns / an und dasjenige, was ich / demselben erwiedern könnte. /   Ergebenst / Windthorst*
Dieses Schreiben ist gerichtet an den Herzoglich-Arenbergischen Forstinspektor Rudolf Clauditz, den Wahlkampfmanager Windthorsts im Emsland. Es handelt sich um einen der wenigen Briefe, die Windthorst selbst geschrieben hat; Windthorst war damals schon fast blind. Es geht in dem Brief um den Dortmund-Ems-Kanal. Oppermann wird später Leiter des Wasser- und Schiffahrtsamtes Meppen

Hannover 19 Juli '79

Sehr Geehrtester Herr

Soeben ist mir anliegendes Schreiben von der Frau H Bruns, welche ihren Aufenthalt und ihren Namen uns nicht näher angegeben.

Haben Sie die Güte, mit dem Musarbeiter Herr Director Oppermann zu reden, ob durch Gewährung des Consulvends der armen Verwaisten geholfen werden kann.

Haben Sie... dann bei Rück--gabe des Schreibens den Titel und den Wohnort der Frau Bruns mir mit... dass ich ebenfalls verwenden könnte.

Ergebenst
Weidehorst

Wenn man also ganz generell annehmen muß, daß er im Emsland nur selten öffentlich aufgetreten ist, so heißt das noch lange nicht, daß er ganz selbstverständlich damit rechnete, dort auch eine ihm angemessene Mehrheit zu erreichen. Besorgte Anfragen an sein „Wahlkampfbüro" in Meppen machen das immer wieder deutlich. Sein Wahlkampfmanager war der Forst- und Domäneninspektor Rudolf Clauditz. Dieser stand im Dienste des Herzogs von Arenberg. Engster Verbindungsmann zwischen Windthorst und dem Herzog war dessen oberster Repräsentant im Herzogtum Arenberg-Meppen, der herzoglich-arenbergische Regierungsrat Matthias Deymann, dessen Sohn Thomas – schöner Zufall – längere Zeit Bürgermeister in Meppen war. Den unermüdlichen Einsatz seines Forstinspektors Clauditz tolerierte der Herzog nicht nur, er förderte ihn auch[36].

Für die Arenberger war diese Patronage durchaus nicht selbstverständlich. Denn als Windthorst Justizminister war im Königreich Hannover – 1851 bis 1853 und dann wieder 1862 bis 1865 –, da hatte er sich mehrfach mit der komplizierten Rechtslage des herzoglichen Hauses auseinanderzusetzen. Nachdem nämlich das Herzogtum Arenberg 1815 an das Königreich Hannover gefallen war, war der Herzog nicht mehr Landesherr, sondern nur noch Standesherr. Als solcher hatte er beträchtliche Rechte bei der Stellenbesetzung in Justiz und Verwaltung. Und diese kollidierten in der Praxis häufig mit den Rechten des Königs von Hannover. Daß es dabei zu Spannungen kam, war unvermeidlich. Daran erinnert Windthorst denn auch am 30. November 1868 im preußischen Abgeordnetenhaus; das war ein Jahr nach seiner Wahl hier in Meppen. Er spricht da von „Schwierigkeiten in einzelnen Fällen, ich kenne das aus meiner früheren amtlichen Tätigkeit"[37]. Kein Wunder, daß das herzogliche Haus auf den Minister und Exminister Windthorst nicht von vornherein gut zu sprechen war.

Davon konnte – nach außen hin – jedoch nicht mehr die Rede sein, als Windthorst sich hier zum erstenmal zur Wahl stellte. Von Anfang an hat der Herzog seine Wahl zum norddeutschen Reichstag und zum preußischen Landtag, später auch zum deutschen Reichstag, personell und auch direkt finanziell unterstützt; Rechnungen darüber sind im Original erhalten[38]. Ob das, zumal in den ersten Jahren, auch seiner politischen Überzeugung entsprach, ist schwer auszumachen. Auf jeden Fall aber waren dabei handfeste persönliche Interessen im Spiel, die formaljuristisch durchaus begründet waren, sonst aber überhaupt nicht mehr in die politische Landschaft paßten. Die preußische Regierung bedrohte nämlich die standesherrlichen Rechte des Herzogs. Und Windthorst verteidigte sie. Im Jahre 1875 jedoch wurden dem Herzog diese Sonderrechte genommen. Das änderte das Interesse des herzoglichen Hauses an einem guten Einvernehmen mit Windthorst aber nicht grundsätzlich. Einerseits war er für die Arenberger ohnehin tätig mit einer ganzen Reihe von juristischen Gutachten. Andererseits war Windthorst, unbestrittener Führer der Zentrumspartei – seit 1887 die stärkste Fraktion im Reichstag[39], seit 1882 zweitstärkste im Abgeordnetenhaus[40] – inzwischen zu einem sehr einflußreichen Parlamentarier geworden. Und als solcher war er dem Herzog durchaus „zu Diensten".

Auch für die Heimatforschung dürfte in diesem Zusammenhang das folgende Schreiben, vermutlich an den herzoglichen Regierungsrat Deymann, von Interesse sein: „Verehrter Gönner! Vertraulich theile ich Ihnen mit, daß bei der bevorstehenden Verwaltungsorganisation das Herzogthum wahrscheinlich in 2 Kreise geteilt werden wird, in den Kreis Meppen (Stadt Meppen, Amt Meppen und Haselünne) und in den Kreis Papenburg (Papenburg, Aschendorf und Hümling). Ist das an sich zweckmäßig, und erfordert insbesondere das herzogliche Interesse eine Änderung des Planes, insbesondere die Herstellung eines 3. Kreises Hümling? Die Sache ist für das Herzogthum von äußerster Wichtigkeit und bitte ich deshalb um Ihre motivierte Ansicht. Ob ich eventuell mit Erfolg dagegen Einspruch erheben kann, steht freilich dahin." Datiert ist der Brief auf den 27. September 1882[41]. Im Jahre 1885 wurde der „Großkreis" Herzogtum Arenberg-Meppen tatsächlich in diese drei Landkreise unterteilt. Die Mitteilung an Deymann muß wirklich sehr vertraulich gewesen sein. Denn Windthorst hat den Brief selbst geschrieben: Für ihn, der seit langem schon halbblind war, ein ganz ungewöhnliches Verfahren!

Die Unterstützung für das Zentrum im Emsland stellte das herzogliche Haus zwei Monate nach Windthorsts Tod ein. Da schrieb Prinz Carl von Arenberg aus Brüssel, dem Wohnsitz der Arenberger, am 23. Mai 1891 an Clauditz: „Es wird angemessen sein, Herzoglicherseits sich (bei den bevorstehenden Wahlen) neutral zu verhalten. Exzellenz Windthorst hat mich vor jeder Wahl jeweils gebeten, mich derselben anzunehmen und sie zu fördern. Jetzt ist es anders"[42].

Clauditz handelte gemäß dieser Weisung. Bei 18 Wahlen innerhalb von 25 Jahren – Reichstag und Abgeordnetenhaus – hatte er für Windthorst hier vor Ort den Wahlkampf organisiert. Je länger, umso mehr hatte er sich dabei allerdings auf eine große Zahl von Helfern stützen können, zumal nach Beginn des Kulturkampfes 1872 und von da an auch besonders auf den einheimischen Klerus. Dieses Netz von Vertrauensleuten – von Papenburg über Meppen und Lingen bis Bentheim – war damals besonders wichtig, weil die Stimmabgabe ganz anders stattfand als heute. Die Stimmzettel lagen nämlich bei den Reichstagswahlen nicht wie heutzutage im Wahllokal aus[43]. Jeder Wähler mußte seinen Stimmzettel selbst mitbringen, mit dem Namen eines bestimmten Kandidaten „auf weißem Papier". Auszufüllen war der Stimmzettel jedenfalls außerhalb des Wahllokals. Und nun das Entscheidende: Vor jeder Wahl hatte Windthorst keine größere Sorge als die, daß nur ja jeder Wähler einen schon vorbereiteten Stimmzettel erhielt, „vorbereitet" natürlich in seinem Sinne. Aufgrund erhaltener Unterlagen für die Wahlen der Jahre 1884 und 1890 kann man davon ausgehen, daß nahezu jeder Wahlberechtigte über die engeren Vertrauensleute des Zentrums und deren zahlreiche Helfer in den Besitz eines „fertigen" Stimmzettels kam. Ob er davon Gebrauch machte, steht natürlich auf einem anderen Blatt: Die Wahlergebnisse sprechen dagegen. Feststeht aber, daß Clauditz 1884 allein an die namentlich aufgeführten Vertrauensleute des Herzogtums Arenberg-Meppen 15 000 Stimmzettel ausgegeben hat, 10 000 gingen nach Lingen und Bentheim[44]. Macht 25 000: Das entspricht genau der Zahl der Wahlberechtigten. So hat Windthorst hier seinen Wahlkampf geführt, mehr fand nicht statt.

Und das alles wurde von Meppen aus organisiert, das sozusagen der Knotenpunkt war für den Wahlkreis Meppen-Aschendorf-Hümmling (Abgeordnetenhaus) und den Wahlkreis Meppen-Lingen-Bentheim (Reichstag). Meppen ist denn auch mit dem Namen Windthorst immer verbunden worden, vor allem auch von ihm selbst. An den herzoglich-arenbergischen Regierungsrat Matthias Deymann schrieb Windthorst am 12. November 1870: „In meiner bisherigen Wirksamkeit habe ich mir den Ehrennamen ‚Meppen' erworben. Den möchte ich bewahren und versuchen, demselben auch meinerseits Ehre zu machen"[45]. Gut ein Jahr später sagte Bismarck, Reichskanzler und preußischer Ministerpräsident, im preußischen Abgeordnetenhaus: „Es bestand, ehe die Zentrumsfraktion sich bildete, eine Fraktion, die man als ‚Fraktion Meppen' bezeichnete. Sie bestand, soviel ich mich erinnere, aus einem einzigen Abgeordneten, einem großen General ohne Armee. Indessen, wie Wal-

Römische Kunde

Der Besuch des Kronprinzen beim Papste scheint doch von guten Folgen auf die kirchen=
politischen Fragen zu sein. Man darf sich aber nicht verhehlen, daß, wenn auch der
Papst versöhnt wäre, doch immer noch das Zentrum gewonnen werden müßte. Es
wäre schrecklich, nachdem K a n o s s a erspart ist, doch nach M e p p e n gehen zu müssen.

(Kladderadatsch, Ende 1883)
*Der Text sagt: Kapituliert – wie Kaiser Heinrich IV. 1077 in Canossa – hat Bismarck bei der
Beendigung des Kulturkampfes nicht; denn der Papst ist ihm auf halbem Wege entgegengekom-
men. Das reicht aber möglicherweise nicht aus, wenn die Zentrumspartei mit Windthorst Schwie-
rigkeiten macht. Also auf nach Meppen! Dort ist ja der „doppelte" Wahlkreis von Windthorst,
Preußisches Abgeordnetenhaus und Deutscher Reichstag*

lenstein ist es ihm gelungen, eine Armee aus dem Boden zu stampfen"[46].
Abgesehen von dem völlig unbegründeten, aber effektvollen Vergleich
mit Wallenstein war das ja auch so. Und Windthorst untertreibt ganz
erheblich, wenn er am 12. Januar 1887 im Reichstag sagt: „Ich habe
keinen Ehrgeiz, etwas anderes zu sein, als was ich bin: der einfache
Abgeordnete für Meppen"[47]. Immerhin war Windthorst damals „nach-
gerade einer der mächtigsten Männer im Deutschen Reich", wie eine
zentrumsunabhängige Zeitung wenig später schrieb[48].
„Ehrenname Meppen"! Ehrenname? „Was kann schon Gutes kommen
aus Nazareth-Meppen?" fragt, unter ausdrücklichem Hinweis auf
Windthorst, die Berliner „Nationalzeitung" am 23. November 1873.
Diese Ortsnamenverbindung, ein journalistisches Meisterstück, war
eine maßgeschneiderte, ziemlich ärgerliche Mißachtung von Windt-

horsts katholischen Wählern im Emsland. Und eine Diffamierung auch der katholischen Wähler im Reich! Immerhin wählten diese ein Jahr später (1874) zu 83 Prozent Windthorst[49]. Mit der Titulierung „Windthorst-Muffrika" verhält es sich ähnlich. Nicht nur Windthorst selbst war damit gemeint, sondern natürlich auch wieder seine Wähler hier im Emsland, angeblich lauter Hinterwäldler. Selbst die sattsam bekannte Huldigungsvokabel „Perle von Meppen", die damals in Parlament und Presse in Umlauf war, ist keine reine Freude (anders vielleicht der damals in Meppen produzierte „Brust- und Magenliqueur", Marke „Perle von Meppen"[50]). Im Munde von Windthorst-Enthusiasten war sie lauter Lob, für andere, bei allem Respekt, eher genüßliche Geringschätzung. Und manchem wird wohl auch nicht nur zum Schmunzeln zumute gewesen sein, als die damals tonangebende satirische Zeitschrift „Kladderadatsch" in einem „Politischen Alphabet" unter dem Buchstaben „M" definierte: „Meppen, ein wegen seiner großartigen Perlenfischerei weltberühmter Ort"[51]. Ungeachtet dessen und ins Positive gewendet: Meppen war, wenn man das so sagen darf, gewissermaßen Windthorsts „Markenzeichen".
Am 29. Mai 1988 jährte sich zum hundertsten Male der Tag, an dem die Stadt Meppen Ludwig Windthorst die Ehrenbürgerrechte verliehen hat. Die Stadt hat dieses Tages durch eine Windthorst-Ausstellung, konzipiert und erarbeitet durch den Verfasser dieses Beitrages hier[52], und durch einen würdigen Festakt gedacht. In viel größerem Rahmen finden nun die Veranstaltungen statt, welche die Windthorst-Stiftung und der Landkreis Emsland vorbereiten zum 100. Todestag von Windthorst am 14. März 1991.

Ehrenbürgerbrief der Stadt Meppen vom 29. Mai 1888 ▷

Quellennachweis

Abkürzungen:
EHB = „Ems- und Hase-Blätter", Erscheinungsort Meppen.
KVB = „Katholischer Volksbote", Erscheinungsort Meppen.
LWB = „Lingen'sches Wochenblatt", Erscheinungsort Lingen.

1 Außerdem plant auf Initiative der Ludwig-Windthorst-Stiftung die Nieders. Landeszentrale für Politische Bildung die Herausgabe einer Kurzbiographie über Windthorst. Zudem soll ein erster Band mit Briefen von Windthorst erscheinen. Im Vorfeld schließlich, nämlich 1988, sind bereits zwei umfangreiche Biographien über Windthorst erschienen, die eine im Auftrag und in der Herausgeberschaft der „Emsländischen Landschaft" (s. Anm. 2), die andere auf Initiative der Ludwig-Windthorst-Stiftung (s. Anm. 15). Beide stellen den neuesten Stand der Forschung dar und ergänzen sich in sehr erwünschter Weise.
2 Vor allem die Ludwig-Windthorst-Stiftung und das Ludwig-Windthorst-Haus, beide Lingen. Außerdem sind im Emsland zu nennen:
Die „Emsländische Landschaft" mit der neuesten Biographie: Hans-Georg Aschoff, Rechtsstaatlichkeit und Emanzipation. Das politische Wirken Ludwig Windthorsts. Sögel 1988, 294 S.
Der „Emsländische Heimatbund" mit den Beiträgen: Josef Möllenbrock, Ludwig Windthorst. Ein niedersächsischer Staatsmann. In: Jahrbuch des Emsländischen Heimatvereins, Bd. 11, 1964, S.76–85. – Josef Hamacher, Ludwig Windthorst. Ein Mensch in seiner Zeit. In: Jahrbuch des Emsländischen Heimatbundes, Bd. 30, 1984, S. 51–81 (erschienen auch als Sonderdruck des Ludwig-Windthorst-Hauses).
Stadt Meppen: Windthorst-Ausstellung 1988 (s. Anm. 52).
Ludwig-Windthorst-Gymnasium Meppen: In dessen Bücherei mehr als 300 Bände Stenographische Parlamentsprotokolle des Preußischen Abgeordnetenhauses, des Norddeutschen und Deutschen Reichstages sowie des Zollparlaments. Windthorst, der 1868 bei der Einweihung des neuen Schulgebäudes Ehrengast war, hat alle diese Bände dem Gymnasium in seinem Vermächtnis geschenkt.
3 „Sächsischer Gustav-Adolf-Bote", Aprilnr. 1891. Zitiert nach: Karl Bachem, Vorgeschichte, Geschichte und Politik der deutschen Zentrumspartei. Köln 1927, Bd. V, S. 165.
4 Berliner „Post", Ende August 1901. Zitiert nach: Bachem (wie Anm. 2), S. 167.
5 Otto von Bismarck, Gedanken und Erinnerungen. Stuttgart 1898, Bd. 2, S. 310.
6 Sten. Berichte des Deutschen Reichstages: In jedem Jahrgangsband laut „Mitgliederliste" die „Ämter Aschendorf, Hümmling zu Sögel, Meppen, Amt und Stadt Lingen, Ämter Haselünne, Freren, Bentheim, Neuenhaus". Wichtig: Papenburg gehört nicht dazu.
7 Sten. Berichte des Preußischen Abgeordnetenhauses: In den ersten Jahren „Meppen, Aschendorf, Hümmling", später nur „Meppen". Wichtig: Hier gehört Papenburg dazu.
8 Belege in der örtlichen Presse: Z.B. KVB, 9. 11. 1873, 29. 10. 1882, 11. 11. 1888.
9 „Lingener Volksbote", 11. 4. 1885 und LWB, Beilage, 1. 12. 1885.
10 LWB, 20. 11. 1870.
11 EHB und KVB, 8. 9. 1867.
12 EHB, 25. 8. 1867.
13 Wilhelm Spael, Ludwig Windthorst. Bismarcks kleiner großer Gegner. Ein Lebensbild. Osnabrück 1962.
14 Theodor Penners, Das Schicksalsjahr 1866 und seine Bedeutung in der öffentlichen Meinung des Emslandes. In: Jahrbuch des Emsländischen Heimatbundes, Bd. 14, 1967, S. 61.
15 Margareta Lavinia Anderson, Windthorst, a political biography. Oxford 1981. Aus dem Amerikanischen übersetzt von Christa Dericum und Hildegard Möller: Windthorst, Zentrumspolitiker und Gegenspieler Bismarcks. Düsseldorf 1988, 446 S. Die Belegstellen werden nach der deutschen Ausgabe zitiert: Hier S. 96.
16 Ebd., S. 108.
17 Ebd., S. 96, Anm. 9.
18 EHB, 19. 2. 1871.
19 EHB, 26. 2. 1871.
20 KVB, Extrablatt, 25. 2. 1887.
21 KVB, 13. 3. 1887.
22 Hamacher (wie Anm. 2), S. 15 und Anm. 27.
23 Anderson (wie Anm. 15), S. 368.
24 KVB, Extrablatt, 25. 2. 1887.
25 Für 1890: KVB, 23. 1. 1890.
26 Spael (wie Anm. 13), S. 119.

27 Bismarck (wie Anm. 5), S. 134.
28 EHB, 5. 11. 1884.
29 Anderson (wie Anm. 15), S. 185.
30 Heinz Hürten, Kurze Geschichte des deutschen Katholizismus, 1800–1960. Mainz 1986, S. 144.
31 EHB, 5. 11. 1881.
32 LWB, 26. 10. 1884.
33 KVB, 6. 3. 1887.
34 KVB, 21. 1. 1877 und 11. 8. 1878.
35 Wortlaut der Rede in KVB, 12. 10. 1884. Ein Druckfehler (10000 Menschen) liegt nicht vor, da die EHB in ihrer Berichterstattung dieselbe Zahl nennen. Eine Wahlkundgebung kann das nicht gewesen sein. Es handelte sich vermutlich um einen Katholikentag.
36 Otto Pfülf, Noch mehr Windthorst-Korrespondenz. In: Stimmen aus Maria Laach, Bd. 83,4 (1912), S. 369.
37 Sten. Berichte des Preußischen Abgeordnetenhauses, Bd. I, 1869, S. 337, Sp. 2. Ebenda, S. 335–341: Protokoll über die ausführliche Debatte wegen der standesherrlichen Rechte des Herzogs von Arenberg. Außerdem Pfülf (wie Anm. 36), S. 371.
38 Staatsarchiv Osnabrück: Dep. 62b Nr. 2379. – Und Briefwechsel Prinz Carl von Arenberg / Forstinspektor Claudits vom Juli 1871 oder 1878 (schwer lesbar), ebenfalls Staatsarchiv Osnabrück: Dep. 62b Nr. 2379.
39 Hamacher (wie Anm. 2), S. 15.
40 Aschoff (wie Anm. 2), S. 182.
41 Staatsarchiv Osnabrück: Dep. 62b Nr. 2381.
42 Staatsarchiv Osnabrück: Dep. 62b Nr. 2381.
43 Örtliche Presse: Amtliche Bekanntmachungen und redaktioneller Teil, z. B. in KVB, 27. 1. 1867. – Das gilt allerdings nicht für die Wahlen zum Abgeordnetenhaus: Da gaben die Urwähler ihre Stimme für die von ihnen gewählten Wahlmänner mündlich zu Protokoll. – Noch anders war das bei den Wahlen zum Provinziallandtag in Hannover: Da wurde der Abgeordnete vom jeweiligen Kreistag gewählt.
44 Staatsarchiv Osnabrück: Dep. 62b Nr. 2381.
45 Pfülf (wie Anm. 36), S. 385.
46 Sten. Berichte des Preußischen Abgeordnetenhauses, Bd. II, 1871/72, S. 698, Sp. 2.
47 Sten. Berichte des Deutschen Reichstages, Bd. I, 1886/87, S. 377, Sp. 1. – Spael (wie Anm. 13), S. 87.
48 Nationalliberale Correspondenz, abgedr. im „Hannoverschen Courier", 16.3.1891, Abendausgabe. Zitiert nach Waldemar Röhrbein, Ludwig Windthorst. In: Wegbereiter des demokratischen Rechtsstaates. Herausgegeben in der „Schriftenreihe der Niedersächsischen Landeszentrale für Politische Bildung", Reihe B, Heft 7, 1966, S. 87.
49 Vgl. Anm. 29.
50 Anzeigen in der örtlichen Presse, z. B. März 1878.
51 Ernst Dohm u. a., Zentrumalbum des Kladderadatsch 1870–1910. Berlin 1912, S. 158.
52 Josef Hamacher, Provisorischer Katalog zur Ludwig-Windthorst-Ausstellung (Materialsammlung), erstellt von der Stadt Meppen, 1988, 7Ex. DIN A 4, 188 S. – Ausstellung in Meppen: 5.–11. 6. 1988, in Lingen: 3.–11. 9. 1988.

Der Dompropst Franz Karl Berlage – ein Heimatforscher aus Salzbergen

von Andrea Kaltofen

Wer in den älteren Beständen des Kulturgeschichtlichen Museums der Stadt Osnabrück nach archäologischen Funden aus dem südlichen Emsland sucht, stößt bei den Angaben über die Herkunft und den Erwerb der Stücke allenthalben auf den Namen „Berlage". Die Sammlung Berlage gelangte offenbar zuerst als Depositum, später als Geschenk in dieses Museum; als Datum der Schenkung ist mehrfach der 17. Oktober 1893 verzeichnet.
Wer war Berlage? Wie war er in den Besitz einer Sammlung archäologischer Funde – nicht nur aus dem südlichen Emsland – gekommen? Welche Funde trug er in seiner Sammlung zusammen?
Bei ersten Nachforschungen in der Literatur erfährt man, daß sich in Berlage's Sammlung neben Funden aus „der Gegend von Salzbergen, Kr. Lingen, seiner Heimat,"[1] und „andere(n) prähistorische(n) Funde(n) aus dem Kreise Lingen" auch zahlreiche römische Funde aus Westdeutschland befunden haben[2]. Aber auch Funde aus dem Kreis Bersenbrück waren vorhanden[3]. Einige der südemsländischen Funde aus der Sammlung Berlage sind 1896 mit dem Hinweis versehen, daß es sich um die „Sammlung des Herrn Dompropst Berlage zu Köln" handele[4]. Seine Abhandlung über die von ihm selbst gefundenen Funde aus dem Raum Salzbergen verfaßte Berlage 1880 aber in Straßburg[5]!
Wie paßt das alles zusammen? Schlaglichtartig wird durch diese ersten Hinweise der vielbewegte Lebenslauf eines Emsländers beleuchtet, der als Geistlicher und Lehrer die meiste Zeit seines Lebens außerhalb des Emslandes verbrachte, der aber seiner Heimat dennoch stets verbunden blieb und als „Heimatforscher" zur Kenntnis von Geschichte und Brauchtum dieser Region beitrug.

Geburtshaus Franz Karl Berlages in Salzbergen

Franz Karl Berlage wurde am 28. August 1835 in Salzbergen geboren. Sein Geburtshaus war eine alteingesessene Textil-, Kurz- und Kolonialwarenhandlung, die schon vor dem Jahre 1800 bestanden hatte[6]. Ein Gemälde dieses Hauses, das nach verschiedenen Umbauten beim Bombenangriff auf Salzbergen am 6. März 1945 zerstört wurde, zeigt – in merkwürdiger Dissonanz der Proportionen – das alte Haus und den späteren Dompropst Berlage in Ordenskleidung. Das Gemälde ist mit den Buchstaben „D.v.B." signiert[7].

Nach dem Schulbesuch in Rheine und dem Abitur am Gymnasium Carolinum in Osnabrück 1853 nahm Berlage das Studium der Philosophie und Theologie in Hildesheim, Münster und Göttingen auf. Am 31. Oktober

1856 fand in Hildesheim Berlages Tonsur statt[8]. Am 23. Oktober 1859 empfing Berlage in Trient die Priesterweihe. Nach Südtirol hatte ihn 1856 – als er für die Priesterweihe noch zu jung war – seine Tätigkeit als Lehrer in der Familie des österreichischen Feldmarschall-Leutnants Freiherr von Moll-Albertoni in Rovereto geführt. Bei Ausbruch des österreichisch-französisch-sardinischen Krieges 1859 wurde er Feldgeistlicher im österreichischen Heer. Für seine Leistungen wurde ihm der Franz-Josefs-Orden und der Orden der Ehrenlegion verliehen. Nach seiner durch das Lazarettfieber erzwungenen Rückkehr in die emsländische Heimat wird er 1860 in Salzbergen als Neopresbyter genannt[9]. 1861 bis 1862 wirkte Berlage als Präfekt am Bischöflichen Konvikt in Meppen[10]. 1863 verwaltete er eine Lehrerstelle am damaligen Königlichen Gymnasium Meppen unter Direktor H. Wilken[11]. Neben dem Religionsunterricht erteilte Berlage in dieser Zeit auch den Zeichenunterricht[12]. 1864 wurde er vom Osnabrücker Bischof Paulus Melchers dann als Praeses an diesem Konvikt angestellt[13]. Ab 1864 war Berlage dritter Hilfsgeistlicher an der St. Ansgar-Kirche in Kopenhagen, wohin ihn der Osnabrücker Bischof Paulus Melchers als Provikar für die Nordischen Missionen und das Königreich Dänemark geschickt hatte[14]. Gleichzeitig unterrichtete Berlage die Kinder der Familie des Grafen von Spee[15]. Mit der Familie von Spee siedelte er 1866 in die Schweiz über und unterrichtete weiterhin die gräflichen Kinder[16] neben seiner Tätigkeit als Rektor des Mutterhauses der Schwestern vom heiligen Kreuz in Ingenbohl. Diese Funktion hatte Berlage von Herbst 1866 bis Herbst 1870 inne. 1870 wurde Berlage schließlich Domvikar in Osnabrück. Auf diesem Posten blieb er bis 1880[17]. Als Domvikar wohnte Berlage in der Vikarie decem millia Martyrum[18]. Auch in dieser Zeit wirkte Berlage als Lehrer: Er unterrichtete am Realgymnasium, der städtischen höheren Töchterschule in Osnabrück und der höheren Töchterschule der Ursulinen in Osnabrück[19]. „Von hier berief ihn dann das Ministerium, das auf den rastlos tätigen und tüchtigen Lehrer aufmerksam geworden war, in den Staatsdienst der soeben zurück gewonnenen Reichslande. Es ernannte ihn zum Oberschulrat von Elsaß-Lothringen mit dem Sitze in Straßburg"[20]. Mit der Tätigkeit als Regierungs- und (Ober)Schulrat endete die pädagogische Laufbahn Berlages. Denn auf Vorschlag von Kaiser Wilhelm I. wurde er zum Dompropst an der Metropolitankirche in Köln ernannt und am 15. Mai 1886 in dieses Amt eingeführt. 1885 war er bereits zum Dompropst in Trier ernannt worden, hatte diese Stelle aber

*Eine angesehene Persönlichkeit seiner Zeit: Der Dompropst Franz Karl Berlage, * 28. August 1835 in Salzbergen, † 27. Januar 1917 in Köln*

noch nicht angetreten[21]. 1901 wurde Berlage durch Papst Leo XIII. zum apostolischen Protonotar ernannt[22].

Berlage blieb bis zu seinem Tode am 27. Januar 1917 Dompropst in Köln. In dieser Zeit waren drei Erzbischöfe zu begraben (Krementz 1899, Simar 1902 und Fischer 1912) und drei Erzbischofswahlen durchzuführen (Simar 1899, Fischer 1902 und Hartmann 1912). Anläßlich der Wahl Simars zum Erzbischof von Köln 1899 verlieh Kaiser Wilhelm II. Berlage für dessen Bemühungen im Dienste des Staates den Stern zum Kronenorden II. Klasse[23]. Seine „unbedingte Loyalität gegenüber dem Staat"[24] betont N. Trippen, der sich intensiv mit dem Domkapitel und den Erzbischofswahlen in Köln zwischen 1821 und 1929 auseinandergesetzt hat, mehrfach[25]. Auf das Wirken Berlages als Dompropst soll hier nicht näher eingegangen werden. N. Trippen hat es ausführlich untersucht und faßt es so zusammen: „Am 27. Januar 1917 starb Dompropst Berlage, der über dreißig Jahre lang der Stelle des Kölner Dompropstes eine sehr eigenwillige und nicht unbestrittene Ausprägung gegeben hatte. Mit seinem Tode ging nicht nur eine Epoche der neueren Kapitelsgeschichte zu Ende, sondern es zeichnete sich auch der kommende politische Umschwung ab"[26].

Berlage hatte testamentarisch verfügt, daß er in Salzbergen bestattet werden sollte. So wurde er in Köln aufgebahrt; als Vertreter des Kaisers legte Regierungspräsident Dr. Steinmeister an der Bahre einen Kranz nieder[27]. Nach der Überführung von Köln wurde Berlage am 2. Februar 1917 in Salzbergen in Anwesenheit von Bischof Berning aus Onsabrück und zahlreichen kirchlichen Würdenträgern beigesetzt[28]. 1990 wurde die Grabstätte Berlages neu gestaltet. Das ursprüngliche Denkmal war bei dem verheerenden Bombenangriff auf Salzbergen am 6. März 1945 vernichtet worden. Die Kölner Dombauhütte hat jetzt die Beschriftung und das Relief auf den Grabplatten, die vom ehemaligen Altar der Marienkirche in Holsten stammen, gefertigt. Eine Sandsteinbalustrade nimmt ein Architekturdetail vom Kölner Dom als 30jähriger Wirkungsstätte Berlages auf[29].

Berlage war Ritter des Roten Adler-Ordens II. Kl. mit Brillanten und Stern, Eichenlaub und Krone; des Kronen-Ordens II. Kl. mit Stern; Komtur des Hohenzollernschen Haus-Ordens mit Stern; des Österreichischen Franz-Josef-Ordens mit Stern, des Ordens vom hl. Grabe mit Stern, Ritter des Badischen Zähringer-Löwen-Ordens I. Kl. mit Stern und Inhaber des Päpstlichen Kreuzes Pro ecclesia et pontifice I. Klasse. Ein Foto von Berlage im Schmuck seiner Orden blieb erhalten[30]. Zu erwähnen bleibt noch, daß Berlage lange Jahre Herausgeber der homiletischen (Predigt-)Zeitschrift „Chrysologus" und der „Unterhaltungsbibliothek für jung und alt" war, Mitglied des Verwaltungsrates des Gymnasial-und Stiftungsfonds, seit der Gründung 1895 Vorstandsmitglied des Vereins für das Missionshaus Knechtsteden[31] und bischöflicher Kommissar des Klosters in der Antongasse in Köln[32].

Soviel zum Lebenslauf Berlages[33]. Er gibt auf einige der oben gestellten Fragen eine Antwort, gerade auch im Hinblick auf seine Bindungen an die Stadt Osnabrück. Doch widmen wir uns dem Heimatforscher Berlage etwas näher!

Schon frühzeitig kam er durch die Forschungen und Sammlungen seines Onkels, des Osnabrücker Domvikars Overhues[34] mit heimat-, aber auch kunstgeschichtlichen Forschungen in Kontakt. „Als Erbe seines [=Overhues] Nachlasses widmete er sich in den Osnabrücker Jahren seines vielbewegten Lebens selbst eifrig der heimatgeschichtlichen Forschung"[35]. Etwas weiter heißt es: „Unser Museum [gemeint ist das Kulturgeschichtliche Museum der Stadt Osnabrück] bewahrt manches Fundstück seines Sammeleifers..."[36].

Damit sind wir wieder bei den archäologischen Funden im Kulturgeschichtlichen Museum der Stadt Osnabrück und wollen sie uns exemplarisch etwas näher ansehen:

Als ältestes Fundstück muß in der Sammlung Berlage wohl eine Geröllkeule aus Emsbüren gelten, aber auch aus allen jüngeren archäologischen Zeitphasen waren Funde vorhanden. Bemerkenswert ist zum Beispiel der mit einem Tannenzweigmuster verzierte Tonbecher der Einzelgrabkultur von Salzbergen, der 1878 unter dem Kies auf dem „Kohberg" gefunden wurde. Wahrscheinlich gehört auch eine ebenfalls 1878 geborgene Steinaxt zu dem Grab, in dem dieser Becher stand. Bruchstücke eines bronzenen Rasiermessers aus Mehringen und eine Urne mit Sparrenmuster, ebenfalls aus Mehringen, sind exemplarisch ebenfalls hier zu nennen[37].

Ein Teil dieser Funde war schon 1880 in einer „Ausstellung prähistorischer und anthropologischer Funde Deutschlands welche unter dem Protectorate seiner Kaiserlichen und Königlichen Hoheit des Kronprinzen des Deutschen Reiches, in Verbindung mit der XI. Allgemeinen Versammlung der Deutschen Anthropologischen Gesellschaft zu Berlin vom 5.–21. August 1880 in dem Geschäftsgebäude des Hauses der Abgeordneten stattfindet" zu sehen. In dem Katalog zu dieser Ausstellung hat Berlage über seine Forschungen und Ausgrabungen im südlichen Emsland berichtet; den Text unterschrieb er mit „Straßburg i./E.". Diese Ortsangabe verweist wieder auf den Lebenslauf und die Tätigkeit Berlages zu dieser Zeit als kaiserlicher Oberschulrat in Elsaß-Lothringen. Berlage schrieb seinen Bericht für die „Sammlung des Museums-Vereins" in Osnabrück, dessen Konservator der „Herr Staats-Archivar Dr. Veltmann" war[38].

Aus diesem Bericht geht hervor, daß Berlage im Raum Emsbüren/Salzbergen selbst Ausgrabungen vorgenommen hat. So untersuchte er zum Beispiel den sogenannten „Heidenfriedhof" in Salzbergen „langeZeit

Funde aus der archäologischen Sammlung Berlages: Geröllkeule und Urne aus Mehringen, Gemeinde Emsbüren

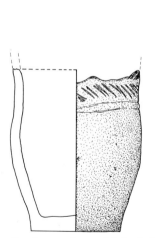 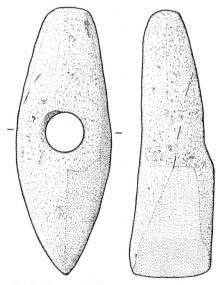

Funde aus der archäologischen Sammlung Berlages: Tonbecher und Steinaxt vom Koberg in Salzbergen

ohne Erfolg, bis ich endlich ... auf Urnen stieß. Drei Urnen habe ich ganz erhalten und dem Museum von Osnabrück anvertraut..."[39]. Durch Verluste im 2. Weltkrieg sind diese Urnen dort nicht mehr vorhanden. Berlage untersuchte auch die Großsteingräbergruppe „Mehringer Steine" und konnte „durch Unterhandlungen mit den Arbeitern" an einer Baustelle in Mehringen eine „Bronzespange" erhalten[40], die als sogenannte „Kniefibel" Bestandteil der Tracht in der Römischen Kaiserzeit, dem 2. Jahrhundert nach Christi Geburt, war. Die Fibel war 1930 die einzige aus dem ganzen damaligen Regierungsbezirk Osnabrück[41]; leider ist auch sie im 2. Weltkrieg verloren gegangen.

In seiner Zeit als Domvikar und Lehrer in Osnabrück verfaßte Berlage verschiedene Schriften, von denen hier einige genannt seien: „Im Programm des Ratsgymnasiums veröffentlichte er 1876 noch heute unentbehrliche Beiträge zur Gelehrtengeschichte Osnabrücks"[42]. 1875 verfaßte er „Beiträge zur Geschichte der Kirche, der Pfarre und des Stiftes St. Johann zu Osnabrück"[43]. 1878 erschienen eine Abhandlung „Zur Geschichte der ständischen Privilegien, insbesondere der Real- und Personalfreiheit des Clerus im alten Bisthume Osnabrück bis zur Zeit des westfälischen Friedensschlusses"[44] sowie „Osnabrück im Jahre 1646. Nach dem Berichte des Abbé Joly, Canonikus von Paris"[45]. Im gleichen Jahr erschienen auch die zusammen mit Lütz verfaßten „Mittheilungen über die kirchlichen Alterthümer Osnabrücks"[46].

In seinen späteren Lebensjahren widmete sich Berlage in seinen Schriften wieder mehr seiner Heimat Salzbergen. Er verfaßte 1910 einen Beitrag „Zur Geschichte der Pfarre Salzbergen"[47], „und als zunehmende Erblindung wissenschaftliche Arbeit immer mehr erschwerte, hat er gern in heimischen Zeitungen und Zeitschriften aus dem Schatze seiner Jugenderinnerungen geplaudert"[48]. „Literarisch ist der Kölner Dompropst in den letzten Jahren vor allem auf dem Gebiete der Volkskunde und seiner engeren Heimat tätig gewesen (Die Osnabrücker Volkszeitung verdankt ihm manchen wertvollen Beitrag für ihren heimatkundlichen Teil)"[49]. Mit Namenskürzel „Dr. S.C." hat Berlage zum Beispiel 1908 „einige interessante Fälle von Spökenkieken aus seinem Heimatorte Salzbergen" mitgeteilt[50]. In dem posthum 1934 erschienenen Buch „Die Bauerschaft Mehringen ..." von Heinrich Wellmann sind zwei Bücher von Berlage genannt, die sich mit Märchen und Sagen beschäftigen[51]. Auch für die Zeitschrift „Niedersachsen" hat Berlage Beiträge verfaßt[52].

Zum Schluß sei noch der „feinsinnige Kunstkenner" Berlage gewürdigt, der „zur Pflege des herrlichen Gotteshauses [Kölner Dom] besonders berufen" war[53]. Berlage nahm regen Anteil an dem Neubau der Kirche St. Cyriacus in Salzbergen in den Jahren 1897-1903, dessen Grundstein er legte[54]. Er stiftete eine Reliquienmonstranz, eine Pieta, eine Turmmonstranz im gotischen Stil, die eine Widmung Berlages trägt, und ein bedeutendes spätmittelalterliches Fenster aus dem Rheinland, das aber spätestens beim Bombenangriff auf Salzbergen am 6. März 1945 verloren ging. Das Fenster zeigte „Christus erscheint Thomas"[55]. Berlage sorgte auch für die Restaurierung eines historischen Kronleuchters in dieser Kirche[56]. Eine Statue des hl. Johannes aus Sandstein aus der Zeit um etwa 1750 gelangte als Geschenk Berlages an die Familie Hecker nach Salzbergen, wo sie 1988 vom örtlichen Heimatverein in einer Ausstellung gezeigt wurde[57].

Literatur

Anonymus 1917: Nachruf – Mitteilungen des Vereins für Geschichte und Landeskunde von Osnabrück („Historischer Verein"), Bd. 40 (1917), Osnabrück, S.399-400.
Anonymus 1917a: Dompropst Dr.Berlage † – Zeitungsausschnitt ohne nähere Angaben in der Zeitungsausschnittsammlung des Archivs des Bischöflichen Generalvikariats in Osnabrück, Januar 1917.
Anonymus 1917b: ohne Titel [Nachruf] – Lingener Volksbote, Jg. 49, Nr. 9, Mittwoch, 31. Januar 1917.
Anonymus 1917c: ohne Titel [Berlages Tod in Köln] – Lingener Volksbote, Jg. 49, Nr. 10, Sonnabend, 3. Februar 1917.
Anonymus 1917d: ohne Titel [Beisetzung Berlages] – Lingener Volksbote, Jg. 49, Nr. 11, Mittwoch, 7. Februar 1917.
Anonymus 1967: Von Kolonialwaren zu Textilien. Textilgeschäft Willy Hecker erheblich erweitert – Lingener Tagespost vom 18. März 1967.
Anonymus 1985: Geschäftshaus seit über 300 Jahren ... Geburtshaus von Dompropst Berlage – Lingener Tagespost vom 5. Oktober 1985.
Berlage, 1875: Beiträge zur Geschichte der Kirche, der Pfarre und des Stiftes St. Johann zu Osnabrück – Mittheilungen des historischen Vereins zu Osnabrück, Bd. 10, Osnabrück, S.305-354.
Berlage, F.C. 1876: Beiträge zur Gelehrtengeschichte Osnabrücks – Programm des Ratsgymnasiums Osnabrück.
Berlage, C. 1878: Zur Geschichte der ständischen Privilegien, insbesondere der Real- und Personalfreiheit des Clerus im alten Bisthume Osnabrück bis zur Zeit des westfälischen Friedensschlusses – Mittheilungen des historischen Vereins zu Osnabrück, Bd. 11, Osnabrück, S.230-268.
Berlage, C. 1878a: Osnabrück im Jahre 1646. Nach dem Berichte des Abbé Joly, Canonikus von Paris – Mittheilungen des historischen Vereins zu Osnabrück, Bd. 11, Osnabrück, S. 269-277.
Berlage, C.1880: 8. Osnabrück. Sammlung des Museumsvereins. Vorbemerkungen – Katalog der Ausstellung prähistorischer und anthropologischer Funde Deutschlands, welche unter dem Protectorate seiner Kaiserlichen und Königlichen Hoheit des Kronprinzen des Deutschen Reiches, in Verbindung mit der XI. Allgemeinen Versammlung der Deutschen Anthropologischen Gesellschaft zu Berlin vom 5.-21. August 1880 in dem Geschäftsgebäude des Hauses der Abgeordneten stattfindet, Berlin, S. 184-187.
Berlage, 1910: Zur Geschichte der Pfarre Salzbergen – Mitteilungen des Vereins für Geschichte und Landeskunde von Osnabrück („Historischer Verein"), Bd. 34 (1909), Osnabrück, S. 392-394.
Berlage, C./Lütz, 1878: Mittheilungen über die kirchlichen Alterthümer Osnabrücks – Mittheilungen des historischen Vereins zu Osnabrück, Bd. 11, Osnabrück, S. 278-363.
Directorium Romano-Osnabrugense sive ordo divine officii recitandi et sacri peragende in civitate et Dioecesi Osnabrugensi servandus pro anno domini bissext. 1860, Elenchus Cleri Dioeceseos Osnabrugensis et Missionum septentrionalium Germaniae et Daniae anno domini bissext. 1860, Series alphabetica Clericorum Dioec. Osnabrugensis et Missionum septentrionalium Germaniae et Daniae, S. 23.

Directorium ... pro anno domini 1861, Elenchus ... anno domini 1861, S. 13.
Directorium ... pro anno domini 1862, Elenchus ... anno domini 1862, S. 13.
Directorium ... pro anno domini 1863, Elenchus ... anno domini 1863, S. 13.
Directorium ... pro anno domini bissextili 1864, Elenchus .. anno domini bissextili 1864, S. 13.
Directorium ... pro anno domini 1866, Elenchus ... anno domini 1866, S. 25.
Engelhardt, R. 1896: Das Steingrab zu Thuine nebst Beiträgen zu den prähistorischen Altertümern des Kreises Lingen (Prov. Hannover) – Wissenschaftliche Beilage zum Jahresbericht des Königlichen Gymnasiums Georgianum zu Lingen. Ostern 1896, Programm-Nr. 318, Lingen.
[Grothues, B.] 1990: Berühmter Sohn Salzbergens erhielt neue Grabstätte –. Lingener Tagespost vom 18. Januar 1990.
Gummel, H. 1930: Führer durch die urgeschichtliche Lehrsammlung im Museum der Stadt Osnabrück – Führer durch das Museum der Stadt Osnabrück, Heft 1, Osnabrück.
Holtmann, B. 1987: Das Domkapitel zu Osnabrück – Osnabrück (1983).
Kaltofen, A. 1986: Einleitung – Die untertägigen Denkmale – Die Ausstellungsstücke in chronologischer Reihenfolge – Vor- und frühgeschichtliche Funde aus Salzbergen. Sonderausstellung des Landkreises Emsland in Salzbergen vom 20. Februar bis 2. März 1986, Meppen, S. 9-27.
Kaltofen, A. 1988: Katalog der ur- und frühgeschichtlichen Funde im Raum Emsbüren – Hefte zur Archäologie des Emslandes 1: Ausgegrabene Vergangenheit. 9000 Jahre Besiedlung im Emsbürener Raum, Ausstellung des Landkreises Emsland in Emsbüren vom 8. bis 30. Oktober 1988, Meppen, S. 76-144.
Rhotert, 1914: Die ehemaligen Stiftskurien in der Stadt Osnabrück nach dem Bestande vom Jahre 1802 – Mitteilungen des Vereins für Geschichte und Landeskunde von Osnabrück („Historischer Verein"), Bd. 38 (1913), Osnabrück, S. 48-83.
Ruhe, A. 1902: Geschichte des Königlichen Gymnasiums zu Meppen. Zur 250jährigen Säkularfeier der Anstalt – Meppen.
Sander, [A.] 1909/10: Dompropst Dr. Berlage zu Köln – Niedersachsen. Illustrierte Halbmonatsschrift für Geschichte, Landes- und Volkskunde, Sprache, Kunst und Literatur Niedersachsens, Jg. 15, Bremen, S. 132.
Trippen, N. 1972: Das Domkapitel und die Erzbischofswahlen in Köln 1821-1929 – Bonner Beiträge zur Kirchengeschichte, Bd. 1, Köln/Wien.
Wellmann, H. 1934: Die Bauerschaft Mehringen a.d. Ems und Umgegend des Kirchspiels Emsbüren im Kreise Lingen (Ems). Ein Beitrag zur Heimatkunde – Lingen.

Anmerkungen

1 Gummel 1930, S. 8f.
2 Engelhardt 1896, S. 16.
3 Gummel 1930, S. 8f. – Berlage 1880, S. 187.
4 Engelhardt 1986, S. 16.
5 Berlage 1880.
6 Anonymus 1967 – Anonymus 1985. Das Textilhaus besteht bis heute weiter; seit 85 Jahren wird es von der Familie Hecker geführt.
7 Das Gemälde befindet sich im Privatbesitz der Familie Hecker, Salzbergen. Nach der Überlieferung soll Berlage selbst dieses Bild gemalt haben.
8 Mitteilung von Herrn W. Tenfelde, Lingen, mit entsprechenden Quellenangaben. Herr Tenfeldes Arbeit über den katholischen Klerus aus dem Altkreis Lingen ist in Vorbereitung.
9 Directorium 1860, S. 23.
10 Directorium 1861, S. 13 – Directorium 1862, S. 13.
11 Directorium 1863, S. 13.
12 Ruhe 1902, S. 70.
13 Directorium 1864, S. 13.
14 Bischöfliches Generalvikariat Osnabrück, Archiv 03 70-20-20, Akte 106. Das Schreiben datiert vom 9. Dezember 1864. In den Nachrufen/Lebensläufen steht, Berlage sei Pfarrer in St. Ansgar gewesen.
15 Mit Schreiben vom 25. Januar 1865 wurde der Osnabrücker Bischof darum gebeten, Vikar Berlage aus gesundheitlichen Gründen von der Doppelbelastung als Geistlicher und Hauslehrer zu Gunsten der Lehrerstelle zu entbinden (Bischöfliches Generalvikariat Osnabrück, Archiv 03 70-20-20, Akte 110/110a).
16 Directorium 1866, S. 25. Hier wird Berlage unter „Cleri Diocesecos Osnabrugensis qui pro tempore extra ejusdem fines commorantur" als „inf. dom. pro temp. in Luzern" genannt.
17 Holtmann, 1987, S. 218. Hiernach war Berlage von 1870 bis 1886 Domvikar.
18 Rhotert 1914, S. 73.
19 Anonymus 1917a.

20 Anonymus 1917a.
21 Trippen 1972, S. 266 mit Anm. 40.
22 Bei Anonymus 1917b ist Berlages Auftreten auf der großen Katholikenversammlung vom 8. April 1901 ausführlich geschildert.
23 Trippen 1972, S. 336.
24 Trippen 1972, S. 267.
25 Trippen 1972.
26 Trippen 1972, S. 472.
27 Anonymus 1917c.
28 Anonymus 1917d.
29 [Grothues] 1990.
30 Das Originalfoto befindet sich in Privatbesitz von Pfarrer i.R. A. Dalsing, Bad Iburg. Das Foto ist bereits publiziert bei Sander 1909/10.
31 Totenzettel Franz Karl Berlage.
32 Anonymus 1917c.
33 Zum Lebenslauf Berlages: Anonymus 1917 – Anonymus 1917a –Anonymus 1917b – Sander 1909/10 – weitere Hinweise bei Trippen 1972, S. 267, Anm.40 – vgl. auch den Beitrag über Berlage von G. Steinwascher, in: Hehemann, R. (Bearb.), Historisch-biographisches Lexikon des Bezirks Osnabrück (Arbeitstitel), hrsg. vom Landschaftsverband Osnabrück, z.Z. in Vorbereitung.
34 Johannes Bernhard Overhues war von 1858-59 Choralvikar, dann bis 1872 Domvikar in Osnabrück; er verstarb am 5. September1872; vgl. Holtmann 1987, S. 217, 223.
35 Anonymus 1917, S. 400.
36 Anonymus 1917, S. 400.
37 Diejenigen Funde aus der Sammlung Berlage, die aus dem Gebiet der heutigen Gemeinde Emsbüren stammen, sind in dem Katalog zu einer Ausstellung des Landkreises Emsland unter dem Titel „Ausgegrabene Vergangenheit. 9000 Jahre Besiedlung im Emsbürener Raum" (= Hefte zur Archäologie des Emslandes 1), Meppen 1988, aufgeführt: Kaltofen 1988, S. 76 ff.. Über die Salzberger Funde und ihre Geschichte gibt die Broschüre „Vor- und frühgeschichtliche Funde aus Salzbergen", ein Begleitheft zu einer Sonderausstellung des Landkreises Emsland 1986, Auskunft: Kaltofen 1986, S. 9-10,12-17,23 – vgl. Gummel 1930 – vgl. Engelhardt 1896, S. 16.
38 Berlage 1880, S. 184ff.
39 Berlage 1880, S. 186.
40 Berlage 1880, S. 187.
41 Gummel 1930, S. 61: „Funde von Mehringen. Etwa 2. Jahrhundert nach Chr. Geb.".
42 Anonymus 1917, S. 400 – Berlage 1876. Das Programm war mir nicht zugänglich.
43 Berlage 1875.
44 Berlage 1878.
45 Berlage 1878a.
46 Berlage/Lütz 1878.
47 Berlage 1910.
48 Anonymus 1917, S. 400.
49 Anonymus 1917a.
50 Unbekannte Zitierstelle nach einer Kopie, die ich Herrn A. Möller, Salzbergen, verdanke – Osnabrükker Volkszeitung Nr. 121 vom 30. Mai 1908. Vielleicht ist Berlage auch der Verfasser von „Allerhand Spuk" und „Der westfälische Schinderhannes", die unter „Dr. S." in der Osnabrücker Volkszeitung vom 8. bzw. 23. Oktober 1908 erschienen. Diese Mitteilung verdanke ich Herrn Dr. R. Hehemann, Osnabrück.
51 Wellmann 1934, S. 360f. Die Bücher waren mir leider nicht zugänglich.
52 Sander 1909/10, S. 132.
53 Anonymus 1917, S. 399 – Anonymus 1917a.
54 Mitteilung von Herrn A. Möller, Salzbergen.
55 Mitteilung von Herrn A. Möller, Salzbergen.
56 Mitteilungen von Herrn Pfarrer K. Augustin und Herrn A. Möller, Salzbergen. Vgl. [Grothues] 1990.
57 Mitteilung von Herrn B. Grothues, Salzbergen.

Danksagung

An dieser Stelle sei allen gedankt, die zum Zustandekommen dieses Aufsatzes beigetragen haben, insbesondere Herrn Pfarrer K. Augustin, Salzbergen, Herrn Pfarrer i.R. A. Dalsing, Bad Iburg, Herrn J. Grave, Meppen, Herrn. B. Grothues, Salzbergen, Frau A. Hecker, Salzbergen, Herrn Dr. R. Hehemann, Osnabrück, Herrn Direktor W. Hesel, Meppen, Herrn Dr. Seegrün, Osnabrück, Herrn W. Tenfelde, Lingen. Besonderer Dank gebührt Herrn A. Möller, Salzbergen, der viele hilfreiche Hinweise gab und Unterlagen aus seinem Archiv zur Verfügung stellte.

Ein helles Licht der deutschen Barockmalerei erlosch im Emsland
Zum 250jährigen Todestag von Johann Evangelist Holzer auf dem Jagdschloß Clemenswerth

von Eckard Wagner

Eine der großen Kunstleistungen des 18. Jahrhunderts im deutschsprachigen Raum ist die barocke Freskomalerei, jene Art von Monumentalmalerei, die die zeitgenössische Architektur zum Bildträger und zum Bilde selbst erhob und mit ihrem wesentlichen Ausdrucksmittel, dem Illusionismus, das barocke Raumempfinden maßgeblich beeinflußt hat. Namhafte Kirchen von basilikaler Größe bis zum kleinen Landkirchlein, Abteien und Klöster, Residenzen und Schlösser in Süddeutschland – in Franken, Schwaben und Bayern –, im alten Österreich-Ungarn, aber auch im ehemaligen Schlesien verbinden sich mit einer Vielzahl von Zeugnissen dieser barocken Monumentalkunst, die den Betrachter auch heute immer wieder fasziniert, ja in ihren Bann schlägt!
Auf geradezu tragische Weise ist der Name des Jagdschlosses Clemenswerth im Emsland mit dieser die Kunst des 18. Jahrhunderts so grandios vollendenden Malerei verbunden. Denn am 21. Juli 1740 starb einer der ganz großen Freskomaler Süddeutschlands in der dieser Kunstform räumlich so entrückten Jagdhofhaltung des Kölner Kurfürsten Clemens August im Nordwesten des Alten Reichs. Von jenem zur malerischen Vollendung und künstlerischen Steigerung der Schlaunschen Schloßkapelle und der Kapuzinerresidenz nach Clemenswerth berufen, reiste Johann Evangelist Holzer[1] aus Augsburg an, konnte aber die von ihm erwartete Arbeit nicht mehr beginnen: „Man vermag nur zu ahnen, zu

welcher glückhaften Zusammenarbeit das gemeinsame Wirken solch urwüchsiger Begabungen (gemeint sind Schlaun und Holzer) hätte führen können, zu welcher Bereicherung des künstlerischen Gesamtbildes die Durchdringung westlicher Eleganz und süddeutscher Urkraft sein Wirken im rheinischen Kulturkreis geführt hätte"[2]. Holzer starb in Clemenswerth und damit verlosch im Emsland „das Genie der Freskomalerei des süddeutschen Rokoko"[3], ohne seine großen, noch auf ihn wartenden fürstlichen Aufträge ausgeführt zu haben: Johann Evangelist Holzers tragisch früher Tod im Emsland hat eine Fülle von zeitgenössischen Kommentaren hervorgerufen und in der Kunstgeschichtsschreibung seines Jahrhunderts die Diskussion um den Geniebegriff aufs Lebhafteste entfacht.
Das bis dahin Geschaffene des mit kaum 31 Jahren Frühvollendeten und die immense Wirkung seines zahlenmäßig doch überschaubaren Werkes in der Fresko- und Tafelmalerei bis in die Druckgraphik des 18. Jahrhunderts wurden in eine im Konjunktiv geschriebene Historiographie transponiert, in der sich die vollbrachten Leistungen in Relation zu den noch zu erwartenden, unausgeführten Aufträgen allerhöchster Auftraggeber zu einem Hymnus des Genialen verdichteten, der, in den ersten Jahrzehnten immer wieder neu in Worte gefaßt, das späte 18. und frühe 19. Jahrhundert erregte – auch Goethe zählte zu den erklärten Verehrern der Kunst J. E. Holzers[4] – und die Bewunderung für die Persönlichkeit und das Werk dieses Malers bis heute – 250 Jahre nach seinem Tode – anhalten ließ. Kaum mehr als 100 Jahre nach Holzers Tod wußte der erste wichtige Geschichtsschreiber des Kölner Kurfürsten Clemens August unter den für den Kunstkreis des „Monsieur de cinq Églises" wirkenden Künstlern kaum mehr als ein halbes Dutzend zu nennen. Für die rheinische Geschichtsschreibung waren all die großen Namen der Künstler verschüttet, die Clemens Augusts Residenzen, Jagd- und Lustschlösser ausgestaltet und zu glanzvollen Höhepunkten der höfischen Kultur des Spätbarock an Rhein, Ruhr und Ems hatten werden lassen.
So waren 1842 für F. E. von Mering selbst die Werke und die Bedeutung des westfälischen Architekten Joh. Conrad Schlaun so verblaßt, daß er außer der Nennung seines militärischen Ranges nichts zu seiner Person zu berichten wußte. Neben dem Namen des kurbayerischen und kurkölnischen Hofporträtisten Georges Demarées aber leuchtet in von Merings „Geschichte der vier letzten Kurfürsten von Köln" das Künstlergenie Holzers hervor, auch wenn der Autor weniger seiner Kunst, als der

Im großen Kuppelfresko der Wallfahrtskirche St. Antonius in Garmisch-Partenkirchen werden die Wundertaten – die „Dreizehn Privilegien" – des Paduaner Heiligen verherrlicht. Neben dem Gefangenen, dem auf wunderbare Weise die Ketten zersprungen sind, steht ein junger Mann, der über den riesigen Bettsack in seinen Armen direkten Blickkontakt mit dem Betrachter sucht: hier hat sich der junge Freskomaler Joh. Evangelist Holzer selbst gemalt und gleichsam als Zeuge unter die Wundergläubigen des Hl. Antonius gemischt

Legende um seinen frühen Tod in Clemenswerth nachgehen zu müssen meinte[5]:

„Johann Engelbert (!) Holzer, berühmter Historienmaler und Radirer, geb. zu Burgeis im Vinschgau 1709. Nachdem er viele berühmte Werke in Strauberg (!) und Augsburg, Partenkirchen und Diessen verfertigt, begann er sein letztes und größtes Werk und zugleich die Krone seiner zahlreichen Leistungen, die Freskogemälde in der Klosterkirche des Benediktinerstiftes zu Schwarzach in Franken. Nach Vollendung dieser Arbeit sollte Holzer die Residenz des Bischofs von Würzburg mit Freskomalereien verzieren, und er hatte schon Entwürfe dazu gemacht, als der Churfürst Clemens August den Wunsch äußerte, von diesem Künstler die Hofkirche zu Clemenswerth im Emslande ausmalen zu lassen. Holzer folgte dem Rufe nach Bonn und begab sich von hier aus in Gesellschaft des Obersten v. Schlaun nach dem Schlosse Clemenswerth, um die nöthigen Ausmessungen vorzunehmen; aber der Künstler, der sich schon auf der Reise unwohl gefühlt hatte, starb zu Clemenswerth (1740), noch nicht volle 31 Jahre alt. Sein Verlust wurde allgemein bedauert. Einige sagten, er sei aus Künstlerneid und Haß vergiftet worden. Nach Roschmann sollen niederländische Maler, die am churkölnischen Hofe sich befanden, die Thäter gewesen sein. Die Sache ist indessen nicht gehörig erwiesen, und ungegründet ist auch der Vorwurf, der Künstler sei in Folge eines schwelgerischen Lebens gestorben. Als Beweis dessen wurde erzählt, Holzer habe den berühmten Bauerntanz in Augsburg zur Zahlung der Zeche gemalt. Holzer war ein tugendhafter und rechtschaffener Mann, bescheiden und verträglich, sparsam und nichts weniger als schwelgerisch. Die angestrengte Arbeit schwächte seine Kräfte und führte den Tod herbei."

Wer war nun dieser Johann Evangelist Holzer, der, in der Freien Reichsstadt Augsburg zum Kirchen-, Fresko- und Fassadenmaler ausgebildet und gereift, in kaum mehr als 10 Jahren – zwischen 1730 und 1740 – ein malerisches und zeichnerisches Werk hinterließ, das zu so großer Bewunderung und zu noch größeren Hoffnungen und Erwartungen unter seinen Zeitgenossen und den folgenden Generationen Anlaß gegeben hat?

Jugend- und Lehrjahre

Johann Evangelist Holzer wurde am 24. Dezember 1709 als Sohn des Mühlenbesitzers Christophorus Holzer in Burgeis im südtirolischen Vinschgau geboren. In der Lateinschule des dortigen Benediktinerklosters Marienberg erhielt der Müllersjunge eine umfassende Bildung mit Kenntnis mehrerer Sprachen, die Grundlagen für sein von philosophischen und profunden religionsgeschichtlichen Kenntnissen geprägtes künstlerisches Werk. Seine Begabung für das Zeichnen, Malen und für die große Bildkomposition war bald erkannt[6].

Aus „engen und provinziellen Verhältnissen"[7] arbeitete er sich empor. Schwankend – ob Priestertalar oder Malerbarett seine künftige Robe sein sollte – führte sein Weg nicht nach Italien, ins Land der großen Barockkirchen mit künstlerischen Aufträgen in Hülle und Fülle, sondern nach Süddeutschland, wo damals eine ähnliche Prosperität in den bildenden Künsten lockte.

Über Lehrjahre in Straubing fand er ins „Mekka" der barocken Kirchenmalerei Bayerns und Schwabens. Als 22jähriger bereits gereift zu einem Kompositeur fast michangelesker Figurengruppen und virtuos gestalteter Scheinarchitekturen, trat er 1731 in die Meisterklasse des Augsburger Akademiedirektors Johann Georg Bergmüller ein und lebte – eine Bevorzugung auf Grund seines sofort erkannten Talents – im Hause des Meisters. Mit seinem Talent paarten sich Fleiß und Ausdauer: „Seinen Fleiß hat kein Unbill zu hemmen vermocht: Studium bei Tag und bei Nacht. Er war der letzte, der das Akademiegebäude verließ, und in der Frühe der erste, der es wieder aufsuchte"[8]. Das Malergenie fand seinen Rhythmus zwischen Erfindung und künstlerischer Ausführung. Holzer malte nun Andachtsbilder, Tafelbilder und vieles mehr und wurde von seinem Lehrer Bergmüller zu größeren Aufträgen hinzugezogen.

Nach seinen Augsburger Lehrjahren, wohl auch frühen Meisterjahren – aus denen kaum Werke erhalten sind –, folgte sein erster großer Auftrag. Kaum älter als 26 Jahre, begann er 1736 sein Kirchenfresko an der Ovalkuppel in der St. Antoniuskapelle von Garmisch-Partenkirchen[9].

Meisterschaft und Vollendung

Mit Vollendung dieses Werkes erfuhr alle Welt – oder damals zumindest die weltlichen und geistlichen Fürsten des Alten Reichs in der Mitte Europas – von der großen Könnerschaft Holzers. In kaum mehr als 30 Tagen (und Nächten) hatte er die Wundertaten des Hl. Antonius „als Fürsprecher in allen Nöten" *al fresco* in die frischen Putzflächen eines Deckengemäldes von fast 120 Quadratmetern Ausmaßes gemalt: eine großartige Komposition von gemalten Scheinarchitekturen und mehr als 100 Figuren – und alles in transzendentaler Ausdeutung und diesseitiger Erzählfreude.

Nun folgten weitere bedeutende Aufträge: für den Bischof von Eichstätt, für dessen Sommerresidenz und die Kirche am gleichen Ort er Deckenfresken und riesige Altargemälde schuf. Dann erreichte Holzer der Ruf aus Franken. 1737 erging ein Riesenauftrag an ihn: die malerische Ausgestaltung der von Balthasar Neumann soeben fertiggestellten Benediktiner-Abtei von Münsterschwarzach bei Würzburg am Main – „Holzers Meisterwerk und Höhepunkt christlicher deutscher Kunst des Barock diesseits der Alpen überhaupt"[10]. Holzers Gesamtwerk für Münsterschwarzach aus gewaltigen Deckengemälden und Altarbildern blieb unvollendet, sein Lehrer Bergmüller führte zuende, was Holzer begonnen – und 70 Jahre später in der Säkularisation zerstört wurde.

Längst stritten sich die deutschen Fürsten um die freien Termine im Kalender des Malergenies, jetzt geriet seine künstlerische und physische Kraft zwischen die Mühlsteine allzu großer Popularität. Im nahen Würzburg dachte man an die Verpflichtung Holzers, erste Ölskizzen entstanden von ihm für die Würzburger Residenz. Heute dürfen wir spekulieren, ob Giovanni Battista Tiepolo wirklich das Treppenhaus der Würzburger Residenz ausgemalt hätte, wenn er gegen den genialen Johann Evangelist Holzer aus Augsburg hätte in Konkurrenz treten müssen. Die Geschichte wollte es anders! Und die heute oftmals als nachgeordnet angesehene Kunstgeschichte mag ob des genialen Riesenfreskos im Treppenhaus des „größten Pfarrhauses Europas" – wie Napoleon die Würzburger Residenz einmal genannt hat – nur mutmaßen: Tiepolo contra Holzer – so wäre es gekommen, und wie wäre dieser Wettstreit ausgegangen...?

Holzers Tod auf Clemenswerth

In all die Aktivitäten in Bayern, Schwaben und am Main platzte ein Auftrag aus Nordwestdeutschland. 1740 folgte der Maler dem Ruf des zweitbedeutendsten Kirchenfürsten im Alten Reich: Clemens August, der Kölner Kurfürst, hatte sich für Holzers Mitwirkung bei der Ausgestaltung seines Jagdschlosses Clemenswerth im Niederstift Münster entschieden. Doch: Holzers letzter Lebensabschnitt endet im Emsland, der Tod zerschneidet ein generöses künstlerisches Werk. Zu diesem Frühvollendeten und Hochgelobten in den bildenden Künsten des 18. Jahrhunderts fällt uns nur noch das kurze Leben des genialen Wolfgang Amadeus Mozart ein!

Johann Conrad Schlaun, der Architekt des Jagdschlosses Clemenswerth, wurde zum Begleiter der letzten Wochen und Tage des Augsburger Malers. Schlaun, zu einer Kur in Aachen weilend, brach auf Geheiß des Kurfürsten am 28. Juni 1740 mit Holzer nach Clemenswerth auf. Dort hatten die Stukkateure die Decke der Schloßkapelle soweit vorbereitet, daß nun der bedeutende Maler in Aktion treten konnte. Von Aachen aus reiste man nach Düsseldorf, dann nach Münster, wo Holzer fünf Tage im Hause Schlauns wohnte. Weiter ging es per Kutsche über Leschede bei Emsbüren nach Meppen, wo Schlaun und Holzer zur Nacht blieben. Am 13. Juli 1740 traf man auf der großen Clemenswerther Baustelle ein[11]. Zentralbau und drei weitere Pavillons waren errichtet, die Schloßkapelle stand kurz vor ihrer Vollendung.
Lassen wir von hier ab Schlaun selbst berichten, dessen Brief vom 24. Juli 1740 an den Kurfürsten Clemens August in Bonn erhalten geblieben ist[12]:

„... so soll unterthänigst berichtet seyn, in welchem schlechten Stand dahmahls der von Ew. Churfürstl. Durchl. zu Achen mir gnädigst anbefohlener undt mitgegebener Augsburger Mahler sich befunden habe, da ich nun nicht ermangelt, selben alle ersehnliege aufwartung undt menschliege Hülff beyzubringen, auch gleich nach Ew. Churfürstl. Durchleücht leib-medico Veltrup geschicket undt ihm gebetten, gleich ohne säuhmung auff Clemenswerth zu dem plötzlich eingefallenen Patienten zu kommen, welcher sich auch gleich mit der ihm zugeschickten expreßen gelegenheit dahin begeben, der Doctor den patienten aber in ein so vehementes hitziges flecken-fieber gefunden, daß er Mir gleich wegen anstickender Krankheit verbieten thäte, nicht mehr bey ihm zu gehen, sonderen diejeniegen man nur alleine zu ihm lassen solte, so zu seiner auffwartung destiniret, worinnen sich alle Patres Capucini gewißlich sonder distinguiret, inzwischen hoffte der Medicus, daß seine (Holzers) jugent undt so die Medicin anschläge, ihnen nochmahl könte herausziehen. Die häfftige undt ohnabläßliege Hitze, daß continuirliege rahsen und die giftiege Krankheit hatt ihm aber so zugesetzt, daß er den 21 ten dieses, vorhin aber mit allem heiligen Sacramenten versehen, daß zeitliege gesechnet, undt da er bey ankunft auff Clemenswerth sich schon übel befand, sich absonderlich über seine brust geklaget, hatt er am concept des Plafons nichts angefangen, nur daß er bey seiner Ankunft mit mir eben daß angefangene Plaffon besehen."

Johann Evangelist Holzer erreichte Clemenswerth also als Schwerkranker, der für seinen Auftrag, das Deckenfresko in der Schloßkapelle zu malen, keinen Finger mehr rühren konnte. Plötzlich war ein Typhuskranker mit großer Ansteckungsgefahr auf der Baustelle. Seine Versorgung wurde den Kapuzinerpatres von Clemenswerth anempfohlen und Schlaun geraten, die Bettstatt des Kranken im Pavillon „Hildesheim" zu meiden. Auch der wegen der weiteren Ausstattung der Schloßkapelle auf Clemenswerth weilende Deutschordensbaumeister Franz Joseph Roth suchte einen Tag nach Ableben Holzers das Weite und reiste Hals über Kopf nach Mainz zurück[13]. Ein Genie verbreitete Chaos in seinem Tode! – Holzer wurde am 23. Juli 1740 in der Kapuzinergruft vor dem Hauptaltar in der alten St. Jakobuskirche in Sögel beigesetzt. Sein Begräbnis kostete den Kölner Kurfürsten nach Schlauns Rechnungslegung 101 Reichstaler, 19 Schillinge und 5 Stüber[14].

Der Kurfürst Clemens August zeigte sich tiefbetrübt vom Tode Holzers, doch wollte er auch künftig von einem Fresko in der Clemenswerther Schloßkapelle nicht lassen, wie sein Sekretär Hoesch aus Bonn an Schlaun schrieb[15]. Erst ein Jahr später war für den Augsburger Maler Ersatz gefunden: wieder berichtet Schlaun, daß nun der Italiener Vittorio Bigari aus Bologna mit seinem Gesellen Vanelli am 19. Juli 1741 mit der Arbeit am Deckenfresko der Clemenswerther Schloßkapelle begonnen hätte. Und er berichtet auch vom Abschluß der Arbeit Bigaris am 19. Oktober desselben Jahres, da nun endlich das Bild von der Himmelfahrt Mariens ins Werk gesetzt war[16].

Sein Werk im Urteil der Geschichte

Johann Conrad Schlauns detaillierter Bericht über Holzers Tod in Clemenswerth an den Kölner Kurfürsten und sein weiteres Schreiben an den Bruder des Malers, den Pfarrer Lucius Holzer in Silz am Inn, wurden damals bereits zur immer wieder zitierten Quelle[17], der sich freilich manche unsachliche Deutung und Legendenbildung angeschlossen haben.

Doch der Ruhm überwog stets. 1742 ging Anton Roschmann, Notar zu Innsbruck und Erforscher der Landesgeschichte Tirols in seiner „Sammlung glaubwürdiger Nachrichten von unsern Tirolischen Künstlern" auf Holzers Genie und seinen frühen Tod zu Clemenswerth mit Zitaten aus

Schlauns Todesnachricht nach Silz vom 24. Juli 1740 ein und schloß mit seinem für die künftige Geschichtsschreibung geltenden Urteil über Holzer, „daß dieser große Künstler von Groß und Klein als eine Zierde Deutschlands geschätzt wird und daß sein allzu frühzeitiger Tod Jedermann zu Herzen gedrungen"[18].

Alle weiteren Holzer-Biographen[19], so sein frühester, der Münchner Prof. Andreas-Felix von Oefele (1757), wie auch der italienische Historiograph S.E. Bianconi in seinen „Reisebriefen über die Kurbaierische Residenzstadt München" (1771), der die „pöbelhaften Sagen" von Holzers ausschweifendem Leben zu entkräften bemüht war[20], und auch die lange Reihe Augsburger Geschichtsschreiber wie G. Chr. Kilian (1765), J.G. Meusel (1779) und H. von Zapf (1781) haben dem frühgewonnenen Urteil über Holzer beigepflichtet und auf die einzigartige Kunst des Südtiroler Genies ein jedesmal ihr Hohelied gesungen – zum Teil eben noch aus eigenem Erleben und persönlicher Kenntnisnahme der Werke Holzers, die am Ende seines Jahrhunderts – was gerade seine hochgerühmten Werke der „Lüftelmalerei" an Augsburger Patrizierhausfassaden betraf – bereits zu verblassen begannen. Über sie alle gelangte die Würdigung von Holzers genialem Lebenswerk in die Publikationen der Lexikographen des frühen 19. Jahrhunderts[21] – F.J. Lipowskys Bayerisches Künstlerlexikon (1810) sei genannt oder die „Beiträge zur Geschichte von Tyrol und Vorarlberg" von Füßli (1830/34) –, denen schließlich der Clemens August-Biograph Friedrich Everhard von Mering 1842 mit seiner sehr spröden Darstellung zur Kunst Holzers folgte. Aber auch er hat zu Holzers Ruhm beigetragen.

In Sögel gedenkt man heute Holzers in vielfältiger Weise: der örtliche Heimatverein setzte ihm 1984 an der Südseite der St. Jacobuskirche einen Gedenkstein. Zwischen Sögel, dem Sterbeort Holzers, und Burgeis, dem Geburtsort des Künstlers, entwickelte sich eine rege, alljährliche Reisebeziehung mit vielseitigen Bindungen zwischen beiden Orten, ihren Verwaltungen und Einwohnern. 1990 wurde in Sögel eine Straße nach Johann Evangelist Holzer benannt.

Anmerkungen

1 Holzers Leben und Werk ist in beeindruckender Geschlossenheit von Ernst Wolfgang Mick in seiner Dissertation (Universität Frankfurt 1958) dargestellt und in der Südtiroler Denkmalpflege-Reihe „Cultura Atesina", Bozen 1958 und 1959 (Bd. XII, S. 31–118, Bd. XIII, S. 16–54), veröffentlicht worden. – Dabei gelang ihm eine kunsthistorische Neubewertung des Künstlers, die weit über die erste Dissertation von E. Neustätter (Universität München 1933) hinausgeht. – Zitiert wird nach einer kürzeren Fassung der Holzer-Monographie von E.W. Mick, Johann Evangelist Holzer (1709–1740). Ein frühvollendetes Malergenie des 18. Jahrhunderts. (Verlag Schnell u. Steiner) München/Zürich 1984.
2 Hans Tintelnot, Die barocke Freskomalerei in Deutschland. Ihre Entwicklung und europäische Wirkung. München 1951, S. (139–) 148.
3 Carl Lamb, Johann Evangelist Holzer. Das Genie der Freskomalerei des süddeutschen Rokoko. In: Augusta 955–1955, Augsburg 1955, S. 371–391.
4 E.W. Mick (wie Anm. 1), S. 26.
5 Friedrich Everhard von Mering, Geschichte der vier letzten Kurfürsten von Köln. Ein Beitrag zur rheinischen Provinzialgeschichte. Köln 1842, S. 71/72.
6 Der kurze Lebensabriß an dieser Stelle folgt der Publikation von E.W. Mick, Anm. 1.
7 H. Tintelnot (wie Anm. 2), S. 140.
8 P. Clemens Käßer (OFM), Das Kleinod St. Anton über Garmisch-Partenkirchen. Saalfelden 1981, S. 17 (Zitat nach J.G. Bergmüller).
9 Ebd., S. 16–32.
10 Ebd., S. 31/32.
11 Niedersächs. Staatsarchiv Osnabrück (StAOs), Dep. 62 b, 595. – Johann Conrad Schlauns „Reise-Kösten so mit dem Mahler Holtzer biß Clemens-Werth geschehen". Die Auslagen beliefen sich auf 78 Rthl. 14 Schillinge, 8 Stüber, datiert vom 27.7.1740.
12 StAOs, Dep. 62 b, A XXI, Nr. 2. – Th. Rensing, Schlaun über den Tod des Malers Joh. Ev. Holzer. In: Westfalen, Bd. 26, 1941, S. 35–38. – F. Gößmann, Clemenswerth – Die letzte Station Joh. Ev. Holzers. In: Der Schlern, Zeitschrift für Südtiroler Landesgeschichte, Jg. 51, 1977, Heft 9, S. 476–478. – E.W. Mick, (wie Anm. 1), S. 14–17. – Clemens August – Fürstbischof, Jagdherr, Mäzen. Katalog zum 250jährigen Jubiläum von Schloß Clemenswerth. Meppen/Sögel 1987, S. 301–302.
13 StAOs, Dep. 62 b, 595.
14 StAOs, Dep. 62 b, 595.
15 StAOs, Dep. 62 b, 595.
16 Beide Daten aus handschriftlichen Auszügen von Dr. Roswitha Poppe, Osnabrück, aus dem Staatsarchiv Osnabrück (ohne Standortangaben) – Archiv Emslandmuseum Schloß Clemenswerth.
17 F. Gößmann, (wie Anm. 12), S. 477.
18 E.W. Mick, Johannes Holzer – Leben und Rang. In: Festschrift zur 250-Jahrfeier des Malers Joh. Ev. Holzer, Burgeis 1960, S. 26–31.
19 H. Tintelnot, (wie Anm. 2), S. 316 f, Anm. 66–72. – E.W. Mick, (wie Anm. 1), S. 104.
20 H. Tintelnot, (wie Anm. 2), S. 317, Anm. 72.
21 Auf beide Quellen berief sich 1842 der Kölner Historiograph F.E. von Mering.

Vom Ende eines schlesischen Edelmannes im Emsland

von Joachim Schrape

Schon im Mittelalter bestanden zwischen Niedersachsen, besonders mit dem Landesteil Braunschweig, und Schlesien infolge dynastischer Verbindungen enge Beziehungen. Sie bewirkten nicht nur, daß Bürger Braunschweigs in den Osten zogen, sondern – wenn auch in geringerem Umfang – Schlesier in Braunschweig seßhaft wurden oder wenigstens in braunschweigische Dienste traten. So wies Goetting[1] nach, daß in der Mitte des 14. Jahrhunderts Bürger aus Görlitz und Bunzlau Hauseigentümer in Braunschweig wurden. Zum Beginn der Neuzeit nannte er den aus Groß-Wartenberg stammenden Söldnerführer Joachim von Maltzan[2], der im Dienste König Franz I. von Frankreich stand und als dessen Diplomat enge Beziehungen zu Herzog Heinrich d.J. von Braunschweig-Wolfenbüttel unterhielt. In Emden wirkte und starb der aus Grünberg stammende Theologe Abraham Scultetus[3] von 1622–1624.
So war es eigentlich gar nicht ungewöhnlich, als der Verfasser in der Chronik seiner Heimatkreisstadt Militsch[4] einen recht ausführlichen Hinweis auf einen Adligen aus dieser Stadt und dessen Ende im Emsland im 16. Jahrhundert entdeckte.
Kluge[5] schilderte den Militscher Standesherren Sigismund II. von Kurtzbach (* 1547) als einen unruhigen Geist mit dem besonderen Verlangen, sich durch kriegerische Ruhmestaten auszuzeichnen. Er hatte seinen Vater, Johann von Kurtzbach, am 18. Mai 1549, als er erst zwei Jahre alt war, verloren. Johanns Witwe, Anna von Kurtzbach, geborene von Sporowsky, durfte die Standesherrschaft nach damaligem Recht nicht allein ausüben, so daß ihr Schwager, Wilhelm von Kurtzbach in Trachenberg,

Noch heute befindet sich am Schloßturm in Trachenberg/Schlesien der Wappenstein aus dem Jahre 1560 mit den Wappen der Familien Kurzbach (links) und Maltzan (rechts). Der Wappenstein enthält folgende Inschrift:

Wilhelm Kurzbach	Magdalene Kurzbach-
Freiherr auf Trachenberg	hin eine geborene Maltzanin
und Militsch Herr auf Trüm	von Wartenbergk
und Rennow	Frau auf Trachenberg:
Gott gebe Glück und Heil	Majorats-Hehrschaft

die Pflegschaft über den minderjährigen Sigismund II. übernahm. Als Wilhelm von Kurtzbach am 1. Februar 1569 starb, konnte Sigismund II., der sich zeitweilig am herzoglich preußischen Hofe aufgehalten hatte, Standesherr in Militsch werden. Nach verschiedenen Kriegszügen gegen Polen trat er 1578 im Alter von 31 Jahren als Rittmeister in das Reiterregiment des Grafen Günther von Schwarzburg[6] ein, das die niederländischen Generalstaaten in ihre Dienste genommen hatten, um den Vor-

marsch der Spanier im Süden der Niederlande (in Brabant) aufzuhalten. Graf von Schwarzburg war ein Schwager Prinz Wilhelm I. (des Schweigers) von Oranien (1533–1584), anfangs Statthalter der Niederlande und später Führer des Freiheitskampfes gegen Spanien.
„Unter anderen hochdeutschen Reitern, die die Generalstaaten im Dienst hatten, war der Oberst Freiherr von Kurtzbach mit ungefähr 700 Reitern. Da er sein (Kriegs)-Volk in Brabant nicht länger unterhalten konnte, kam er mit seinem Volk nach Ober-Yssel, wo er die Hauseigentümer brandschatzte und sie schrecklich belastete"[7]. Doch schon im Februar 1579 findet sich in den Akten des Allgemeinen Reichsarchivs der Niederlande[8] ein kurzer Hinweis: „Signé la retenue du Baron Courtzbach". Er hatte also seinen Dienst aufgeben wollen. Aus unbekannten Gründen protestierten auch seine Reiter, worüber Erzherzog Matthias und der Staatsrat entscheiden sollten.
Der Erzherzog kannte Kurtzbach offenbar schon aus dessen Kriegszügen an der schlesisch-polnischen Grenze, so daß er den Generalstaaten empfahl, Kurtzbach allein schon wegen seiner Tapferkeit und seiner Kriegserfahrung im Dienst zu halten[9]. Bald danach wurde der Grund der Zwistigkeiten klar: Kurtzbach war schwer verschuldet. Seine Militscher Standesherrschaft sollte eine hohe Kontribution aufbringen. Um diese alten Schulden bezahlen zu können, verlangte er Mitte Mai 1579 von den Generalstaaten 16000 Gulden, wenigstens aber 6000 Gulden sofort, damit er seine verpfändeten Ringe und Juwelen einlösen könne[10]. Nun begann ein ganz modernes bürokratisches Tauziehen um die Anerkennung dieser Forderung und um die dafür notwendige hierarchische Zuständigkeit. „Pour donner tout contentement et raisonnable statisfaction au Sr. le Baron Cortsbach est dict, de communiquer le tout aux colonnels de la ville d'Anvers"[11] (Um Baron Kurtzbach gänzlich zufriedenzustellen und eine vertretbare Genugtuung zu verschaffen, wurde entschieden, alles den Obersten in Antwerpen vorzulegen). Die militärische Führung des Landes sollte also einen Schlußstrich unter diese leidige Geldsache ziehen.
Am 13. Juni 1579[12] erhielt Kurtzbach aus Antwerpen eine Antwort, die sicher kaum seinen Vorstellungen entsprach. Geld sollte es zwar geben, aber in den nächstfolgenden drei Monaten nur je ein Drittel. Für 52 Pferde, die er zusätzlich vergütet haben wollte, stehe ihm gar nichts zu, weil diese Anzahl die bewilligte Anforderung überstieg. Vielleicht könnte bei der nächsten Musterung eine Nachbewilligung geschehen.

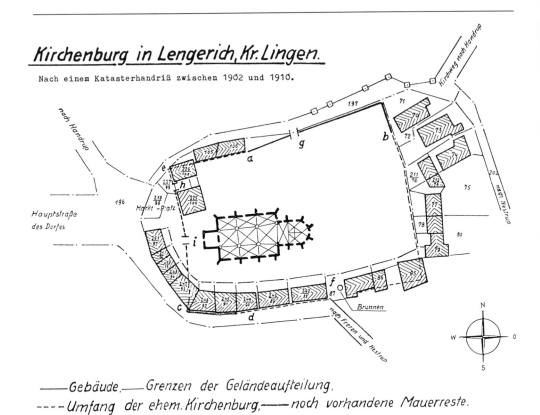

Die ehemalige Kirchenburg in Lengerich – Handzeichnung des Katasteramts (ca. 1902), aus: Hermann Meier, Lengerich, die ehemalige Kirchenburg zu Lengerich

Aber wann die erste Rate gezahlt werde, sei wegen des Geldmangels bei den Ständen Frieslands ungewiß. Und tröstend schließt der Brief mit den Worten ... „Wie wir dan Euch darumb mit besondern Fleiß hiemit günstig versuchen, solches mit wilferiger Betzalung und billiger Dankbarkeit uns Euch hinwieder zu vergleichen..."
Zwei Monate später hätte das Lösegeld für eingebrachte spanische Gefangene eine weitere Geldquelle sein können. Die niederländischen Verhandlungspartner von Kurtzbachs Agenten erhielten jedoch Anweisung, die Gespräche in die Länge zu ziehen. Wie sie schließlich ausgingen, verschweigen uns die Akten. Zu Beginn des Winters 1579 scheint Kurtzbachs Bruch mit den Generalstaaten endgültig vollzogen zu sein. Er wird entlassen, aber Erzherzog Matthias erhält davon keine Meldung, um immer noch Einfluß auf Kurtzbach ausüben zu können[13].

Die evangelische Kirche in Lengerich

Dieser begann nun Krieg auf eigene Faust zu führen. Vom Statthalter in Friesland, Graf von Renneberg, ließ er sich und seinen 700 Reitern die Stadt Lingen als Quartier zuweisen[14]. „... so drong Kurtsbach de nood van selfs te moeten vertrecken om onderhoud voor syn paerde te soeken, en is also getogen in't Land van Lingen in't begin van November, daer he mede van gelyken 't Land seer brandschattede, en soudet mogelyk noch erger gemaekt hebben" (als vorher schon in Ober-Yssel)[15]. Er selbst blieb jedoch nicht in Lingen, sondern bezog in der damaligen Kirchenburg von Lengerich, östlich von Lingen, sein Quartier. Der Lengericher Pastor Hermannus Lübbertius vermerkte dazu im Kalendarium eines Missale: „Anno 1579 irruit in hoc territorium Dns. (dominus) de Kußbach, silesius, feria sexta ante Martinum..." (Im Jahre 1579 brach der Herr von Kurtzbach, ein Schlesier, sechs Tage vor St. Martin (11.

November) in diese Gegend ein ..."[16]. Auch Goldschmidt bestätigt, daß Kurtzbach im Raum Lingen Geld, Korn und Vieh von den Bauern erpreßte und „... sie zwang, den Brand mit einer Summe Geldes abzukaufen".

Er sollte diese Lengericher Kirchenburg nicht mehr lebend verlassen. Während in den Unterlagen des Reichsarchivs nichts über seinen Tod aufgezeichnet ist, hat jeder der sonst beteiligten schlesischen und Lingener Chronisten seine eigene Version über Kurtzbachs Ende. Bei Kluge[17] heißt es: „Sein Page, Melchior von Lessel, hatte den Schlüssel zur Garderobe verloren; da nahm er Pulver, um das Schloß aufzusprengen. Die entstandene Explosion brachte größere Mengen Pulver, die sich in der Nähe befanden, zur Entzündung und der in einem Nebenzimmer ruhende Standesherr wurde samt seinem Bett in die Luft gesprengt". Auch Kneschke[18] gibt einem unvorsichtigen Pagen die Schuld an dem Explosionsunglück. Bei Goldschmidt[19] findet man folgende Erklärung: ... „Denn einige Tönnchen Pulver, die er ... in seinem Nachtquartier auf dem Hause Lengerich bei sich hatte, wurden am 31. Dec. 1579 durch Unvorsichtigkeit entzündet, wodurch er den Lohn seiner Grausamkeit empfing, indem sein Leib über den Graben geworfen und an einem Baum zerschmettert wurde". Möller[20] bietet uns eine dritte Erklärung: ... „Da er bei dem anstoßenden Kamin sein Hemd wärmte, fing durch Unvorsichtigkeit das Pulver Feuer, wodurch sein Körper durch das zersprungene Fenster über den Graben geworfen und an einem Baum zerschmettert wurde". Dabei bezieht er sich offenbar auf eine Eintragung im Stadtbuch der Stadt Lingen. Nach den Angaben von Pastor Lübbertius starb Kurtzbach erst drei Tage nach dem Explosionsunglück (... „nitro tactus uff Kerkenburg triduoque post expiravit ...") (Nachdem er auf der Kirchenburg von Pulver getroffen wurde, starb er am dritten Tage danach).

In der gesamten Umgebung war man froh, von diesem Drangsalierer erlöst zu sein. ... „cum multa mala miseris huius patriae antea ut tyrannus intulisset" ... (nachdem er vorher wie ein Tyrann viel schlimmes Elend diesem Lande zugefügt hatte) heißt es in dem Missale. Goldschmidt berichtet, daß die Protestanten diesen Todesfall ihren Gebeten zugeschrieben haben. Bald nach seinem Tode verschwanden seine Soldaten aus dem Lande.

Seine Leiche wurde in seine schlesische Heimat überführt und dort in der Stadtpfarrkirche von Prausnitz, die dem Apostel Jacobus d.Ä. und der heiligen Katharina geweiht war, in der Familiengruft beigesetzt[21].

Eine schlesische Landsknechts- und Abenteurernatur, die für ihre Zeit durchaus nicht ungewöhnlich war, hatte mit 32 Jahren im Emsland ihr jähes Ende gefunden.

Anmerkungen

1 Hans Goetting, Niedersachsen und Schlesien in ihren geschichtlichen Beziehungen. In: Schriftenreihe der Landeszentrale für den Heimatdienst in Niedersachsen, Reihe B, Heft 5, Dissen 1956, S. 37.
2 Hans Goetting, S. 47 und Allgemeine deutsche Biographie (ADB), Bd. 20, S. 155.
3 Hans Goetting, S. 49 und ADB Bd. 33, S. 492.
4 Kurt Kluge, Chronik der Stadt Militsch. Militsch 1909, Reprint 1988.
5 Ebd., S. 53.
6 Auskunft des Algemeen Rijksarchief (AR), 1. Afd., 's-Gravenhage, vom 25. 4. 1989.
7 Chrisz. P. Bor, Oorsprongh, begin en vervolgh der Nederlandsche oorlogen, deel XIV, Amsterdam 1679–1684, S. 143.
8 AR, Staten Generaal, inv.nr. 6, gedruckt: S. 628, vom 13. Februar 1579.
9 Ebd., inv.nr. 3102, gedruckt: S. 632, vom 1. März 1579.
10 Ebd., inv.nr. 3102, gedruckt: S. 650, vom 15. Mai 1579.
11 Ebd., inv.nr. 3102, gedruckt: S. 650, vom 17. Mai 1579.
12 Ebd., inv.nr. 11112, verkürzt gedruckt: S. 654, vom 12. Juni 1579.
13 Ebd., inv.nr. 3102, gedruckt: S. 671, vom 4. Dezember 1579.
14 Bernhard Anton Goldschmidt, Geschichte der Grafschaft Lingen und ihres Kirchenwesens insbesondere. Osnabrück 1850, S. 68.
15 Chrisz. P. Bor (wie Anm. 7).
16 Katholisches Pfarrarchiv zu Lengerich, S. 3.
17 Kurt Kluge (wie Anm. 4), S. 53–54.
18 Ernst Heinrich Kneschke, Neues allgemeines Deutsches Adels-Lexicon, Band V. Leipzig 1930, S. 340.
19 Bernhard Anton Goldschmidt (wie Anm. 14), S. 68–69.
20 Johann Caspar Möller, Geschichte der vormaligen Grafschaft Lingen von den ältesten Zeiten bis auf unsere Tage. Lingen 1874, S. 168.
21 Kurt Kluge (wie Anm. 4), S. 54 und Waldemar Glatz (Hrsg.), Der Kreis Militsch-Trachenberg an der Bartsch. Springe 1965, S. 377.

Der Frerener „Glockenstreit"

von Hans Slemeyer

Glockengeläut ruft zum Gottesdienst oder zum Gebet (Angelusläuten); es ertönt bei besonderen Anlässen wie z. B. die Totenglocke bei Beerdigungen und ist als Brandglocke profaniert. Den Frerener Katholiken war ein eigenes Glockengeläut vorenthalten, seitdem sie wie auch die Katholiken der anderen Kirchspiele der Grafschaft Lingen nach dem Dreißigjährigen Krieg (1648) ihre Kirche den wenigen Reformierten übergeben mußten. Als dann nach Inbesitznahme der Grafschaft durch Preußen (1702) die Katholiken nach „flehentlichen Eingaben" und nicht zuletzt aufgrund einer „Dankbarkeitsgabe" von 5000 Reichstalern endlich die Erlaubnis erhielten, an Sonn- und Feiertagen Gottesdienst in Privathäusern abzuhalten[1], blieb ihnen das Glockengeläut ebenso wie der Gebrauch von Orgeln sowie jedes Auftreten in der Öffentlichkeit verwehrt.
Wahrscheinlich ermutigt durch die Einweihung der St. Hedwigskirche in Berlin im Jahre 1773 bemühten sich die Katholiken der Grafschaft in den Folgejahren immer wieder um die Erlaubnis, eigene Glocken besitzen und benutzen zu dürfen. Nachdem die katholischen Gemeinden von Mettingen und Brochterbeck 1782 und 1783 die Erlaubnis erhalten hatten, kleine Glocken aufzuhängen, erbat auch die Frerener Kirchengemeinde eine entsprechende Erlaubnis[2]. Aufgrund „allerhöchsten Spezial-Befehls" des Königs an die Lingener Regierung vom 26. April 1784 durfte nun auf die Kirchenscheune ein sog. Dachreiter aufgesetzt und eine kleine Glocke beschafft werden. Mit folgender Inschrift[3] brachte man die Dankbarkeit gegenüber dem preußischen König zum Ausdruck:

DE VRYHEYD IS VAN KONING FRIDERIK ONTFANGEN
OM DEESE KLOK ALHIER TE HANGEN
DUS LUYDE WY VOOR GODS EN 'S KONINGS EER
LANG LEEVE FRIDERIK ONSEN HEER

AMSTERDAM 1 JULIY Ao 1784
DOOR WOUTER SLUYMER

Es handelt sich vermutlich um die einzige Glocke einer katholischen Kirche in Deutschland, die dem Freigeist Friedrich dem Großen gewidmet ist. Das zeitgeschichtlich besonders interessante und wertvolle Glöckchen hat erfreulicherweise die schweren Zeiten, insbesondere die Glockenablieferungen beider Weltkriege überstanden und ist heute noch im Besitz der katholischen Kirchengemeinde von Freren.
Der Gebrauch des Glöckchens war gemäß der Konzession nur mit Einschränkungen erlaubt. Die Glocke durfte nur an Sonn- und Feiertagen zum Gottesdienst rufen, mindestens eine Viertelstunde früher als die der reformierten Kirche. Auch durfte sie nicht zu Beerdigungen von Katholiken eingesetzt werden, „damit durch den Gebrauch dieser Glocke die protestantische Pastoral und Küster Jura nicht beeinträchtigt werden, sondern vielmehr gedachte Gemeine schuldig seyn soll, die gewöhnlichen Jura nach wie vor an die protestantische Geistlichkeit zu bezahlen". Es sollte also sichergestellt werden, daß die Gebühreneinnahmen der Reformierten für das Glockengeläut bei Beerdigungen nicht beeinträchtigt wurden.
Als der Osnabrücker Weihbischof Karl Anton Lüpke am 14. und 15. Juli 1831 in Freren die Firmung erteilte, waren zu dessen Begrüßung und Verabschiedung auf Anweisung des Frerener Obervogts Rump auch die Glocken der evangelischen Kirche[4] geläutet worden, was dem Obervogt noch viel Ärger bereiten sollte. In einer ganz überwiegend katholischen Gegend hatte die evangelische Beamtenschaft einen schweren Stand, wie sich vor allem während der Franzosenzeit gezeigt hatte[5]. Der unbeliebte Obervogt hatte schon einige Jahre vorher bei den seit 1816 wieder erlaubten Prozessionen auch mit den Glocken der evangelischen Kirche läuten lassen. Dies sollte offenbar eine freundliche Geste gegenüber den überwiegend katholischen Einwohnern Frerens sein, wobei Rump allerdings seine Kompetenz überschritt und sich gröblich in interne Angelegenheiten der evangelischen Kirchengemeinde einmischte.

Ins Rollen brachte die Sache der reformierte Küster und Schullehrer Arnold Wilhelm Eschmann mit einer Anzeige beim Superintendenten Jüngst in Lingen. Dieser ersuchte am 18. Oktober 1831 den Frerener Pastor Lodtmann um einen Bericht. Er wollte insbesondere wissen, wer das Geläut veranlaßt habe, ob die Kirche – wie 1806 – gewaltsam geöffnet worden und ein Schaden entstanden sei. Lodtmann berichtete am 26. Oktober[6], er sei am Tage der Ankunft des Weihbischofs nach Wittlage gereist, um den Empfangsfeierlichkeiten zu entgehen. Bei der Ankunft des Weihbischofs sei der Untervogt Bolsmann, dem der Küster Eschmann den Schlüssel abgeliefert habe, von Obervogt Rump beauftragt worden, einige Leute zum Läuten zu bestellen. Eine Beschädigung der Kirche sei nicht eingetreten, jedoch habe sich schädlich ausgewirkt, daß die Glockenpfeiler – offenbar durch die Katholiken – versetzt worden seien, was das Glockenläuten erheblich erschwere. Lodtmann fügte hinzu:

Wie doch in einem Regierungsbezirk bei protestantischer Regierung die Catholiken so oft Vorzüge haben! Zu Freren läuten sie obgleich sie bey ihrer Kirche selbst Glocken haben, bey ihren Processionen und sonstigen Feyerlichkeiten mit unseren Glocken, und zu Bohmte, wo die Protestanten damals keine eigene Glocke hatten, wollten Sie bei der Feyer der Augsburgischen Confession ... nicht bewilligen, daß die Glocken bei der cath. Kirche läuten durften, und sie, die hier im Ort selbst eigene Glocken haben, brauchen die Unsrigen bei ihren Festlichkeiten.

Superintendent Jüngst gab die Sache weiter an das Königlich Evangelische Consistorium in Osnabrück und diese an die Landdrostei in Osnabrück. Mit Schreiben vom 6. Januar 1832[7] erhielt der Obervogt einen Verweis des Landdrosten von Bar mit der Auflage, „solche Anmaßungen in Zukunft zu unterlassen". Das Consistorium unterrichtete den Superintendenten und dieser den Pastor Lodtmann. Der Superintendent fügte hinzu, der Küster Eschmann unterstehe ausschließlich den Weisungen des evangelischen Pastors. Der Obervogt schickte mit Schreiben vom 1. Juni dem katholischen Pfarrer Gerhard Heinrich Kleve eine Kopie des Schreibens des Landdrosten „vorsorglich für den Fall, daß er noch nicht in Kenntnis gesetzt sei" und bemerkte: „So mag die Anlage mich entschuldigen, wenn ich nächstens meinem guten Willen Schranken beysetzen muß. Mir macht die Gelegenheit viel Vergnügen, Euer Hochwürden schriftlich meine ausgezeichnete Hochachtung zu versichern."

Die Friedrich dem Großen gewidmete Frerener Kirchenglocke

Der katholische Pfarrer nahm die Vorgänge zum Anlaß, auf den bisherigen Brauch, bei Sterbefällen und Beerdigungen durch den evangelischen Küster mit beiden Glocken der evangelischen Kirche läuten zu lassen – wofür dieser in der Regel 6 Stüber, bei längerem Läuten auch 20 oder 30 Stüber erhielt –, zu verzichten und sich mit dem Geläut der kleinen Glocke der katholischen Kirche zu behelfen. Die Gebühren dafür wurden vom Lingener Erzpriester J. B. Homann auf 4 Mariengroschen festgesetzt.

Das war natürlich ein schwerer Schlag für den evangelischen Küster, der nun auf einen beträchtlichen Teil seiner Einnahmen verzichten mußte. Als er Anfang Juni 1832 glaubte, die Katholiken würden sich bei der bevorstehenden Fronleichnamsprozession wieder gern der großen Glocken der evangelischen Kirche bedienen, wandte er sich an den Superintendenten. Dieser stellte gegenüber Pastor Lodtmann mit Schreiben vom 14. Juni klar, daß das damalige Verbot auf den Anmaßungen des Obervogts Rump beruht habe. Wenn Lodtmann als Pastor der evangelischen Gemeinde den Katholiken „vergünstigungsweise" das Läuten erlauben wolle, so habe er nichts dagegen; jedoch dürfe die katholische Kirchengemeinde daraus keinen Rechtsanspruch ableiten, ebensowenig beim „Beläuten der Todten".

Pastor Lodtmann schickte Pfarrer Kleve noch am selben Tage folgendes Schreiben:

Nur mit zwei Worten, lieber Herr Amtsbruder, nehme ich mir die Freiheit, Sie hiermit zu benachrichtigen, daß ich bei den obwaltenden Verhältnissen nichts dagegen einwenden kann, wenn Sie bei der Feyerlichkeit welche morgen hier statt finden wird, sich der Glocken bei unserer Evangelischen Kirche bedienen wollen.

Hochachtungsvoll habe ich die Ehre zu sein
    Ew. Hochwürden
gehorsamer Diener und Amtsbruder
gez. J. F. G. Lodtmann
Freren, den 14. Junius 1832

Kleve antwortete noch am selben Tage, daß er von dem Angebot keinen Gebrauch machen könne, weil er befürchten müsse, daß derselbe, der die bisherige Anzeige erstattet habe, sich wieder beschweren werde, wodurch er, Kleve, sich Unannehmlichkeiten aussetzen würde. Im übrigen ließen die Worte „unter den obwaltenden Umständen"[8] erkennen,

daß auch sein Amtsbruder Bedenken habe. Lodtmann schickte dieses Schreiben am nächsten Tage „in Eile" mit dem Vermerk zurück:
Indem ich Ihnen eine gesegnete Festfeyer wünsche, erwiedere ich, daß Sie nach meiner Meinung heute unbedenklich mit den Glocken unserer Kirche läuten können.

Am 15. Juni 1832 wurde zwar mit dem Geläut begonnen, doch untersagte es dann der Leiter des Amtes Freren, der Oberamtmann Zum Sande, offenbar aufgrund eines Mißverständnisses.
Mit Schreiben vom 18. Juni 1832 an Kleve kam Lodtmann noch einmal auf die von Kleve aufgegriffenen Worte „unter den obwaltenden Umständen" zurück und stellte klar, daß er damit das Nichteinholen seiner Zustimmung gemeint habe. Die Landdrostei habe keineswegs den Gebrauch der Glocken der evangelischen Kirche bei katholischen Feierlichkeiten verbieten wollen, sondern dies nur von der Zustimmung des evangelischen Predigers abhängig gemacht. Er werde seine Zustimmung gegebenenfalls auch gern geben. Und am 21. Juni 1832 teilte er Pfarrer Kleve, offenbar unaufgefordert, mit, daß er nichts dagegen habe, wenn Kleve sich bei der am selben Tage stattfindenden Prozession des Geläutes der evangelischen Kirche bedienen wolle.
In den nächsten Jahren scheint die katholische Kirchengemeinde sich bei Prozessionen des evangelischen Kirchengeläuts bedient zu haben. Dagegen verzichtete man weiterhin auf dieses Geläut bei Sterbefällen und Beerdigungen von Katholiken. Mitte 1834 beklagte sich der Küster und Schullehrer Eschmann offenbar beim Superintendenten darüber, daß er nicht mehr zum Läuten herangezogen werde. Pastor Lodtmann, vom Superintendenten zur Stellungnahme aufgefordert, berichtete am 27. Juli 1834 unter Bezugnahme auf die Vorgänge von 1832 u. a.:

Wie nun bei einer anderen religiösen Feyerlichkeit, nämlich bei einer großen Procession, die Catholiken sich wiederum, nach einem langjährigen Gebrauche unserer beiden Glocken in dem großen Thurm unserer Kirche bedienen wollen, wozu ich von meiner Seite ihnen dann auch gern die Einwilligung gab, da auch schon die erforderlichen Personen zum Läuten dabei bestellt worden waren, die auch schon den Anfang damit machen wollten: So untersagte ihnen der Oberamtmann Zum Sande das Geläute bei dieser großen Procession gänzlich – und von dieser Zeit an (es scheint fast absichtlich eine solche Gelegenheit dazu abgewartet zu sein) wurde die

Verläutung der Todten der jenseitigen Kirche mit den beiden Glocken in unserem großen Kirchthurm dann auch gänzlich mit einem Male eingestellt, denn sie fingen an, sich dabei nur der kleinen Glocke an hiesiger cath. Kirche allein zu bedienen.

Dieses war die Voraussetzung, warum der Ev. Küster und Schullehrer Eschmann zu Freren das Verläuten der cath. Todten, was vorher stets durch ihn und seine Vorgänger geschehen, gänzlich verlohr, obschon ich den Catholiken wiederholt eröffnete, daß der Ev. Kirchen-Rath zu Freren nichts gegen das Verläuten der cath. Todten durch Küster Eschmann mit den Ev. Glocken habe.

Eschmann erhielt nicht die kleinste Entschädigung für diesen Verlust, der zu seinen Diensteinnahmen gehörte und worauf er beeidigt worden war.

Die katholischen Pfarrer holten offenbar in jedem Einzelfall die Erlaubnis des evangelischen Pastors ein. So stimmte Pastor Lodtmann einem schriftlichen Antrag des Pfarrers Kleve vom 13. Juni „mit großem Vergnügen" zu und 1836 auch dem Läuten zu den Feierlichkeiten am Tage des Kirchenpatrons Vitus sowie am 14. Juni 1837 dem Läuten anläßlich des Besuches des Weihbischofs Lüpke am 20. Juli 1837. Dann ergaben sich allerdings Schwierigkeiten seitens des Superintendenten Jüngst, der von Pastor Lodtmann eingeschaltet worden war. Jüngst sprach sich am 23. Juni 1837 dafür aus, keine Erlaubnis mehr zu erteilen, weil fast jedesmal nach Benutzung durch die Katholiken eine Beschädigung am Glockenstuhle oder am Hängebalken der Glocken festzustellen sei, worüber sich der Küster Eschmann wiederholt beklagt habe. In Lengerich sei bei einer solchen Gelegenheit die größte Glocke völlig unbrauchbar geworden, ohne daß sich die katholische Kirchengemeinde um den Schadenersatz bemüht habe. Schließlich sei noch zu berücksichtigen, daß die Frerener Katholiken sich bei Beerdigungen nicht mehr der Glocken der evangelischen Kirche bedienten, wodurch dem evangelischen Küster ein bedeutender Teil seiner Einnahmen entgehe. Jüngst empfahl Pastor Lodtmann, die Angelegenheit mit dem Kirchenrat, insbesondere mit Assessor Wenckebach vom Amt Freren zu beraten; dieser werde vermutlich der gleichen Auffassung sein.

Pastor Lodtmann übersandte dieses Schreiben am 25. Juni 1837 Pfarrer Kleve mit den Worten:

So gern ich Ihnen, geehrtester Herr Amtsbruder, auch die Erlaubniß für meine Person gegeben habe, am Tage der Gegenwart des Herrn Bischofs

Lüpke hierselbst mit unseren Glocken zu läuten, so sehen Sie doch aus beiliegendem Schreiben, welches ich mir zurück erbitte, daß es nicht geschehen darf.

Hochachtungsvoll beharre ich
Ihr ergebenster Amtsbruder
gez. J. Lodtmann

Pfarrer Kleve erwiderte ihm am 25. Juni 1837, wenn er gewußt hätte, daß Lodtmann beim Superintendenten anfragen werde, hätte er ihm dessen Antwort voraussagen können. Der Inhalt des Schreibens habe ihn nicht befremdet.
Pastor Lodtmann bemühte sich nun offenbar um die Genehmigung des evangelischen Consistoriums. Auf seinen Bericht vom 8. Juni 1839 teilte ihm das Consistorium am 10. Juni mit, daß eine Benutzung der Glocken der evangelischen Kirche bei katholischen Prozessionen gegen die Regel sei, und daß das Consistorium ein solches Geläut „nicht eher bewilligen könne, als wenn die evangelische Gemeinde selbst hierauf anträgt und diesen Antrag gehörig motiviert". Einen solchen Antrag hat die evangelische Kirchengemeinde nie gestellt, womit die Angelegenheit definitiv abgeschlossen war.
Nach der Erbauung der neuen katholischen St. Vitus-Kirche im Jahre 1899 trafen am 16. August 1900 die von der Glockengießerei Petit & Gebr. Edelbrock in Gescher gegossenen fünf großen Glocken ein, die am Sonntag darauf feierlich eingeweiht wurden; sie ergaben ein volles melodisches Geläut, wie es damals hieß. Vier Glocken mußten aber im Ersten Weltkrieg an die Militärverwaltung zur Metallgewinnung abgeliefert werden. 1921 gab die Kirchengemeinde dann bei der Glockengießerei drei neue Glocken in Auftrag, die ebenfalls in Gescher gegossen wurden. Im Zweiten Weltkrieg mußten erneut drei Glocken abgeliefert werden und nur eine, wiederum die Vitusglocke von 1899 blieb zurück. Doch schon vor der Währungsreform, im Jahre 1947, konnten, vor allem aufgrund einer großherzigen Stiftung einer Frerener Fabrikantenfamilie, vier neue Glocken beschafft werden, die noch heute die Einwohner Frerens neben denen der evangelischen Kirche erfreuen. Im Geiste der nach dem Zweiten Weltkrieg erstarkenden ökumenischen Bewegung wurden diese Glocken in der Tonlage auf das Geläut der evangelischen Kirche abgestimmt.

Im Zeichen harmonischer Zusammenarbeit zwischen den beiden christlichen Konfessionen ist der leidige Glockenstreit des vorigen Jahrhunderts längst vergessen. Und längst ist es in Freren zur schönen Gewohnheit geworden, daß zur Amtseinführung von Geistlichen – gleich welcher Konfession – die Glocken beider Kirchen läuten.

Anmerkungen

1 B.A. Goldschmidt, Geschichte der Grafschaft Lingen und ihres Kirchenwesens insbesondere. Osnabrück 1850, S. 268 und Urkunde 63.
2 Ebd., S. 338f.
3 Der Kreis Lingen. Hrsg. vom Lehrerverein der Diözese Osnabrück. Lingen 1905, S. 86. Der von der Glocke abgeschriebene Text weicht geringfügig ab von dem 1905 veröffentlichten Text.
4 Die Reformierten und die Lutheraner Frerens hatten sich 1823 zu einer evangelischen Gemeinde zusammengeschlossen.
5 Vgl. Hans Slemeyer, Der „Aufruhr" in Freren 1806. In: Jahrbuch des Emsländischen Heimatbundes, Bd. 33, 1987, S. 12–19.
6 Evangelisches Pfarrarchiv Freren: A. 173.
7 Kopie im katholischen Pfarrarchiv Freren: Rep 113.
8 Im Original heißt es „bei den obwaltenden Verhältnissen" (siehe weiter oben).

Gegen die Not durch Feuer und Hochwasser Nachbarschaftshilfe der Stadt Meppen im 19. Jahrhundert

von Karl Pardey

Zur sozialen Lage im 19. Jahrhundert

In der Mitte des vorigen Jahrhunderts lebten in Meppen 2000 Menschen in 446 Haushalten. Von ihnen werden in den Steueraufstellungen des Jahres 1850/51 rund 45 % als bedürftig bezeichnet. 41 der als bedürftig geltenden Haushalte wurden von Tagelöhnern geführt und 159 Haushalte sind in den Steuerlisten mit dem Vermerk „Arm, gering, gibt nichts" versehen.
In Meppen sowie im ganzen Emsland gab es damals nur wenige Verdienstmöglichkeiten, durch die der Lebensunterhalt bestritten werden konnte. Folglich wurden auch keine Steuern gezahlt. Hinzu kamen in jener Zeit viele Krankheiten, die die Menschen plagten und sie arbeitsunfähig machten. Viele Leute wurden als „Hülfsbedürftige aus dem milden Fonds" des Hannoverschen Königs unterstützt. Diese Unterstützungen wurden bis 1849 immer für ein Halbjahr gewährt und mußten von dem Meppener Magistrat alle 6 Monate beantragt werden.
1846 geschah dies für das Ehepaar H., beide „über 60 Jahre alt, vor etwa 10 Jahren vom Boden gefallen und dadurch Krüppel. Sie werden von der Armen-Kommission unterstützt, ist zu wenig um ihr Leben in ihren alten Tagen zu fristen."
Sie bekamen für ein Halbjahr zwei Reichstaler (Rtl.)[1] ausgezahlt. Zum Vergleich: Der Wert einer Kuh lag in der Zeit zwischen 15 und 25 Rtl. Nach heutigen Maßstäben würde das Ehepaar für das Halbjahr 200,- DM erhalten.

Ab 1849 nahmen die Unterstützungsanträge im Emsland sehr zu und die halbjährlichen Zahlungen wurden zur Arbeitsersparnis in jeweils einmalig zu beantragende umgewandelt.
Da gab es z. B. in Meppen die 34 Jahre alte Frau B. „fallsüchtig und geistesschwach, untergebracht bei Tagelöhner A.C. in der Wallstraße 7". Ihr wurde auf Antrag eine Beihilfe von 13 Rtl. gewährt, von der Meppener Armen-Kommission erhielt sie „wöchentlich 10 ggr und ein Brod von 6 Pfund".
Im „Verzeichnis der wöchentlichen Geld- und Brod-Unterstützungen pro November 1847 und weiter bis 27. Juli 1848" sind 102 Personen aufgeführt, an die 101 Brote und je nach Personenzahl pro Haushalt und Bedürftigkeit 2 bis 12 Gutegroschen (ggr.) ausgeteilt wurden. Die Armen-Kommission erhielt das Geld durch Kollekten und die Verpachtung ihrer Ländereien. In schlechten Zeiten wurde weniger Geld gespendet. Als besondere „Nothjahre" wurden in einem Bericht die Jahre 1831/32 und 1846/47 genannt.

Hochwassernöte

Notjahre entstanden in Meppen durch Nachtfröste, die Getreide und Kartoffeln schädigten, oder durch die Hochwasser von Ems und Hase. Das Hochwasser von 1830 riß Teile des nördlichen Haseufers am Altmeppener Esch und am Judenkirchhof ab. Der Magistrat berichtete am 17. September 1830, daß die Aprilflut die Aussaat der Sommerfrüchte zerstört hätte und das Hochwasser aus der Julimitte „großen Schaden that, und nun dadurch Großscheit an Aussaat an Sommerfrucht der niedrigen Grundstücke verdorben" wäre.
1843 riß das Hochwasser ein großes Loch in die Uferbefestigungen. Das nächste Hochwasser war 1845. Am 30. März erreichte die Ems einen so hohen Wasserstand wie noch nie. Das Wasser drang über die Haseböschung durch das Lagerhaus der Witwe Müller in die Stadt. Dazu kam ein anhaltender Sturm. Am Montag, dem 31. März, kam das Wasser zum Stehen; am 1. April fiel es um zweieinhalb Zoll^2.
„Es konnte die größte Gefahr und der Ruin der Stadt nur dadurch abgehalten werden, daß Tag und Nacht der 600 Ruthen lange Wall durchgehend mit 2 Fuß hohem Nothdeich aufgehöht wurde .... Es wird bei dem jetzigen Zustand des Walles eine Zerstörung der Stadt unvermeid-

lich sein, wenn diese Hochfluthen aus der Hase und der Ems einmal zu gleicher Zeit nach Meppen herunter kommen"[3].
Kaufmann Jos. Augustin wurde im Dezember 1846 beauftragt, Erbsen, Bohnen, Hafergrütze und Gerste im Ausland einzukaufen. Die Nahrungsmittel wurden „... der ärmeren hiesigen Volksclasse zum Einkaufspreis überlassen... es ist die ärmere Volksclasse bei ökonomischen Gebrauch mit Kartoffeln auch für die nächste Einsaat hinreichend versehen".
Der Magistrat ordnete seit 1843 Notstandsarbeiten an; die Deiche an Ems und Hase und vor dem Esterfeld wurden erhöht. Die Markstiege wurde instandgesetzt und die „Umwallung und Dämpfung des städtischen Antheils am Borker Sand" brachte 40 armen Tagelöhnern für drei Wochen Arbeit und Verdienst. Die Stadt zahlte für die „nützlichen und nothwendigen Wegearbeiten" täglich an die Tagelöhner 6 ggr. 8 Pf. Die Herzoglich-Arenbergische Rentkammer beschäftigte zusätzlich 18 arme Tagelöhner und zahlte ihnen am Tag 10 ggr.
Das Hochwasser konnte immer nur langsam aus der Stadt abfließen, „bei den feuchten und dumpfen sehr beschränkten Wohnungen" breiteten sich Krankheiten und Epidemien leicht aus. Brutstätten für Krankheitserreger und Ungeziefer waren außerdem die beiden „innerstädtischen Seen" vor der Gymnasialkirche in der Burgstraße und vor dem Amtshaus/Rentei an der Obergerichtsstraße. An beiden Stellen flossen die Wassermassen nach Regenfällen nur langsam zum alten Stadtgraben ab.

Feuersgefahren

Im Gegensatz zu den regelmäßig wiederkehrenden Hochwassern ist Meppen von größeren Schadenfeuern verschont geblieben. Ausnahmen bildeten nur die Brände in den Kriegsjahren: im Dreißigjährigen Krieg wurde die Stadt beschossen, und viele Häuser wurden 1644 und 1647 verwüstet, ebenso wie im Siebenjährigen Krieg 1761. In anderen Jahren brannte eines der Fachwerkhäuser – mit Strohdach und Holz-Schornstein – ab, aber es kam zu keiner Brandkatastrophe wie in anderen Orten.
Aus Haren kam im Frühjahr 1849 die Nachricht nach Meppen, daß 15 Häuser durch einen Brand zerstört worden wären und ein Schaden von 2000 Gulden nicht durch die Feuerversicherung gedeckt wäre. Da rief

der im Vorjahr gebildete „Localverein für öffentliches Interesse" am 24. April zu einer Kollekte auf. Stadtdiener Hermann Wilmering sammelte am 10. Mai 17 Rtl. 14 ggr. und 8 Pf. in Meppen ein. Ob noch von anderer ungenannter Seite Gelder kamen, steht nirgends geschrieben, aber – Meppen half der Nachbargemeinde!

Am 10. August 1849 war von Meppen aus in Richtung Osten eine große Feuersäule zu sehen: Haselünne brannte. Nach den Bränden von 1733 und 1798, denen 51 bzw. 84 Häuser zum Opfer fielen, wurden nun 100 Häuser zerstört und „150 Familien weinen auf den Trümmern eines ungeheuren Schutthaufens, dessen Bezirk die Hälfte der so gewerbefleißigen Stadt umfaßt".

In einem Extrablatt der Ems- und Haseblätter gab J.C. Kusian für das Festkomitee der Schützen bekannt, daß das Meppener Schützenfest wegen des Brandes um 8 bis 15 Tage verschoben würde. Gleichzeitig erschien in dem Blatt der „Aufruf zur Unterstützung der Abgebrannten in Haselünne, unterzeichnet vom Hülfsverein für die Haselünner Abgebrannten". Ihn hatten 20 Persönlichkeiten des öffentlichen Lebens in Meppen unterzeichnet. Sie wiesen in dem Aufruf darauf hin, daß in Haselünne vor allem die „nöthigsten Lebensbedürfnisse, Kleidungsstücke, Bett- und Leinenzeug und Saatkorn" benötigt wurden.

Alle Gaben aus nah und fern sind im „General-Verzeichniß der milden Gaben" vom 8. März 1852 aufgeführt; es wurde bei Bötticher am Markt in Meppen gedruckt. Sie reichen vom Goldschmuck einer „Dienstmagd aus Münster, 2 Rtl 10 ggr werth" bis zu den 1 000 Rtl. des Herzogs von Arenberg. Aus Meppen kamen an Geldspenden 273 Rtl. 12 ggr. und 8 Pf. zusammen und dazu noch 27 Rtl. des J.H. Frye. Die Gesamtsumme der eingegangenen Geldspenden ist im Verzeichnis mit 13 838 Rtl. 8 ggr. 4 Pf. angegeben.

In Meppen brannte 7 Tage nach dem Beginn der Haselünne-Kollekte das Haus des Nörtkers in der Schützenstraße 7 ab; es hatte einen Wert von 200 Rtl. Einen Monat nach dem Haselünner Großfeuer ordnete der Meppener Magistrat an, daß „die 2. städtische Brandsprütze ebenso wie auch die erste umgeändert werde, daß sie gedreht und mit Pferden bespannt werden kann . . .".

Die Meppener waren stets hilfsbereit, wie wir gesehen haben. Aber als die Landdrostei Osnabrück anordnete, für die im Mai und Juni durch Hagelschlag geschädigten Leute aus Lengerich und Berßen eine Kollekte durchzuführen, lehnte der Magistrat ab und sandte am 8. Oktober

Aufruf zur Unterstützung der Abgebrannten in Haselünne.

Eine verheerende Feuersbrunst hat vorgestern binnen wenigen Stunden ungefähr hundert Häuser der Stadt Haselünne in Asche gelegt. Bei der Schnelle, womit das Feuer um sich griff, war an die Rettung irgend einer Habe nicht zu denken. Die Mobilien, das Vieh, und was sich an Vorräthen im Hause befand, verbrannte; darunter insbesondere auch der Segen der eben eingescheuerten Aerndte und damit die wohlthätigsten Lebensmittel für Menschen und Vieh.

Fast hundert fünfzig Familien weinen auf den Trümmern eines ungeheuern Schutthaufens, dessen Bezirk die Hälfte der so gewerbfleißigen Stadt umfaßt.

Unter den Abgebrannten befindet sich der Kern ihrer thätigen Bürger, und wie dasselbe Unglück, welches die Stadt vor fünfzig Jahren heimsuchte, eine lange Periode zu dessen Linderung bedurfte; so sind auch die Folgen des jüngsten Ereignisses noch nicht zu übersehen.

Die größte Noth herrscht in diesem Augenblicke. Es fehlt nicht nur an Obdach, sondern hauptsächlich an Lebensmitteln, an Bett- und Leinenzeug, und an Saatkorn, um die Aecker für so viele Familien zu bestellen.

Daher wenden wir uns, um ihnen die erste Hülfe zu bringen, an unsere Mitbürger, an die Amts-Eingesessenen von nah und fern.

Ihr Wohlthätigkeits-Sinn hat sich bei ähnlichen minder traurigen Ereignissen noch immer bewährt. Mit vollem Vertrauen sprechen wir ihre Mildthätigkeit für die bedrängte Stadt an, fest überzeugt, daß Jeder die Größe des vorhandenen Elendes fühle. Wo es in solchem Grade herrscht, da regt sich gewiß jedes Mitgefühl, und wer wäre dessen würdiger, als die hart bedrängte, so schuldlos heimgesuchte Schwesterstadt.

Wo die Noth in solchem Maaße drückt, da ist aber auch jede, selbst die kleinste Gabe willkommen; und je schneller sie gewährt wird, desto wirksamer ist ihre Hülfe. Vor Allem bitten wir um Beisteuer zu Bestreitung der nöthigsten Lebensbedürfnisse, um Kleidungsstücke, um Bett- und Leinenzeug, um Saatkorn!

Die eingehenden Beiträge werden sofort an das Committe in Haselünne befördert, und jede Woche durch die Ems- und Haseblätter angezeigt werden. Die Collecte in hiesiger Stadt wird am 14. beginnen.

Meppen den 12. August 1849.

Der Hülfsverein für die Haselünner Abgebrannten.

Bödiker,	Vagedes,	Keller,	Kerckhoff,	Huldermann,
Canzl.-Director.	Bürgermeister.	Caplan.	Apotheker.	Kammerrath.
Jos. Heyl,	Erpenbeck,	Deymann,	Druiding,	Köter,
Rathsherr.	Land-Physikus.	Kammerrath.	Land-Chirurg.	Adjunct.
J. R. Junck,	Heyl,	Pelchmann,	Kaulen,	Augustin,
Rathsherr.	Reg.-Rath.	Rathsherr.	Adv.	Rathsherr.
Schöningh,	Kerckhoff,	Koers,	Morrien,	Doodkorte,
Assessor.	Assessor.	Gymn.-Dir.	Hauptmann.	Amtsvogt.

1849 ein Schreiben nach Osnabrück mit dem Inhalt: „... durch Nachtfröste haben die Bewohner einen bedeutenden Schaden in Buchweizen und Kartoffeln genommen. Die Mildtätigkeit der Einwohner ist durch die Brände in Haren und vorzüglich in Haselünne schon sehr in Anspruch genommen. An Geld, Victualien, Kleidungsstücken und Saatkorn sind fast 500 Rtl nach dort gelangt. Daher will man vorerst von einer Kollekte für die Hagelgeschädigten absehen ..."

Im Magistrat zu Meppen wurde im Mai 1850 die Tätigkeit zweier Einwohner lobend erwähnt, durch deren Einsatz ein Brandunglück wie 1849 in Haselünne vermieden wurde. In der Gymnasialstraße brannten damals vier Häuser ab. Es hatten sich „... Zimmermann Hermann Marquering und Schornsteinfegergeselle Carl Wiedeck bei der Brandbekämpfung ausgezeichnet, durch ihren Einsatz haben sie einen Schaden wie im vorigen Jahr in Haselünne abgewendet". Der Magistrat schlug beide zur Belobigung der Landdrostei Osnabrück vor. Von dort wurden Marquering und Wiedeck je vier Rtl. bewilligt.

Der nächste Flächenbrand aus der Umgebung wurde 1851 aus Fürstenau gemeldet. Dort brannten in der Nacht vom 19. zum 20. Oktober 31 Wohn- und Nebengebäude ab. Am 3. November ließ der Meppener Magistrat ausrufen, daß der Stadtdiener Wilmering am 4. November eine „Kollekte vornimmt und jede, auch die kleinste Gabe an Geld, Kleidung und Naturalien einsammelt". Sieben Tage vor Weihnachten 1851 sagte der „Hülfsverein für die Großabgebrannten zu Fürstenau" in Meppen Dank für 12 Rtl. 13 ggr. 1 Pf.

Anmerkungen

1 1Reichstaler (Rtl.) entsprach 24 Gutegroschen (ggr.) – 1 Gutegroschen entsprach 12 Pfennigen (Pf.).
2 1 Zoll entspricht 0,0243 Meter.
3 1 Rute entspricht 4,673 Meter – 1 Fuß entspricht 0,292 Meter.

Quellen
Niedersächsisches Staatsarchiv Osnabrück:
Dep. 62 b, Nr. 3087.
Dep. 63 b, Nr. 299, 330, 331, 332, 336, 368, 381.

Der ehemalige Wehrmachtsschießplatz bei Schepsdorf als NS-Hinrichtungsstätte

von Ludwig Remling

In ausführlicheren Kartenwerken zur Geschichte des „Dritten Reiches" ist unter den nationalsozialistischen Hinrichtungsstätten auch Lingen verzeichnet[1]. Da weitere Angaben fehlen, liegt es nahe, an Exekutionen in der Lingener Strafanstalt zu denken. Doch diese Vermutung erweist sich bei näherer Überprüfung als irrig. Das Gefängnis an der Kaiserstraße diente wohl als Zwischenstation für Häftlinge, die zum Tode verurteilt waren; es fanden dort jedoch während der NS-Zeit keine Hinrichtungen statt. Dafür fehlten im Anstaltsbereich jegliche Voraussetzungen, wie aus übereinstimmenden Zeugenaussagen hervorgeht[2].
Geeigneter als Hinrichtungsstätte schien der NS-Justiz offensichtlich der Wehrmachtsschießplatz bei Schepsdorf. Auf ihn bezieht sich auch die Angabe in den Kartenwerken. Am 7. August 1943 wurden dort zwölf belgische und am 24. August 1944 sieben luxemburgische Lagerhäftlinge durch Erschießungskommandos exekutiert. Der ehemalige Schießplatz bei Schepsdorf gehörte zu den Wehrmachtskasernen in Reuschberge und wurde wie diese in den Jahren ab 1935 errichtet. Er lag in einem Waldgebiet westlich des Dorfes im Bereich der heutigen Kiefern- und Birkenstraße. Die unterschiedlich langen Schießbahnen für Gewehre und Pistolen (bzw. Maschinengewehre) waren durch Erdwälle voneinander abgetrennt, die auf dem heute von der Bundespost genutzten Gelände in Resten noch erhalten sind[3]. Wie es zu den Hinrichtungen kam und wer die Opfer waren, dem soll im folgenden nachgegangen werden.

Die belgische Widerstandsgruppe „Die Schwarze Hand"

Angeregt durch Aktivitäten im benachbarten Tisselt entstand in Puurs, einem Dorf ca. 30 km nördlich von Brüssel, einige Monate nach dem Überfall der deutschen Truppen auf Belgien (10.5.1940) eine kleine Widerstandsgruppe[4]. Man traf sich in der Scheune eines Bauernhofes, später im Gemeindehaus und versuchte mittels eines Funkgerätes Verbindung nach England herzustellen. Von Landsleuten, die mit dem Besatzungsregime sympathisierten, legte man schwarze Listen an. Mit Hilfe des Pastors, der Schreibmaschine und Vervielfältigungsapparat zur Verfügung stellte, wurden antideutsche Flugblätter hergestellt.

Anfänglich ohne besonderen Namen, nannte sich die Gruppe später „De Zwarte Hand". Die Mitglieder mußten einen Eid auf König und Vaterland ablegen und sich durch Unterschrift auf die Ziele der Gruppe verpflichten. Namengebendes und organisatorisches Vorbild war die serbische Widerstandsorganisation „Crna Ruka" (Schwarze Hand), die 1914 in Sarajewo das Attentat auf den österreichischen Thronfolger Franz Ferdinand verübt hatte.

Durch die Anwerbung weiterer Gesinnungsgenossen wuchs die Gruppe schließlich auf 112 aktive Mitglieder, die in 16 Zellen organisiert waren. Die meisten kamen aus Puurs (33), Tisselt (16) und Boom (15).

Das Feld der Aktivitäten wurde im Laufe der Zeit erweitert. Für die Herstellung der Flugblätter hatte man eine Druckerei in Puurs gewonnen. Aus Brüssel besorgte man Untergrundzeitungen und verteilte sie an die Bevölkerung. Auf verschiedenen Wegen, u. a. aus ehemaligen Armeebeständen, beschaffte man sich Waffen, die bei gefährlichen Aufträgen den Mitgliedern ausgehändigt wurden. Am belgischen Nationalfeiertag, am 21.7.1941, wandte man sich mit einer kurzen Rundfunksendung an die Bevölkerung von Puurs und Umgebung. Wie in der Anfangszeit sammelte man Nachrichten aus dem militärischen Bereich und versuchte – freilich erfolglos – mit England in Funkkontakt zu treten.

Die Aktivitäten der „Schwarzen Hand" konnten den deutschen Dienststellen auf die Dauer nicht verborgen bleiben. Am 20. September 1941 wurden die ersten Mitglieder beim Verteilen antideutscher Flugblätter von der Feldgendarmerie verhaftet. Innerhalb eines Monats war dann die ganze Widerstandsgruppe aufgeflogen. Umfangreiches Belastungsmaterial, u. a. Waffen, Funkgeräte und schriftliche Verpflichtungserklärungen, fielen der Polizei in die Hände.

Die Ahndung von Vergehen der einheimischen Zivilbevölkerung gegen die deutsche Wehrmacht oblag in Belgien zunächst der Militärgerichtsbarkeit. Als jedoch im Sommer 1941 nach Beginn des Rußlandfeldzuges der Widerstand gegen die deutsche Besatzungsmacht in den westeuropäischen Ländern und Norwegen zunahm, ordnete Hitler im September 1941 an, daß Täter, die bei Widerstandsaktionen verhaftet und nach militärgerichtlicher Aburteilung nicht sofort hingerichtet wurden, unter strengster Geheimhaltung in Untersuchungsgefängnisse außerhalb ihrer Heimat verbracht werden sollten. Von dem Verfahren, den Abschluß der gerichtlichen Ermittlungen sowie die Aburteilung an einem geheim gehaltenen Ort unter Ausschluß der Öffentlichkeit vorzunehmen und die Angehörigen ohne irgendeine Information zu lassen, versprach Hitler sich eine besonders abschreckende Wirkung[5].
Die gerichtliche Aburteilung dieser sog. „Nacht und Nebel"- oder NN-Gefangenen wurde der allgemeinen deutschen Justiz übertragen. Die dazu erlassene Durchführungsverordnung unterschied sich jedoch wesentlich von den traditionellen Verfahrensregeln. Sie schränkte aus Geheimhaltungsgründen die Rechte des Angeklagten stark ein und machte den Staatsanwalt praktisch zum Herrn des Verfahrens. Für die NN-Gefangenen aus Belgien war ab 25. 2. 1942 das Sondergericht Essen zuständig. Ab Oktober 1942 konnten NN-Prozesse auch vor dem Volksgerichtshof durchgeführt werden, was wegen dessen Willkürjustiz eine weitere Verschlechterung für die Angeklagten bedeutete.
Die festgenommenen Mitglieder der „Schwarzen Hand" waren zunächst ab 27. 10. 1941 größtenteils im Wehrmachtsgefängnis in Antwerpen, ab 15. 3. 1942 sämtlich im Wehrmachtsgefängnis Brüssel-St. Gilles inhaftiert. Von dort wurden 109 Mitglieder[6] am 29. 6. 1942 als NN-Gefangene in die Untersuchungshaftanstalt Wuppertal gebracht.
Im August 1942 reichte der zuständige Oberstaatsanwalt die Anklage beim Reichsjustizministerium ein. Durch den Oberreichsanwalt wurde jedoch das Verfahren gegen 25 Hauptbeteiligte abgetrennt und diese vor dem Volksgerichtshof am 5. 12. 1942 wegen Feindbegünstigung, Spionage und Freischärlerei angeklagt. Der Prozeß unter dem Vorsitz Freislers fand am 14./15. 1. 1943 in Wuppertal statt. 18 Angeklagte wurden zum Tode verurteilt, gegen weitere neun wurden Zuchthausstrafen zwischen 5 und 12 Jahren verhängt. Nach der Einreichung von Gnadengesuchen wurde später in vier Fällen das Todesurteil aufgehoben und in langjährige Zuchthausstrafen umgewandelt.

*Die Vollstreckung der Volksgerichtshof-Todesurteile
auf dem Schießplatz bei Schepsdorf*

Im Juni/Juli 1943 wurden die Mitglieder der „Schwarzen Hand" wie alle NN-Gefangenen im Bereich des Sondergerichts Essen wegen der Auswirkungen der alliierten Luftangriffe in das Strafgefangenenlager Esterwegen im Emsland verlegt. Von dort aus erfolgte dann am 7. 8. 1943 die Vollstreckung der Volksgerichtshof-Todesurteile. Zwei Augenzeugenberichte schildern die näheren Einzelheiten.
Am Morgen des 7. 8. 1943 wurden die 12 Verurteilten – an den Händen gefesselt – in Begleitung von je zwei Bewachern mit Fahrzeugen in das Justizgefängnis in Lingen überführt. Der dort anwesende Staatsanwalt eröffnete ihnen den Grund dieser Maßnahme. Er las den Gefangenen, die zusammen mit ihren Bewachern in Einzelzellen eingesperrt worden waren, das Todesurteil vor und kündigte an, daß dieses innerhalb einer Stunde vollstreckt würde, da ihr Gnadengesuch abgelehnt worden sei. Danach erhielten sie die Erlaubnis, einen Brief zu schreiben.
Inzwischen war Pastor Hilling, der katholische Anstaltsgeistliche, in das Gefängnis gekommen, um den Gefangenen in ihrer letzten Stunde beizustehen. Ein katholischer Vollzugsbeamter hatte ihn am Vortage heimlich darüber informiert, daß am folgenden Morgen ausländische Gefangene hingerichtet werden sollten, hatte ihm jedoch keine Angaben über deren Zahl machen können. Pastor Hilling nahm deshalb, wie er selbst berichtet, nachdem er im Krankenbereich die Messe gefeiert hatte, auf gut Glück einige Hostien mit sich. Nach einigem Warten erhielt er durch den Gefängnisdirektor die Erlaubnis, die zum Tode Verurteilten zu besuchen, wurde aber über deren Zahl weiterhin im unklaren gelassen. Als er zwei Zellen besucht hatte, bedeutete ihm der ihn begleitende Wachmann, daß er sich beeilen müsse. Die schwierige Situation, in die er nun geriet, beschreibt Pastor Hilling später so:
„Dann wurde es für mich sehr dramatisch. Jedesmal, wenn ich eine Zelle verließ, dachte ich, daß es die letzte war. Aber leider folgte stets noch eine weitere. Ich war deshalb gezwungen, die heiligen Hostien in zwei Teile zu brechen. Nach der zehnten Zelle war mein Vorrat aufgebraucht. Der Junge in Zelle 11 sprach seine Beichte, aber die Kommunion konnte ich ihm nicht geben. Ich beeilte mich, um noch weitere Hostien zu holen. Als ich zurückkam, war der junge Mann bereits aus seiner Zelle geholt worden; er hat also die heilige Kommunion nicht empfangen. Als ich bei

Die Hinrichtungsstätte auf dem ehemaligen Schießplatz bei Schepsdorf (Aufnahme einer englischen Untersuchungskommission aus dem Jahre 1946)

Nr. 12 eingelassen wurde, begrüßte dieser mich mit den Worten: Sie sind ein katholischer Priester, endlich, ich habe den ganzen Morgen nach Ihnen gerufen. Der Zwölfte erwies sich dann als der Letzte. Er hat die heilige Kommunion noch empfangen."
Nachdem so ungefähr eine Stunde seit ihrer Ankunft in Lingen vergangen war, wurden die Gefangenen von ihren Bewachern wieder zu den Fahrzeugen geführt und zum Schießplatz bei Schepsdorf gebracht. Pastor Hilling erhielt keine Erlaubnis, sie dorthin zu begleiten. Auf dem Schießplatzgelände warteten bereits der Staatsanwalt, nun mit einer roten Robe bekleidet, und das Erschießungskommando. Es bestand aus 16 Unteroffizieren der Wehrmacht und drei oder vier Offizieren. Für die Hinrichtung waren vier Exekutionspfähle vorbereitet. An ihnen wurden die Häftlinge jeweils festgebunden und in drei Gruppen zu je vier Mann erschossen.
Folgende zwölf belgische Widerstandskämpfer fanden damals am 7. 8. 1943 morgens gegen 8.00 Uhr als Opfer der NS-Justiz den Tod:
Albert d e B o n d t aus Puurs, Angestellter, geb. am 11. 3. 1922,
Emil d e C a t aus Puurs, Gemeindebeamter, geb. am 9. 4. 1895,
Achille D a e s aus Boom, Pantoffelmacher, geb. am 16. 7. 1923,
Clement D i e l i s aus Puurs, Gemeindeangestellter, geb. am 5. 10. 1919,
Louis H o f m a n s aus Puurs, Milchhändler, geb. am 29. 1. 1920,
Edmond M a e s aus Boom, Optiker, geb. am 14. 5. 1922,
Marcel d e M o l aus Tisselt, Uhrmacher und Küster, geb. am 5. 5. 1908,
Remi d e M o l aus Puurs, Eisenbahnbeamter, geb. am 18. 10. 1899,
Hendrik P a u w e l s aus Puurs, Reisender, geb. am 4. 8. 1920,
Josef-Albert P e e t e r s aus Londerzeel, Zimmermann, geb. am 2. 7. 1919,
Josef V e r h a v e r t aus Puurs, Monteur, geb. am 18. 4. 1918,
Jean-Pierre V i n c e n t aus Puurs, Kraftfahrer, geb. am 13. 8. 1920.
Die Leichen der Hingerichteten wurden ins Lager zurückgebracht und auf dem Lagerfriedhof Bockhorst-Esterwegen am Teufelsberg vergraben.
Die Geheimhaltungsvorschriften fanden auch über den Tod der Häftlinge hinaus Anwendung. Die Angehörigen erhielten keine Nachricht. Die vor der Hinrichtung geschriebenen Briefe wurden nicht ausgeliefert. Die Eintragungen im Sterberegister beim Standesamt Lingen wurden mit einem Sperrvermerk versehen. Auskünfte und Abschriften durften nur mit Zustimmung des Reichsministers für Justiz erteilt werden. Als

Erinnerungskarte für die zwölf belgischen Widerstandskämpfer, die auf dem ehemaligen Schießplatz bei Schepsdorf hingerichtet wurden

Todesursache ist bei allen zwölf Hingerichteten „Herztod, Schußverletzung, Atemstillstand" angegeben. In die Friedhofsliste wurden nur Todesdatum und Begräbnistag eingetragen, die Namen fehlen.

Das Verfahren gegen die beim ersten Prozeß ausgeklammerten Mitglieder der Widerstandsgruppe ließ zunächst weiter auf sich warten. Zwar erhob der Oberstaatsanwalt beim Sondergericht Essen am 3. 1. 1944 Anklage gegen 82 Beschuldigte – zwei waren zwischenzeitlich verstorben –, der für April 1944 vorgesehene Verhandlungstermin in Papenburg mußte jedoch wieder aufgehoben werden. Mit Rücksicht auf die Kriegslage wurden nämlich ab März 1944 die in Esterwegen einsitzenden NN-Gefangenen weiter nach Osten verlegt. Die Mitglieder der „Schwarzen Hand" kamen mit vielen anderen in die Haftanstalt Groß-Strehlitz im Bezirk Kattowitz. In der dortigen Gefängniskapelle fand vom 16.–30. 6. 1944 der Prozeß vor den Vertretern des Sondergerichts Essen statt. Die Anklage lautete auf Feindbegünstigung, Besitz und Verbreitung von deutschfeindlichem Propagandamaterial, versuchte Spionage, unerlaub-

ten Waffenbesitz und Abhören von Feindsendern. Es wurden Jugendgefängnis- und Zuchthausstrafen von 1 bis 17 Jahren verhängt.
Als Hitler im Herbst 1944 wegen der Invasion der Alliierten die „Nacht und Nebel"-Aktion abbrechen ließ, wurden alle NN-Gefangenen, ob verurteilt oder noch in Untersuchungshaft, von den Justizbehörden in die Zuständigkeit der Polizei (Gestapo, SD) überführt. Für die Mitglieder der „Schwarzen Hand" begann der Leidensweg durch die Konzentrationslager der SS. Von den 109 im Sommer 1942 nach Deutschland verschleppten Gefangenen erlebten nur 37 das Kriegsende.

Himmlers Befehl, zehn Geiseln aus Luxemburg hinzurichten

Während Belgien nach dem Einfall der deutschen Truppen unter Militärverwaltung gestellt wurde und in seiner staatlichen Selbständigkeit unangetastet blieb, erhielt das ebenfalls besetzte Luxemburg ab Ende Juli 1940 eine deutsche Zivilverwaltung und wurde dem „Großdeutschen Reich" angegliedert[7]. Der unabhängige Staat Luxemburg sollte verschwinden und im Deutschen Reich aufgehen. Im Rahmen dieser Politik wurde in Luxemburg im Mai 1941 die Reichsarbeitsdienstpflicht und im August 1942 die allgemeine Wehrpflicht, verbunden mit dem Erwerb der deutschen Staatsangehörigkeit, eingeführt. Im Oktober 1942 wurden die ersten 2 200 Luxemburger eingezogen und auf die Ersatztruppenteile der verschiedenen Wehrkreise verteilt. Andere folgten bald.
Viele junge Luxemburger gerieten durch die Zwangsrekrutierung in eine schwierige Situation. Auf der einen Seite wollten sie nicht in Hitlers Armee, die ihre Heimat überfallen und besetzt hatte, dienen, andererseits drohten ihnen und ihren Angehörigen schwere Repressalien von seiten der Wehrmacht und der deutschen Zivilverwaltung. Vor dem Militärgericht warteten auf die bei Razzien oder infolge von Verrat festgenommenen Deserteure hohe Zuchthausstrafen oder das Todesurteil. Für die Angehörigen sahen die Sippenhaftungsdekrete Enteignung und Umsiedlung in den Osten vor. Dennoch entzogen sich nicht wenige dem Dienst in der deutschen Wehrmacht, indem sie der Einberufung nicht Folge leisteten oder sich unerlaubt von der Truppe entfernten. Sie gingen in den Untergrund nach Belgien und Frankreich oder schlugen sich nach England durch. Andere wiederum fanden Unterschlupf in Luxemburg selbst, wo sie von guten Freunden versteckt wurden.

Zwei in ihrer Heimat untergetauchte Deserteure erschossen am 20. Juli 1944 bei einem zufälligen Zusammentreffen den Ortsgruppenleiter der Volksdeutschen Bewegung (VdB) in Junglinster (10 km nordöstlich von Luxemburg). Der Ortsgruppenleiter, NSDAP-Mitglied und stets mit einer Pistole bewaffnet, galt als willfähriger Handlanger der Deutschen und war bei den Dorfbewohnern sehr unbeliebt. Mehrfach hatte er mit seinen Helfern Razzien durchgeführt und nach jungen Luxemburgern gesucht, die sich in Junglinster und Umgebung versteckt hielten. Hinzu kommt, daß am 25. April 1944 die Deutschen mit Hilfe des Ortsgruppenleiters von Heinerscheid (ca. 50 km nördlich von Luxemburg) im dortigen Waldgelände einen Erdbunker ausgehoben und dabei fünf untergetauchte junge Luxemburger getötet hatten. So ist es zu verstehen, daß die beiden Deserteure schnell mit der Waffe bei der Hand waren, zumal einer von ihnen aus Junglinster stammte und dem Ortsgruppenleiter persönlich bekannt war.

Noch am 20. Juli wurden 63 Männer aus Junglinster und Umgebung von der Gestapo verhaftet und als Geiseln zunächst in Luxemburg und später in Trier im Gefängnis festgehalten. Was mit ihnen eigentlich beabsichtigt war, blieb bis zum Ende der Haftzeit im Dunkeln. Nach ausführlichen Verhören durch den Sicherheitsdienst wurden sie schließlich nach und nach freigelassen und konnten in ihre Heimat zurückkehren, der letzte am 23. 8. 1944.

Den für sie glimpflichen Ausgang des Ganzen verdanken die 63 Männer wohl einer Entscheidung an allerhöchster Stelle. Am 12. August 1944 befahl der Reichsführer SS Heinrich Himmler als „Gegenmaßnahme für die Ermordung eines Ortsgruppenleiters der Volksdeutschen Bewegung in Luxemburg" zehn wegen Fahnenflucht zu Zuchthaus verurteilte Luxemburger als Geiseln hinzurichten. Als die Justizbehörden in Trier und Köln sich jedoch mit der Vollstreckung Zeit ließen, erfolgte am 22.8. eine erneute Aufforderung unter Androhung persönlicher Konsequenzen. Noch am gleichen Tag wurden von der Leitung des Lagers Börgermoor im Emsland unter den dort inhaftierten Militärstrafgefangenen sieben Luxemburger ausgesucht und in das Justizgefängnis Lingen überführt.

Es handelte sich um:

Karl B a c k e s aus Luxemburg, geb. am 10. 6. 1924,

Gregor B i n t n e r aus Luxemburg-Hollrich, geb. am 14. 6. 1920,

Nikolaus D a h m aus Wiltz, geb. am 12. 6. 1920,

Johann D e i t z aus Esch-s-A., geb. am 5. 6. 1920,
Paul F e l l e r aus Rodingen, geb. am 25. 9. 1920,
Marcel G r e t h e n aus Steinfort, geb. am 19. 4. 1924,
Theodor W a g e n e r aus Zessingen, geb. am 12. 1. 1920.
Sie alle waren als Fahnenflüchtige im Frühjahr 1944 bei Razzien in Les Ancizes (Puy-de-Dome) und Clermont-Ferrand in Südfrankreich verhaftet und vor dem Militärgericht zu hohen Zuchthausstrafen verurteilt worden.
Die für den 23. 8. 1944 vorgesehene Hinrichtung verzögerte sich allerdings um einen Tag. Sie fand erst am Abend des 24. 8. auf dem Schießplatz bei Schepsdorf statt, da sich die Wehrmacht in Lingen zunächst geweigert hatte, ein Exekutionskommando abzustellen. Vier Geiseln wurden um 18.10 Uhr, drei weitere um 18.20 Uhr hingerichtet. Das Kommando, das die Erschießung schließlich durchführte, bestand aus einem Leutnant und 7 oder 8 Soldaten. Die Leichen der Geiseln wurden auf dem Neuen Friedhof in Lingen bestattet. Das Sterberegister beim Standesamt Lingen nennt als Todesursache „Hinrichtung (Herzschuß)".
Die Hinrichtung von drei weiteren luxemburgischen Geiseln hatte entsprechend dem Befehl Himmlers am 23. 8. 1944 in Siegburg stattgefunden.
Die beiden Hinrichtungsaktionen auf dem Schießplatz bei Schepsdorf sind Teil des Unrechtssystems, mit dem das nationalsozialistische Deutschland seine Nachbarn unterdrückte. Ihr unmenschlicher und völkerrechtswidriger Charakter wird am Schicksal der jungen Männer aus Luxemburg besonders deutlich. Keine Besatzungsmacht hat das Recht, die Bewohner des okkupierten Landes zum Dienst in seiner Armee zu zwingen. Ebenso widersprechen Geiselerschießungen als Vergeltungsmaßnahme dem internationalen Kriegsrecht. Widerstandsgruppen wie die „Schwarze Hand" mußten zwar auch bei anderen kriegführenden Staaten mit Bestrafung rechnen. Dem „Nacht und Nebel"-Erlaß Hitlers und der Willkürjustiz Freislers blieb es jedoch vorbehalten, beinahe alle bei Gerichtsverfahren üblichen Regeln außer Kraft zu setzen und besonders drakonische Strafen zu verhängen. Von einer ordnungsgemäßen Verurteilung und einem angemessenen Strafmaß kann deshalb keineswegs ausgegangen werden. Die Mitglieder der „Schwarzen Hand" hatten keine Terror- und Sabotageakte verübt. Von ihren Waffen hatten sie keinen Gebrauch gemacht. Während die Wehrmachtsgerichtsbarkeit in solchen Fällen bei ihren Urteilen durchaus zu differenzieren wußte, nah-

men Sondergerichte und Volksgerichtshof auch bereits bei geringfügigen Vergehen fast immer Feindbegünstigung an, wofür die Todesstrafe vorgesehen war[8]. Über diese formalen Aspekte hinaus verdient der Widerstand gegen einen Aggressor, wie ihn die „Schwarze Hand" geleistet hat, aus heutiger, demokratischer Sicht ohnedies eine grundsätzlich positive Würdigung.

Daß die Wehrmachtsdienststellen in Lingen vom Unrechtscharakter der ihnen aufgetragenen Hinrichtungen genauere Kenntnis hatten, kann mit Recht bezweifelt werden. Dennoch haben sie nachweislich bei beiden Exekutionen zunächst die Durchführung verweigert. Bei der Erschießung der luxemburgischen Geiseln hat dies, wie oben bereits erwähnt, zu einer Verschiebung um einen Tag geführt. Hinsichtlich der belgischen NN-Gefangenen erinnert sich ein ehemaliger Wehrmachtsangehöriger, der 1943 in Lingen stationiert war. Bataillonskommandeur Major Schilling habe die Abstellung eines Exekutionskommandos zunächst mit Hinweis auf die Zuständigkeit des Sicherheitsdienstes und der Polizei in Nordhorn abgelehnt. Nach längerem Hin und Her sei schießlich vom General beim Wehrbereichskommando VI in Münster der ausdrückliche Befehl gekommen. Dem habe Schilling sich dann gefügt.

Warum die beiden Hinrichtungsaktionen gerade auf dem Schießplatz bei Schepsdorf durchgeführt wurden, geht aus den vorliegenden Akten nicht eindeutig hervor. Bekannt sind die Vollstreckungsprobleme, die sich für die Gerichte aus der Zunahme der Todesurteile gegen NN-Gefangene ergaben. Trotz der Einrichtung neuer Richtstätten (z. B. in Dortmund) reichten die „personellen und räumlichen Kapazitäten" nicht aus. Andererseits war bei Hinrichtungen in der Nähe des Lagers Esterwegen die für NN-Gefangene geforderte Geheimhaltung nicht gegeben; auf dem Schießplatz bei Schepsdorf ließ sie sich hingegen problemlos bewerkstelligen. In einem Waldgebiet abseits des Dorfes gelegen, erfüllte dieser Platz die von den Justizbehörden geforderten Bedingungen[9]. Auch hatte er bereits seine Eignung bewiesen. Im Frühjahr 1942 war dort ein Wehrmachtsangehöriger hingerichtet worden, der vom Kriegsgericht wegen eines während des Urlaubs verübten Frauenmordes zum Tode verurteilt worden war. Dennoch fanden alle weiteren Hinrichtungen von NN-Gefangenen, die in Esterwegen inhaftiert waren, an den offiziellen Richtstätten wie etwa Wolfenbüttel oder Dortmund statt, selbst wenn es eine größere Gruppe betraf[10]. Es ist deshalb davon auszugehen, daß es sich bei den beiden geschilderten Hinrichtungsaktionen auf dem Schießplatz bei Schepsdorf um Ausnahmefälle gehandelt hat, die auf besondere, nicht mehr rekonstruierbare Umstände zurückzuführen sind.

Anmerkungen

1 Vgl. etwa Werner Hilgemann, Atlas zur deutschen Zeitgeschichte 1918–1968. München 1984, S. 134.
2 Herrn Martin Hoogestraat, Lingen, für freundliche Hinweise herzlichen Dank.
3 Vgl. Rolf Greve, „Nacht- und Nebelgefangene erlitten schlimmstes Schicksal". Zwölf Widerstandskämpfer am 7. August 1943 auf Schießplatz Schepsdorf hingerichtet. In: Lingener Tagespost vom 1. Sept. 1989.
4 Umfangreiches Material über die Widerstandsgruppe „Die Schwarze Hand" hat dankenswerterweise Herr Luc de Geyter vom Sekretariat „Vriendenkring van de Verzetsgroep De Zwarte Hand" in Puurs (Belgien) in Kopie zur Verfügung gestellt, u. a.: Verzetsgroepering De Zwarte Hand 1940–1990, Mskr. von Luc de Geyter, Anklageschrift vom 5. 12. 1942, Urteil des Volksgerichtshofs vom 15. 1. 1943, Sondergerichtsanklage vom 3. 1. 1944, Erklärung des ehem. Lagerwachmanns Johann Wessels vom 10. 1. 1946 und des Pastors Hilling von Anfang August 1946, Bildmaterial.
5 Vgl. ausführlich Lothar Gruchmann, „Nacht und Nebel"-Justiz. Die Mitwirkung deutscher Strafgerichte an der Bekämpfung des Widerstandes in den besetzten westeuropäischen Ländern 1942–1944. In: Vierteljahreshefte für Zeitgeschichte 29 (1981) S. 342–396. Erich Kosthorst/Bernd Walter, Konzentrations- und Strafgefangenenlager im Dritten Reich. Beispiel Emsland. Düsseldorf 1983, Bd. 3, S. 2845–3086. Über die Mitglieder der „Schwarzen Hand" (Dielis u. a.) vgl. ebd. S. 2914, 2920–2926. – Herrn Kurt Buck vom DIZ in Papenburg für Hinweise zur Literatur über die NN-Gefangenen herzlichen Dank.
6 Ein Mitglied war nicht verhaftet worden, eine Frau bereits in Belgien verurteilt worden, einem Mitglied war es geglückt, aus der Haft zu entfliehen.
7 Zum folgenden vgl. Francis Steffen, Die geopferte Generation (Les Sacrifies). Die Geschichte der Luxemburger Jugend während des zweiten Weltkrieges. (2. Aufl.), Luxemburg 1977. – Letzebuerg 40 Joer fräi. Luxemburg 1984. – Über die Ereignisse in Junglinster und das Schicksal der sieben bei Schepsdorf hingerichteten Geiseln hat dankenswerterweise Herr Jean Hames, Vizepräsident der Federation des V.N.E.F., Luxembourg, Literatur und Aktenauszüge zur Verfügung gestellt, u. a.: Bericht der War Crimes Group vom 4. 2. 1947, – Bericht über die Nachforschungen einer luxemburgischen Kommission in Lingen und Papenburg vom 18.5.1946, – Place de Jaude, Clermont-Ferrand (Pir Haas), – Junglinster, Erinnerungen an das Kriegsgeschehen (s.n.).
8 Vgl. Gruchmann (wie Anm. 5), S. 381–384.
9 Vgl. Kosthorst/Walter (wie Anm. 5), S. 2903.
10 Vgl. ebd., S. 3060–3086.

LANDSCHAFTEN IM EMSLAND
Haselünne und Herzlake

Haselünne, Herzlake, Holte
Eine geschichtliche Betrachtung
Josef Hamacher — 92

Was man so sieht
Eine Begegnung mit
Haselünne und seinem Umland
Wilhelm Landzettel in Zusammenarbeit mit Christel Habbe — 136

Stille Tage mit dem kleinen Muck
Szenen, Skizzen, Bilder aus dem Sommer 1990
Rainer A. Krewerth — 174

Wissenswertes
über Haselünne und Herzlake
Werner Franke — 210

Der Korbbogen, Bestandteil bäuerlicher Bautradition im mittleren Emsland

Haselünne, Herzlake, Holte

Eine geschichtliche Betrachtung

von Josef Hamacher

Ein Jubiläum, das nicht stattfinden konnte: Davon soll zunächst die Rede sein. Es geht dabei um die Gemeinde Herzlake, die der gleichnamigen Samtgemeinde den Namen gegeben hat. Man brauchte hier darüber kein Wort zu verlieren, wenn andere Gemeinden nicht in ähnliche Schwierigkeiten kommen könnten, im Raum der Samtgemeinde Herzlake z. B. Holte, Lähden und Vinnen. Es könnte nämlich durchaus sein, daß die eine oder andere Ortschaft mit Fanfarenstößen ein respektables Ortsjubiläum ankündigt, das dann jedoch untergeht in der Beweiskraft unangreifbarer historischer Dokumente. Gar nicht zu reden von der souveränen Unwissenschaftlichkeit, mit der manches Orts- und Kirchenjubiläum begründet wird.

Zur Sache! Als die Gemeinde Herzlake daranging, ihr 1100jähriges Jubiläum vorzubereiten, handelte sie im allerbesten Glauben und auch mit der gebotenen Sorgfaltspflicht. Schließlich konnte sie auf ein halbes Dutzend wissenschaftlicher Darstellungen verweisen, aus denen hervorging, daß der alte Ortsname HIRUTLOGE gleichzusetzen sei mit HERZLAKE. Bei der Überprüfung der Überlieferungsgeschichte der herangezogenen 1100 Jahre alten Urkunde (datiert auf etwa 890) stellte der Verfasser dieses Beitrages dann jedoch fest, daß mit HIRUTLOGE nicht HERZLAKE gemeint ist, sondern HARTLAGE, ganz in der Nähe von Herzlake. An dem Identitätsbeweis kann es keinen Zweifel geben[1]. Es kann aber, wie dieses Beispiel ganz exemplarisch zeigt, auch keinen Zweifel geben an der großen Bedeutung der Ortsnamensforschung. In dem folgenden historischen Abriß wird darauf noch näher eingegangen, nämlich bei der umstrittenen Zuordnung von Haselünne und der unhaltbaren Zuordnung von Holte.

Die Identifizierung von alten Ortsnamen ist nun einmal schwierig, in manchen Fällen sogar bis heute nicht gelungen. Überdies hat es dabei Fehler gegeben, und diese Fehlbestimmungen – nach Ort und Zeit! – findet man häufig auch immer noch in wissenschaftlichen und weniger seriösen Darstellungen. Und das sogar aus jüngster Zeit, so bezüglich Herzlake z. B. in dem sonst sehr zuverlässigen „Handbuch des Bistums Osnabrück"[2] aus dem Jahre 1968 und ebenso in dem „Handbuch des Bistums Münster"[3] aus dem Jahre 1946. Erst recht gilt das für Publikationen, deren Erscheinen schon weit zurückliegt. Für den Landkreis Emsland, soweit er die alten Landkreise Meppen und Aschendorf-Hümmling umfaßt, ist da besonders zu verweisen auf Diepenbrocks „Geschichte des vormaligen Amtes Meppen"[4]. Verständlicherweise greift man hierzulande gerne zu diesem Standardwerk; das war es ja für seine Zeit und ist es durchweg auch heute noch. Zu warnen ist aber vor seinem „Ortsnamensverzeichnis" auf Seite 138 bis 142. Diese Angaben sind teilweise eindeutig falsch, teilweise umstritten. Unter anderem hängt das damit zusammen, daß Diepenbrock seine Feststellungen zum Teil aus Bearbeitungen von alten Urkunden übernommen hat, die ihrerseits Fälschungen waren. Zum anderen ist zu bedenken, daß die Forschung ja nicht stehengeblieben ist. Diepenbrock hat sein umfangreiches Werk veröffentlicht im Jahre 1838.

In diesem Zusammenhang ist auch hinzuweisen auf die immer wieder zitierte Schrift von Hermann Abels über „Die Ortsnamen des Emslandes"[5]. Auch darauf kann man sich nicht immer verlassen. Schließlich liegt ihr Erscheinungsdatum schon 60 Jahre zurück. Abels selbst hat daran schon Korrekturen vorgenommen, und zwar drei Jahre nach ihrem Erscheinen[6]. Und eben diese Korrektur betraf – Herzlake (= Hareslecge). Ergänzungsbedürftig wäre damals auch schon das Stichwort „Holte" gewesen, und zwar im Hinblick auf die erste urkundliche Erwähnung. Holte wird hier in der Überschrift übrigens neben der Stadt Haselünne und der Samtgemeinde Herzlake, zu der es heute gehört, deswegen erwähnt, weil es lokalgeschichtlich eine ebenso große Rolle gespielt hat wie Herzlake. Seit 1974 wird die Samtgemeinde Herzlake jedoch gebildet von den Mitgliedsgemeinden Herzlake, Dohren und Lähden; Holte gehört heute zu Lähden.

Zum Schluß noch ein Hinweis auf die vier Kapitel, nach denen dieser historische Abriß gegliedert ist: 1. Die siedlungs-, wirtschafts- und sozialgeschichtliche Struktur um das Jahr 1000. 2. Die politische und kirchliche Organisation um 1300. 3. Haselünne im Mittelalter: Beispiel einer Stadtgründung. 4. Die staatliche und kommunale Verwaltung: 13. bis 19. Jahrhundert.

Die siedlungs-, wirtschafts- und sozialgeschichtliche Struktur um das Jahr 1000

In der Einleitung war die Rede von den alten Ortsnamen. Bleiben wir zunächst dabei. Die ergiebigste „Ansammlung" von Ortsnamen für den hiesigen Raum bietet eine sehr umfangreiche Urkunde des Benediktinerklosters Corvey aus dem Anfang des 11. Jahrhunderts[7]. Bis auf Flechum, Hamm, Huden, Lehrte und Westerloh sind darin alle Ortschaften

Großsteingrab bei Herßum

enthalten, die seit 1974 über die Zwischenstation „Samtgemeinde" mit der Stadt Haselünne verbunden worden sind; möglicherweise Haselünne selbst auch, aber das ist umstritten. Und aus der heutigen Samtgemeinde Herzlake werden darin, außer Herzlake, genannt Dohren, Lastrup, Vinnen und Wachtum. Eine fast flächendeckende Bestandsaufnahme dieses Raumes also in einer einzigen Urkunde. Nimmt man noch Holte und Huden hinzu, die in anderen frühen Urkunden erwähnt werden, dann bedeutet dies folgendes: Von insgesamt 27 Ortschaften einschließlich Haselünne und Herzlake, die seit der niedersächsischen Gebietsreform in der Stadt Haselünne und in der Samtgemeinde Herzlake verbunden sind, kann man 19 bereits Anfang des 11. Jahrhunderts nachweisen. Für die *siedlungsgeschichtliche* Struktur dieses Teiles des Altkreises Meppen ist das eine wesentliche Aussage. Wichtig ist das auch für die betreffenden alten Ortschaften selbst. Für die meisten bedeutet das ja die erste urkundliche Erwähnung. Bereits vor dem Jahre 1000 sind urkundlich nachgewiesen: Andrup, Holte, Lastrup und Westrum 947, Lotten 978 sowie Huden und Lahre im 10. Jahrhundert[8].

Was hat nun das Benediktinerkloster Corvey an der Weser mit dem Emsland zu tun? Nun, diese Abtei war der größte Grundeigentümer im Emsland, abgesehen von dem alten Landkreis Lingen: Dort war es die Benediktinerabtei Werden an der Ruhr. Unter Einbeziehung des Raumes Vechta-Dinklage besaß Corvey im heutigen Landkreis Emsland mindestens „1043 Morgen Salland (= Eigenland) und vielleicht noch 4000 Morgen an 316 Bauern ausgegebenes Zinsland, verstreut auf 136 Orte"[9]. Das ist aber nur ein Teil des corveyischen Grundbesitzes, der in einer neueren Untersuchung insgesamt auf gut 7000 Morgen Eigenland und etwa 26000 Morgen zinsbares Land geschätzt wird[10]. Nachgewiesen sind im Besitz des Klosters etwa 2000 Bauernhöfe. Zum Vergleich: Der Bischof von Münster, seit 1252 auch Landesherr in den Altkreisen Meppen und Aschendorf-Hümmling, besaß nur etwa 1000, der Bischof von Osnabrück etwa 500 Höfe[11].

Wie andere Klöster und weltliche Grundherren auch – sie waren durchaus nicht immer auch Landesherren – registrierte die Weserabtei Corvey ihren Grundbesitz, soweit er abgabe- und dienstpflichtig war, in sogenannten „Heberegistern". Solche Verzeichnisse halten nicht nur Art und Umfang der Abgaben und Dienste fest, sondern meist auch die Namen der Pflichtigen sowie deren Wohnorte. Deswegen zählen Aufzeichnungen dieser Art zu den wichtigsten Quellen für die mittelalterliche Wirtschafts-, Sozial- und Siedlungsgeschichte.

So viele Ansiedlungen und Wohnorte nun auch für den Raum Haselünne-Herzlake um das Jahr 1000 in diesem ältesten Corveyer Register genannt werden: Über die Zahl der Einwohner besagt das nichts. Immerhin werden aber einige Siedlungseinheiten besonders hervorgehoben in dieser Urkunde – und nur um diese geht es hier –, nämlich Andrup und Lotten sowie Haverbeck, später ein Ortsteil der alten Gemeinde Klosterholte. Um mit Klosterholte-Haverbeck zu beginnen: Dort besaß der Abt von Corvey selbst, nicht etwa der Konvent, einen

Der Dwingelosche Burgmannshof an der Ritterstraße in Haselünne erinnert an die Familie Dwingelo, Lehnsmannen des Klosters Corvey

seiner drei großen Viehhöfe im heutigen Landkreis Emsland; der zweite war in Frackel bei Lathen, der dritte in Lengerich. Diese Viehhöfe gehörten zum „Tafelgut" des Abtes, später Fürstabtes; sie dienten ihm, bei dem Kaiser und Könige einkehrten, zu seiner „Hofhaltung". Andrup und Lotten müssen deswegen besonders erwähnt werden, weil sich dort jeweils einer der sieben corveyischen Haupthöfe innerhalb des jetzigen Landkreises Emsland befand. „Haupthof" bedeutet zweierlei: Er bestand aus Eigenland des Klosters und war in der Regel außerdem der Mittelpunkt eines Wirtschaftsverbandes für die Zinsbauern, die dorthin

ihre Abgaben zu bringen hatten. Diese Zinsbauern konnten verstreut sein in einem Umkreis bis zu 30 Kilometern[12]. An der Spitze stand ein sogenannter Villicus = Meier = Schulze = Beamter des Grundherren.
Diese beiden corveyischen Haupthöfe Andrup und Lotten sind übrigens noch nachzuweisen um 1400. In einem Klosterregister von damals wird Andrup erwähnt mit 9, Lotten mit 7 zugehörigen Bauernstellen. Nach 1366 war der Hof zu Lotten Lehen des Folker von Dwingelo. Einer der Haselünner Burgmannshöfe in der Ritterstraße gehörte diesem Herrn von Dwingelo[13].
Holte war übrigens – entgegen anderslautenden Feststellungen in einem großen Teil der lokalgeschichtlichen Literatur – damals kein corveyischer Haupthof. Das Heberegister aus dem 11. Jahrhundert nennt zwar einen Ortsnamen, der in der Forschung als Holte identifziert ist. Die Siedlungen jedoch, die diesem Meierhof zugeordnet sind, passen geographisch nicht zu Holte/Hümmling. Sie werden verbunden mit Holte, nördlich Damme, Kreis Vechta[14].
Daß es in Holte zu Anfang des 11. Jahrhunderts einen corveyischen Meierhof gegeben hat, ist also unhaltbar. Zumindest anfechtbar ist, daß es einen solchen damals in Haselünne gegeben habe, ganz unbeschadet der besonderen Bedeutung, welche diesem Ort um diese Zeit schon zukam. Das hängt zusammen mit dem alten Ortsnamen „Lünne". So hieß im Mittelalter nicht nur Hase-Lünne, sondern auch das spätere Plant-Lünne. Im „Heimatbuch der Stadt Haselünne"[15] wird auf diese Problematik immerhin noch hingewiesen. Im Jubiläumsbuch[16] zur 700-Jahrfeier wird das aber ignoriert. Damit wird man der Urkunde – es ist immer noch das Corveyer Heberegister – aber nicht gerecht. Der erste unwiderlegbare Beleg für die Existenz eines corveyischen Haupthofes in Haselünne stammt aus dem 12. Jahrhundert. In einer Urkunde[17] aus dem Jahre 1107 wird dieser Haupthof zusammen mit der Kirche erwähnt. Mit gutem Grund kann man der Meinung sein, daß hier der Ort Haselünne zum erstenmal urkundlich genannt wird. Aber selbst wenn man sich auf die umstrittene Ersterwähnung zu Anfang des 11. Jahrhunderts einließe: Der Haselünner corveyische Haupthof hatte bei weitem nicht die Bedeutung wie der von Lotten, nicht einmal wie der von Andrup. Nach Lotten nämlich flossen Abgaben von Zinsbauern aus 13 Ortschaften[18]; für Haselünne sind derartige einziehbare Abgaben in der Urkunde überhaupt nicht erwähnt.

Bildstöcke, wie dieser in der Bauerschaft Lotten aus der Mitte des 18. Jahrhunderts, erinnern auch heute den Vorübergehenden an die Leiden Christi und der Gottesmutter

An diesem Beispiel sieht man noch einmal ganz drastisch, wie schwer es ist, die alten Ortsnamen richtig zu identifzieren. Da ist nicht nur zu fragen nach Ursprung und Bedeutung des Wortes; man muß den Ort auch richtig lokalisieren. Da das weithin gelungen ist, ist das älteste Corveyer Heberegister für den Raum Haselünne-Herzlake von unschätzbarem Wert.

Aber wir erfahren durchaus nicht nur, welche Siedlungen und Orte es Anfang des 11. Jahrhunderts hier gegeben hat. Wir können daraus auch sichere Schlüsse ziehen auf die *wirtschaftliche* Struktur um das Jahr 1000,

Vor den Rändern des Hahnenmoores – hügelige Landschaft bei Herzlake/Felsen

d. h. praktisch auf die Struktur der Landwirtschaft. Denn die Abgaben, welche die Zinsbauern dem Kloster zu leisten hatten, bestanden fast ausschließlich in Naturalien. Bei weitem an der Spitze steht da der Roggen – die Hauptfeldfrucht schon damals –, mit deutlichem Abstand folgt Hafer. Gerste kommt nur aus Andrup und Eltern; von dort erfolgen auch die einzigen Abgaben in Geld: Andrup 24, Eltern 6 Denare. Um möglichst viele Orte aus dem hier untersuchten Raum „zu Wort kommen zu lassen", seien hier alle Siedlungseinheiten mit ihren Naturalabgaben genannt, die in dem alten Heberegister aus dem Anfang des 11. Jahrhunderts aufgeführt sind[19]. Die Angaben erfolgen in Scheffel (= ca. 20 kg): Andrup Roggen 98, Gerste 37; Bückelte Roggen 20, Hafer 3; Dörgen Roggen 12, Hafer 8; Eltern Roggen 42, Hafer 7, Gerste 10; Herzlake (nach der korrigierten Quellenlage) Roggen 20; Lahre Roggen 50; Lastrup Roggen 24, Hafer 6; Lotten Roggen 121, Hafer 6; Wachtum Roggen 79, Hafer 9. Dazu kamen aus all diesen Orten 25 Schafe, 7 Schweine, 7 Eimer Honig und 19 Stück Tuch. Andrup und Dohren werden darüber hinaus noch genannt mit 2 bzw. 3 Mänteln.

Alle diese Abgaben – später noch viele dazu – waren zu leisten von den Zinsbauern, Eigenhörigen des Klosters Corvey also. Lassen wir hier einmal die Eigenhörigen der vielen anderen Grundherren beiseite, die Abgaben und Dienste manchmal fast bis an die Grenze des Zumutbaren zu leisten hatten: Allein das alte Corveyer Heberegister macht außer der siedlungs- und wirtschaftsgeschichtlichen Situation eben auch die *soziale* Struktur ziemlich deutlich. Zum großen Teil gingen alle diese Abgaben und Dienste nach 1252 über auf den neuen Landesherrn, den Bischof von Münster, und nach 1803 auf den Herzog von Arenberg. Ihre „Ablösung" erfolgte erst im 19. Jahrhundert. Um das Jahr 1000 – davon ist ja hier die Rede – waren die meisten Bewohner des Emslandes Eigenhörige. Jedenfalls waren sie die zahlenmäßig stärkste soziale Schicht. Das Kloster Corvey nahm sogar die Verwalter der Haupthöfe, die Meier bzw. Schulzen, aus dem Stand der Eigenhörigen[20]. Wenn diese selbst also nur bedingt einen besonderen sozialen Status hatten, so war deren Wohnort, der Haupthof, doch besonders herausgehoben als „Kurie". Diese Bezeichnung ist für Andrup und Lotten durch das Heberegister vom Anfang des 11. Jahrhunderts gesichert, für Haselünne durch ein späteres Corveyer Güterverzeichnis aus dem Jahre 1107[21]. Holte war im 12. Jahrhundert auch eine Kurie, aber nicht von Corvey.

Im Rückblick auf das bisher Gesagte läßt sich mit Nachdruck feststellen,

Lange Zeit ein strittiges Grenzgebiet zwischen den souveränen Fürstbistümern Münster und Osnabrück, das Gebiet um Herzlake (Ausschnitt aus der Westfalenkarte des Christian s'Grooten, aus Abraham Ortelius „Theatrum orbis terrarum", Antwerpen 1579). Erläuterung: Entgegen dem heute üblichen Kartenbild ist bei dieser alten Karte Norden nicht oben, sondern links. Zur Worterklärung: Lynghen = Lingen; Haesluyn = Haselünne; Haßelyck = Herzlake

daß die Corveyer Heberolle aus dem Anfang des 11. Jahrhunderts ein unschätzbares dokumentarisches Protokoll darstellt für die wirtschafts-, sozial- und siedlungsgeschichtliche Struktur unseres Raumes.

Bleibt zum Schluß dieses Kapitels noch die Frage, ob man um das Jahr 1000 irgendwelche politischen oder administrativen Grenzen festlegen kann für den hier beschriebenen Raum Haselünne-Herzlake. In groben Umrissen ist das durchaus möglich, und zwar aufgrund der hier schon so oft bemühten alten Ortsnamen. Die Heberolle des Klosters Corvey hilft einem dabei allerdings wenig. Entscheidend ist die älteste Heberolle des Klosters Werden an der Ruhr[22] von ca. 890. Es ist schon oben darauf hingewiesen worden, daß diese genau wie Corvey reichbegüterte Benediktinerabtei im Emsland über eine ganze Reihe von Haupthöfen verfügte mit vielen Zinsbauern, allerdings hauptsächlich im Altkreis Lingen. Im Unterschied zur Corveyer nennt die Werdener Heberolle nicht nur die Höfe und Hörigen, sondern auch die alten „Gaue", denen sie zuzuordnen sind. Daraus ergibt sich, unter Hinzuziehung weiterer alter Urkunden, folgende verwaltungsmäßige Struktur für unseren Raum: Haselünne, Holte und Herzlake gehörten, wie Meppen übrigens auch, zum Agrodingau; die Gegend um Löningen bildete den Hasegau, rund um Ankum lag der Varngau, südlich der Linie Settrup-Wettrup war der Venkigau (in etwa der Altkreis Lingen).

Eine lineare Grenzlinie ergibt sich aus diesem Bild natürlich nicht. Zumal das heute immerhin noch 600 ha große „Hahnenmoor" südlich der Samtgemeinde Herzlake ist lange Zeit hindurch ein strittiger Grenzabschnitt geblieben. Das sieht man ganz deutlich in den alten Landkarten, so z. B. um 1600. Interessant ist in diesem Zusammenhang auch der sogenannte „Dreiherrenstein" im Hahnenmoor, südlich von Dohren[23]. Dieser Grenzstein mit der Jahreszahl 1652 markierte einen wichtigen Grenzpunkt zwischen dem Hochstift Osnabrück, dem Niederstift Münster – wozu der Raum Haselünne-Herzlake damals gehörte – und der Grafschaft Tecklenburg (bis 1547), dann Lingen. Ebenfalls bemerkenswert ist auch die Tatsache, daß im Jahre 1352 der Drost des Emslandes Kaufleuten Geleit gewährte zum Markt nach Haselünne „per Herslaker landwere"; 1307 erhielten Osnabrücker Kaufleute Geleit zum Markt in Haren „de municione Lotten", d. h. über die Landwehr Lotten[24]. Bei Herzlake und Lotten gab es also definitiv eine Landwehr, d. h. eine feste Grenze zwischen den Herrschaftsbereichen Hochstift Osnabrück – Niederstift Münster.

Der Dreiherrenstein im Hahnenmoor aus dem Jahre 1652 markiert das „Dreiländereck" der Bistümer Münster und Osnabrück und der Grafschaft Lingen

Aber ob die Grenze – zeitweise ja nur eine regionale Trennungslinie – nun ganz klar oder weniger klar war: Im ganzen läßt sich mit der Lokalisierung der alten Ortsnamen eine verblüffende Feststellung machen. Die Ost- und Südgrenze des Raumes Haselünne-Herzlake war vor 1000 Jahren etwa dieselbe wie heute gegenüber den benachbarten Altkreisen. Die Grenze nach Norden und Westen kann außer Betracht bleiben, da Holte und Meppen genau wie Haselünne und Herzlake zum alten Agrodingau gehörten. Mit diesen Hinweisen auf die alten Gaue und Grenzen sind wir thematisch nun aber schon beim nächsten Kapitel.

Die politische und kirchliche Organisation um 1300

Das Beziehungsgeflecht zwischen politischer und kirchlicher Organisation ist im Mittelalter besonders stark ausgeprägt. Sichtbar für den emsländischen Raum (ohne Lingen) wird das u. a. zum Beispiel dadurch, daß der Bischof von Münster – dort auch Landesherr – im Jahre 1252 durch Erbschaft/Kauf im Emsland viel Grundbesitz und die damit verbundenen Herrschaftsansprüche erwarb. 40 000 Mark Silbermünzen ließ er sich das laut urkundlichem Nachweis kosten, damals 9 354 kg Silber, nach heutigem Metallwert 4 Millionen Mark[25]. Nach der üblichen Umrechnung entspricht der Kaufpreis dem Wert von damals 40 000 Kühen oder Pferden. Neuere Forschungen gehen aber davon aus, daß die in der Urkunde „angesetzten 40 000 Mark ein Phantasiebetrag sind, jedenfalls nicht der Kaufpreis, der tatsächlich bezahlt wurde"[26].

Das war die Geburtsstunde des „Niederstifts Münster", der späteren Landkreise Meppen, Aschendorf-Hümmling – sowie Cloppenburg und Vechta; im Hinblick auf diese beiden Orte spricht man ja heute noch vom „Oldenburger Münsterland". „Oberstift Münster" – zusammen mit dem „Niederstift" das „Hochstift Münster" bildend – meint den westfälischen Teil der Landesherrschaft des Bischofs von Münster. Aber im „Niederstift" mußte dieser erst einmal die Landesherrschaft erwerben. Die Erbschaft war zunächst nur ein Ansatz dazu. Gedauert hat dieser Prozeß etwa 150 Jahre, von 1252 bis 1400, bis zur endgültigen Eingliederung des Hümmlings nämlich.

Es war die Gräfin Jutta von Ravensberg, die ihren ganzen Besitz dem Bischof übertrug. Neben den Grafen von Tecklenburg haben die Grafen von Ravensberg (bei Bielefeld) im Emsland des hohen Mittelalters eine erhebliche Rolle gespielt. Die regionale „Herrschaftsbildung" im späteren Niederstift Münster ist im wesentlichen ihr Werk. Die Ravensberger waren für den Raum Haselünne-Herzlake insofern von Bedeutung, als Haselünne um 1200 „die ravensbergische Zentrale im Agrodingau" wurde[27]. Mit diesen konkurrierten die Tecklenburger, welche hier eine Verbindung schaffen wollten zwischen ihren südlichen Besitzungen um Lingen und den nördlichen um Cloppenburg. Diese Rivalität nun „erbte" der Bischof von Münster, nachdem er 1252 den Besitz der Ravensberger übernommen hatte. Die Lage in diesem münsterisch-tecklenburgischen Interessenbereich wurde noch komplizierter dadurch, daß auch der Bischof von Osnabrück an der unteren Hase Ambitionen hatte;

Jutta von Ravensberg, bis 1252 Herrin im Emsland

diese beruhten darauf, daß er um diese Zeit (noch bis 1667) der zuständige Diözesanbischof für das Emsland war.

Wie umstritten der Raum Haselünne-Herzlake war, zeigt sich u. a. darin, daß alle drei Interessenten dort im 14. Jahrhundert versuchten, mit Lehngütern und Lehnrechten politisch „Gelände zu gewinnen". „Lehen" hängt mit „Leihen" zusammen. Die eben genannten Lehnsherren also gaben ihnen gehörende Liegenschaften oder Rechte an Mitglieder des hier ansässigen niederen Adels, meist zu erblicher Nutzung. Dafür mußten sich die Belehnten zu Kriegsdienst und vasallischer Unterstützung verpflichten. Lehnsherr und Lehnsmann standen zusammen in gegenseitiger Treue. Die Auflistung aller Lehen[28] ist deswegen besonders dankenswert, weil dabei für das 14. Jahrhundert zahlreiche Familien genannt werden, deren Nachfahren möglicherweise heute noch hier leben.

Der Bischof von Münster hatte Lehen im wesentlichen vergeben an der Hase in Haselünne und um Herzlake. Hervorzuheben sind dort die Wöstemühle nördlich von Herzlake und der Meierhof zu Dohren[29]. Besonders viele Lehen hatte der Bischof von Osnabrück vergeben. Diese betrafen das Recht zur Erhebung und Vereinnahmung der Kirchensteuer (Zehntlehen), vor allem aber ungewöhnlich viele Bauernstellen in den Kirchspielen Holte und Herzlake. „Neben knapp 30 Bauernstellen sind hier drei Meierhöfe und eine Mühle verlehnt. Zwei Meierhöfe und die Mühle" lagen in Herßum, der dritte Meierhof war in Holte. Außerdem gehörten dazu je zwei Meierhöfe in Andrup und Lahre[30]. Weniger zahlreich waren hier die tecklenburgischen Lehen, Liegenschaften und Zehntrechte. Diese finden sich besonders in und um Haselünne, und zwar in Bückelte, Lahre, Hamm und Flechum, aber auch um Herzlake, nämlich in Bakerde, Felsen und Neuenlande[31].

Obwohl es zwischen dem Landesherrn, dem Bischof von Münster, und dem zuständigen Diözesan, dem Bischof von Osnabrück, häufig genug Differenzen gab: Am meisten machte dem münsterschen Bischof der Graf von Tecklenburg zu schaffen. Er plünderte und brandschatzte, wo er nur konnte. Von einem dieser Raubzüge berichtet z. B. der oberste Beamte des bischöflichen Landesherrn im Niederstift, der Drost, im Jahre 1365. Besonders betroffen davon waren auch die Kirchspiele Haselünne, Holte und Herzlake. Allein in Lehrte verloren die Einwohner 92 Kühe und 140 Schafe, in Lahre 111 Kühe, 5 Pferde und 6 Schweine. Dieser amtliche Bericht nennt auch den damaligen Wert der Tiere in Mark. Kühe und Pferde z. B. werden angesetzt mit je 1 Mark. Insgesamt ergibt sich aufgrund dieser Meldung des Drosten an seinen Herrn in Münster, daß die Kirchspiele Haselünne, Holte und Herzlake einen Schaden von 861, 250 bzw. 110 Mark (= Kühen/Pferden) hatten[32]. In manchem der kleinen Dörfer dürfte es danach kein einziges Stück Vieh mehr gegeben haben.

Diesem Treiben des Grafen von Tecklenburg konnte der Bischof von Münster nicht länger untätig zusehen. Zusammen mit dem Bischof von Osnabrück besiegte er seinen Widersacher. Dieser mußte den Hümmling aufgeben, der jetzt, im Jahre 1400, endgültig dem Niederstift einverleibt wurde. Damit hatte der Bischof von Münster endlich seine Landesherrschaft über das Emsland/Niederstift aufgerichtet. Sie währte bis zum Jahre 1803. Im Jahre 1667 erwarb er auch die Diözesanrechte für diesen Raum. Landeshoheit und geistliche Hoheit lagen nun in einer Hand. Über den langen Zeitraum von 550 Jahren hatte das Niederstift auf diese Weise einen und denselben Landesherrn. Dadurch ist ihm viel Unglück erspart geblieben: „Unter dem Krummstab ist gut leben!" hieß es im Volksmund. Der Raum Lingen war da viel schlechter dran. Dort wechselte die Landesherrschaft allein in der Zeit von 1493 bis 1702 dreizehnmal!

Zurück aber nun zum Ende des Mittelalters, um das Jahr 1300 also! Auf dem Hintergrund der geschilderten politischen Organisation muß nunmehr die kirchliche Organisation dargestellt werden. Da geht es zunächst um die Entwicklung der Kirchspiele Haselünne, Herzlake und Holte, die später dann zu kommunalen und „staatlichen" Verwaltungseinheiten wurden. Danach ist ein Wort zu sagen über Holte als „Curie und Freie Herrlichkeit" und dann über die Entwicklung von Haselünne zur Stadt.

Hier zunächst die örtliche kirchliche Organisation! Die älteste Kirche in

Seit 1652: Klösterliches Leben in Haselünne. An das Wirken der Klarissen erinnert die ehemalige Klosterkirche (Bild links). In ihrer Tradition für Erziehung und Krankenpflege wirken seit 1854 die Schwestern des Ursulinen-Ordens. Bild oben: Das ehemalige Mädchen-Gymnasium St. Ursula 1854–1972

Brückenorte an der Hase: Die Stadt Haselünne

diesem Raum hatte Haselünne. Kirchenhistoriker nehmen an, daß sie um 800 entstanden sei; die erste urkundliche Erwähnung ist belegt für das Jahr 1107. Vorausgegangen war die Gründung der „Gaukirche" in Meppen. Diese hatte den Rang einer „Taufkirche", war also von Anfang an mit vollen Pfarrechten ausgestattet. Das war die „Urpfarrei" Haselünne zuerst nicht. Holte und Herzlake schon gar nicht: In beiden Fällen handelte es sich um „Eigenkirchen". Solche Kapellen hatten ohnehin keine Pfarrechte. Sie waren persönliches Eigentum ihrer Erbauer, in kirchlicher Hinsicht unterstanden sie der zuständigen Pfarrkirche. Für

und der Kirchspielort Herzlake

Holte war das Bokeloh, für Herzlake Haselünne. Die Kirche in Herzlake stammt wahrscheinlich aus dem 11./12. Jahrhundert; erste urkundliche Erwähnung 1263. Die Gründungszeit von Holte wird angesetzt auf das 12./13. Jahrhundert; erste urkundliche Erwähnung 1276[33].

Wer die Eigenkirche in Herzlake gebaut hat, ist nicht bekannt. Der Grund und Boden jedoch, auf dem sie errichtet wurde, gehörte ursprünglich zu einem Meierhof in Herßum, welcher 1074 von dem Edlen Wal der Osnabrücker Kirche geschenkt wurde[34]. In der Schenkungsurkunde wird zwar alles mögliche erwähnt, nicht aber eine Kirche.

Holte im südlichen Hümmling, im 12. Jahrhundert „Freie Herrlichkeit" genannt

Erst 1263 erscheint die Kirche von Herzlake in einer Urkunde, welche ihren Verkauf an das Zisterzienserkloster Börstel festhält. Die Kirche in Holte erscheint 1307 im Besitz des Klosters Iburg. Wann Iburg die Kirche erworben hat, ist nicht bekannt, „möglicherweise aber schon im 11. Jahrhundert"[35]. Dieser Auffassung widerspricht eine andere Darstellung, daß Holte 1148 in den Händen der mächtigen Grafen von Holte – Burg Holte bei Bissendorf/Osnabrück – gewesen sei[36]. Wie es wirklich war, konnte im Zuge dieses Beitrages nicht geklärt werden. Einig aber sind sich alle Untersuchungen über Holte darin, daß es eine „Curia" war und eine „Freie Herrlichkeit". Als Curie war es ein Haupthof wie z. B. Andrup und Lotten auch, die aber schon 150 Jahre vor Holte urkundlich als solche erwähnt werden. Wenn die Überlieferung stimmt, war Holte darüber hinaus schon im Jahre 1148 auch eine „Freie Herrlichkeit". Dadurch besaß es einen besonderen Status. Denn die jeweiligen Besitzer der Curie Holte übten damit innerhalb der Curie die höhere und niedere Gerichtsbarkeit aus, unabhängig von dem allgemeinen Gogericht. Der Dreiklang von Curie, Freier Herrlichkeit und Kirche gab Holte vorübergehend eine besonders privilegierte Stellung.

Aber ob Holte, Herzlake oder Haselünne: Nimmt man das Jahr 1300 als Zeithorizont, dann waren alle drei Orte damals schon örtliche Schwerpunkte, mit wachsender Tendenz. Das hängt vor allem damit zusammen, daß da Kirchen gebaut worden waren. Denn bei den Kirchen bildeten sich Ortskerne. Und so entstanden die drei Kirchdörfer, die sich deutlich von dem übrigen Raum abheben: wichtige Bausteine für den strukturellen Aufbau dieser historischen Grauzone. Konturen werden sichtbar. Darin deutet sich bereits die Entstehung von administrativen Strukturen an, die sich dann auch bald einstellen. Diese historischen Triebkräfte führen schließlich zu „kommunalpolitischen" Wegemarkierungen von erheblichem Gewicht. Insofern kommt die Gravitationskraft der drei Kirchdörfer Haselünne, Herzlake, Holte nicht nur diesen herausgehobenen Orten selbst zugute. Sie führen darüber hinaus zu einer Strukturverbesserung des ganzen lokalen Raumes und bilden mit ihren Kirchspielen gleichzeitig eine Art Klammer für kleine Teilräume. Kurz und gut – und ganz modern ausgedrückt: Sie dienen einer organisch wachsenden „Raumordnung".

Haselünne im Mittelalter: Beispiel einer Stadtgründung

Die organisierte Stadtgemeinde, welche sich rechtlich vom Land, vom Dorf abhebt, war in Mittel- und Westeuropa das Ergebnis einer großen Gründungswelle im 13. und 14. Jahrhundert. Dazu gehörte auch Haselünne, übrigens rund 100 Jahre vor Lingen und Meppen. Dort, an der Hase, kamen mehrere Entwicklungsfaktoren zusammen, die auch anderwärts bei der Stadtgründung eine bedeutende Rolle spielen: die geographische Lage, die Interessenlage des Landesherrn und der Standortvorteil innerhalb der frühen kirchlichen Organisation. Als die Dorf-

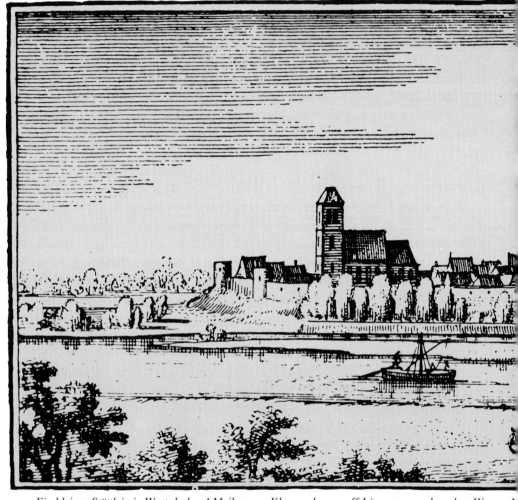

„Ein kleines Stättlein in Westphalen 4 Meilen von Kloppenburg auff Lingen zu und an dem Wasser H

gemeinde Haselünne die Stadtrechte erhielt – auf jeden Fall vor 1252 –, da war sie bereits ein ganz bestimmter Ort mit einer bestimmten Geschichte und mit bestimmten Funktionen für die Infrastruktur des lokalen Raumes: ein identifizierbares Gemeinwesen! Denn sosehr die Verleihung der Stadtrechte auch ein einmaliger Akt war – sozusagen die Stunde Null für die immer wiederkehrende Feier des Stadtjubiläums –, so darf man doch nicht übersehen, daß „Stadtgründung" immer ein langer Prozeß ist, der sich sozusagen in Raten vollzieht, und das meist sogar mit offenem Ausgang.

..." *(Kupferstich von M. Merian, 1647)*

Der Entwicklungsfaktor "geographische Lage" ist schnell beschrieben: Das war die Verkehrslage. Haselünne war Knotenpunkt von zwei wichtigen Straßen. Die bedeutendere war die „Flämische Straße". Dieser Fernhandelsweg führte, von Antwerpen kommend, in unserem Raum über Lingen, Haselünne, Herzlake nach Bremen und Lübeck. Diese Süd-Nord-Verbindung kreuzte sich in Haselünne mit einer West-Ost-Verbindung: Der Ems-Weser-Weg führte von Meppen, wo zum Teil der Verkehr der Flußuferstraßen aufgenommen wurde, über Haselünne nach Bramsche und Minden. Die Flämische Handelsstraße , die zur Zeit der Hanse von sehr großer Bedeutung war, soll übrigens auch eine Rolle gespielt haben als „Wallfahrerstraße", nach Wildeshausen nämlich; dorthin waren 851 die Gebeine des heiligen Alexander überführt worden[37].

Von großer Bedeutung war auch die besonders privilegierte Stellung von Haselünne in der kirchlichen Organisation des lokalen Raumes. Dort befand sich nämlich, wie im vorigen Kapitel schon dargelegt, eine Urpfarrei, ausgestattet mit allen Pfarrechten. Ein solches Kirchdorf entwickelte eine erhebliche Integrationskraft für seine Bewohner und eine ebenso große Anziehungskraft für alle „Anwohner", ganz abgesehen von seiner Ausstrahlung hinein in das ganze Kirchspiel, dessen Mittelpunkt es war.

Eine weitere Wurzel vorstädtischer Entwicklung war der alte Haselünner Haupthof (vgl. Kapitel 1). Zusammen mit den anderen Entwicklungsfaktoren hatte das dazu geführt, daß die Grafen von Ravensberg diesen Ort zu ihrer „Zentrale im Agrodingau" machten. Das war vor allem eine militärische Entscheidung. Haselünne sollte einer der Stützpunkte ihrer Herrschaft sein.

Jetzt, Anfang des 13. Jahrhunderts, beginnt mit dem Grafen Hermann von Ravensberg (1170–1221) die Stadtwerdung ganz konkret zu werden. Was fehlt, sind allerdings konkrete Jahreszahlen. Denn ob es nun um die wirtschaftlichen Entwicklungsfaktoren Zoll-, Münz- und Marktrecht oder um die „Borg tho Lünne" geht: Die erhaltenen Urkunden sprechen immer nur von dem Vorhandensein dieser Rechte (Anfang des 13. Jahrhunderts) bzw. der Burg (1238), nicht aber von deren Verleihung bzw. Bau[38]. Selbst das Dekret des Bischofs von Münster[39], auf das Haselünne sich berief, als es sein 700jähriges Stadtjubiläum feierte (1972), bezeichnet diese Ortschaft bereits als „Stadt" und ihre Einwohner als „Bürger", enthält also nicht etwa die damit erfolgte Verleihung der Stadtrechte. Sondern der Bischof *bestätigt* Haselünne in seinen Stadtrechten, wenn auch indirekt. Das war übrigens durchaus nicht nur ein Erweis bischöflicher Gnade, sondern auch wohlüberlegtes Kalkül. Seit 1252 nämlich war der Bischof im Besitz des ravensbergischen Erbes (vgl. voriges Kapitel), damit aber noch nicht im Besitz der tatsächlichen Landeshoheit im Emsland (ohne Lingen). Um diese aufzurichten, brauchte er Stützpunkte und die Unterstützung der Emsländer. Diesem Zweck diente eben auch die hier erfolgte indirekte Bestätigung der Stadtrechte (1272), deren Verleihung schon durch die Grafen von Ravensberg erfolgt war[40], also vor 1252, vielleicht um 1240, vor Lingen (1327) und Meppen (1360).

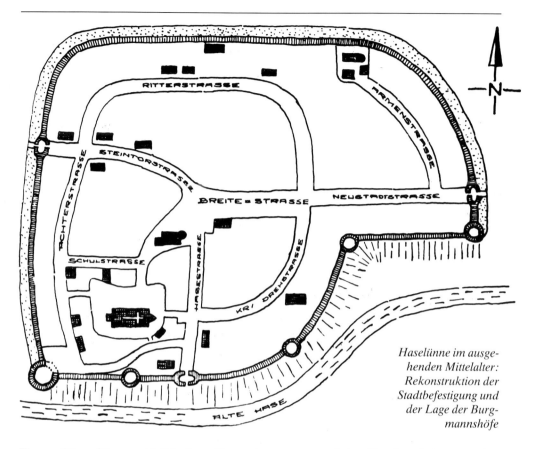

Haselünne im ausgehenden Mittelalter: Rekonstruktion der Stadtbefestigung und der Lage der Burgmannshöfe

Bevor Haselünne städtisches Gemeinwesen auch im Rechtssinne wurde, hatte es eine, wenn auch nur kurze vorstädtische Phase hinter sich. Diese begann Anfang des 13. Jahrhunderts mit der Verleihung des Zoll- und Münzrechts, in welchem das Marktrecht ganz sicher enthalten war. Daß dieses in den erhaltenen Urkunden nicht erwähnt ist, besagt nicht viel. Es gab im Mittelalter zwar Marktrecht ohne Münzrecht, nicht aber umgekehrt. Marktrecht mit Münzrecht war jedoch deswegen wichtig, weil Haselünne damit innerhalb seines „Marktfleckens" – ein erheblicher Fortschritt gegenüber dem bisherigen Status als Kirchdorf – nun die Aufsicht über die „Münze" hatte, ein bedeutendes Verwaltungsrecht angesichts der vielen verschiedenen Geldsorten, die damals im Umlauf waren. Haselünne soll sogar eine eigene Prägestätte für Münzen besessen haben[41]. Daran erinnern die Schützen heutzutage noch jedes Jahr bei der Eröffnung des Schützenfestes.

Münze, Markt und Zoll brachten dem jungen Gemeinwesen höchst erwünschte Einnahmen und stärkten seine Wirtschaft. Die damit verbundenen Rechte bildeten schlechthin den ältesten Kern der Stadtrechte überhaupt. Im Mittelpunkt steht dabei das Marktrecht. Denn in der rechtlich gesicherten Ordnung des Marktverkehrs ist das wichtigste Mittel zu sehen für die Regulierung der städtischen Wirtschaftsordnung. Dazu gehörte die Sorge für Maß und Gewicht, auch für das Umland. Das Instrumentarium dafür, nach dem die Eichung stattfand (Eichamt!), befand sich im Haselünner Rathaus. Von ähnlicher Bedeutung wie das Marktrecht waren, im Hinblick auf die Wirtschaft, später die Handwerkergilden und Zünfte, deren Hauptaufgabe die Organisation von Produktion und Absatz war. Auf diese Weise wurde Haselünne, das seit der Mitte des 13. Jahrhunderts ja Stadt im Rechtssinne war, eben auch ökonomisch zur Stadt, natürlich nach den dürftigen Maßstäben, die man damals für das Emsland anlegen muß.

Die entwicklungsgeschichtliche Schubkraft, welche dem Ort durch all die genannten Faktoren innewohnte, wurde noch verstärkt durch den Bau der Burg, deren Ausmaße man sich sicher sehr bescheiden denken muß. Im Bereich des Niederstiftes Münster, soweit dieses das Emsland umfaßte, gab es im 13. Jahrhundert drei Burgen, die mit Burgmannen besetzt waren, die Fresenburg bei Lathen, Landegge bei Haren und eben Haselünne[42]. Urkundlich zum erstenmal erwähnt wird die „Borg tho Lünne" 1238[43]. Damit verbunden war die Befestigung des Marktfleckens Haselünne mit Mauer, Wall und Graben. Ursprünglich war das Sache des Burgherrn, des Grafen von Ravensberg. Seit der Verleihung der Stadtrechte – also noch vor 1252 – mußte die junge Stadt sich aber selbst darum kümmern. Denn genauso, wie jede Stadt definitionsgemäß von vorneherein das Marktrecht besaß, gab es im ausgehenden Mittelalter auch eine unmittelbare, fast „begriffsnotwendige" Verbindung der Stadt mit der Befestigung. Im Kriegsfall mußten die Bürger, die sonst von der Heeresfolge befreit waren, ihre Stadt selbst verteidigen. Für den Grafen, später den Bischof, war das von großem Vorteil. Natürlich fiel dabei den Burgmannen eine besondere Aufgabe zu. Diese waren darüber hinaus generell für die militärische Sicherung des ganzen Nahbereichs mit allen Straßen, Dörfern und Höfen zuständig.

Wann genau die Burgmannen urkundlich zum erstenmal zu belegen sind, läßt sich nur vermuten, nämlich 1297; hinreichend gesichert sind sie erst für das Jahr 1310[44]. Und „im Lehnsregister von 1378 lassen sich für Haselünne bestimmt zwei, vielleicht auch drei Burgmannen nachweisen.

Wappenscheiben alter Haselünner Geschlechter in der Kapelle zu Höven aus dem Jahre 1652

In Wirklichkeit war ihre Zahl aber erheblich größer. Noch für das 14. Jahrhundert konnten sechs weitere Burgmannsplätze belegt werden. Und anders als in Landegge und Fresenburg ist Haselünne (dann) dauernder Aufenthaltsort der Burgmannen geblieben. Das hängt mit dem Bau der Burgmannshöfe in der Stadt zusammen, der im 14. Jahrhundert einsetzt. Ein weiterer Grund liegt in der Beteiligung an der Stadtverwaltung"[45]. Durch die Stadtwerdung hatte die Burg allerdings schon früh an Bedeutung verloren.

In Haselünne hat sich eine große Tradition erhalten, die heute immer noch an die Burgmannen erinnert. Das ist kein nostalgischer Lokalpatriotismus, sondern Erinnerung an ein besonderes Wesensmerkmal der stadtgeschichtlichen Entwicklung. Die vielen Burgmannshöfe – ihre Zahl im Raume Haselünne soll 22 betragen haben[46] – waren geradezu typisch für das junge Gemeinwesen. Und die liebevolle und kompetente Restaurierung des sehenswerten Westerholtschen Burgmannshofes durch eine alte Haselünner Familie[47] hat der Stadt Haselünne ein Kleinod und dem Emsland das älteste profane Bauwerk überhaupt erhalten (erbaut 1385), weitgehend im Originalzustand. Eine besonders lebendige Erinnerung an diese Zeit bieten die Musikanten der Burgmannska-

Der Westerholtsche Burgmannshof an der Ritterstraße in Haselünne

pelle in ihren schmucken alten Trachten: jeder Auftritt ein Augen- und Ohrenschmaus!

Doch zurück ins hohe Mittelalter! Es ist hier schon viel gesagt worden über die Privilegien, welche das alte „Lünne" vom Haupthof über Kirchdorf, Burggemeinde und Marktflecken – lauter wichtige Etappen – zu einem vorstädtischen Gemeinwesen gemacht haben. „Stadt im Rechtssinne" wurde daraus jedoch erst durch die Verleihung der Stadtrechte. Unter allen Privilegien, die damit verliehen oder bestätigt wurden, übertraf eines alle anderen an Bedeutung: Die Bewohner der Städte waren frei. „Stadtluft macht frei!" Frei wovon? Vor allem frei von der Eigenhörigkeit, der die meisten Bewohner des Haselünner Umlandes unterworfen waren. An die Stelle der privaten Abhängigkeit trat jetzt die Unterstellung unter die öffentliche – vor allem kontrollierte – Gewalt der Stadt. Und innerhalb der Stadt galt nunmehr das Stadtrecht, die ausschließliche Zuständigkeit des Stadtgerichts für den Bürger: ein wichtiges Vorrecht. „Ein Richter in der Stadt Haselünne ist 1297 erstmals nachweisbar, 1308 fällt der Begriff judex civitatis"[48] = Richter der Stadt/Bürgerschaft.

Mit der Bestätigung der Stadtrechte im Jahre 1272 war für die Bürger zudem das Recht verbunden, „die Weiden in den gemeinen Marken, die um ihre Stadt liegen" – so die bischöfliche Urkunde – zu nutzen. Damit erhielten auch die Gewerbetreibenden das Nutzungsrecht an der „gemeinen", d. h. allgemeinen, öffentlichen Mark, die später auch „Bürgermark" genannt wurde. Diese existiert, im wesentlichen Forst- und Grünflächen, sogar heute noch, allerdings nur noch in einem Umfang von gut 100 ha.

Damit rundet sich das Bild von Haselünne im Mittelalter. Und doch wäre es nicht vollständig, wenn man eines nicht als Schlußpunkt setzen würde: Die Aufnahme der Stadt in den illustren Städtebund der Hanse. Erwähnt wird diese Mitgliedschaft schon 1351[49]. „Hauptort der Hanse im Rheinischen Quartier war Köln, zu dem auch Haselünne gehörte." Diese Mitgliedschaft war eine Art Gütesiegel! Vertreter der Stadt nehmen noch heute regelmäßig an den Traditionstreffen des „Rheinischen Quartiers" teil.

Am Ende dieses Kapitels bleibt als Resümee: In dem hier beschriebenen Teilraum des Emslandes hat sich durch die vorstädtische und städtische Entwicklung von Haselünne eine spürbare Strukturverschiebung vollzogen. Die Infrastruktur zeigt deutliche Unterschiede zwischen Haselünne und seinem Umland, rechtlich, wirtschaftlich, soziologisch. Dieser Unterschied zwischen Stadt und Land wird sich weiterentwickeln. Ein Vorgang von großer Tragweite, aber nicht von Nachteil! Nimmt man Herzlake und Holte hinzu, dann waren diese drei kleinen kommunalen Kraftfelder, die da im Entstehen begriffen waren, ein Segen für die ganze Region.

*Die staatliche und kommunale Verwaltung:
13.–19. Jahrhundert*

Während die Grafschaften Lingen und Bentheim im „staatlichen" Sinne selbständig waren, besaß das übrige Emsland keine territoriale Eigenständigkeit. Wie schon im 2. Kapitel dargelegt, war dieser Raum von 1252 bis 1803 als „Niederstift Münster" Teil des Fürstbistums Münster. Landesherr mit den Funktionen des Fürsten und – seit 1667 – auch des Diözesanbischofs war der Fürstbischof. Hauptstadt war Münster. Dort tagte auch der „Landtag", die Ständeversammlung. Diese bestand aus drei „Landständen": Domkapitel, Ritterschaft und landtagsfähige Städte. Zu ihren vornehmsten Aufgaben gehörten die Bewilligung von Steuern, die Mitwirkung bei der Gesetzgebung und ein Beschwerderecht gegen die Regierung.

Das emsländische Niederstift war auf dem Landtag vertreten durch den hier seßhaften Adel, und zwar innerhalb der zweiten Kurie, der Ritterschaft. „Die Haselünner Burgmannschaft wird in der Vereinigung der münsterschen Stiftsstände vom 7. 4. 1446 vollständig aufgeführt[50]." Der eine oder andere aus dieser Korporation wird also wohl auch im Landtag gewesen

Dodo von Knyphausen, schwedischer Feldmarschall, gefallen im Jahre 1636 im Gefecht zwischen Haselünne und Klosterholte-Haverbeck

Reichtum, Einfluß und Gottesfurcht bedeutender Haselünner Familien zeigen die barocken Epitaphien der Familien von Langen (Bild links) und von Monnich in der Vincentius-Kirche zu Haselünne

sein. Die Städte des Niederstifts – im Emsland Meppen und Haselünne – gehörten nicht zu den „landtagsfähigen Städten", waren dort also nicht vertreten.

Oberster Repräsentant des Fürstbischofs war im „Amt Meppen" der Drost, immer ein Adeliger. Die Amtsgeschäfte führte praktisch jedoch der Rentmeister. In diesem unteren Verwaltungsbezirk „Amt Meppen" hatten die im Landtag zugelassenen Ritter aus dem Emsland ein gewisses Mitbestimmungsrecht. Jedes Jahr kamen sie mit dem Landdrosten und dem Amtsrentmeister zu den sogenannten „Amtstagen" zusammen, um über die Angelegenheiten des „Amtsbezirks" zu beraten. „Ihre Kompetenz reichte von der Erhebung spezieller Umlagen für die besonderen Bedürfnisse des Amtes über die Prüfung der Steuerrechnungen sowohl der Kirchspielrezeptoren als auch des Oberrezeptors für das Amt (Rezeptor = Steuereinnehmer) bis zur Bestallung und Besoldung des Syndikus, des Chirurgen, des Medicus und anderer Amtsbediensteter[51]."

In diesem Amt Meppen existierten seit 1400 sechs Amts- und Gerichtsbezirke: Aschendorf, Düthe, Hümmling, Haren, Meppen und Haselünne. Die Verwaltung erfolgte nach der münsterschen Ämterverfassung. Zum Amt und Gericht Haselünne gehörten die Kirchspiele Haselünne, Herzlake, Holte, Berßen und Bokeloh.

Die nachstehende Übersicht ist entnommen dem „Hof- und Adreßcalender des Hochstiftes Münster" aus dem Jahre 1785[52]. Dieser „Calender" bringt eine vollständige Liste der Ämter und Amtsträger der fürstbischöflichen Verwaltung vom „Hochfürstlich Münsterschen Hofstaat" bis zum „Gerichtsdiener" in Haselünne oder zum „Substituten" in Herzlake und Holte. Uns interessieren hier nur die fürstbischöflichen Territorialbeamten, also die Staatsbediensteten, soweit diese für das ganze „Amt Meppen" zuständig waren, und die Beamten im „Stadtgericht Haselünne" und den davon abhängigen Kirchspielen Haselünne, Herzlake und Holte.

Diese Übersicht über die Verwaltungs- und Gerichtsorganisation zeigt gewissermaßen den „Instanzenweg" der fürstbischöflichen, also der landesherrlichen staatlichen Verwaltung. Allerdings mit einer wichtigen Einschränkung: Beim „Stadtgericht Haselünne" werden auch genannt der Bürgermeister und der Stadtsekretär. Diese beiden Ämter gehören nicht zur staatlichen Verwaltung. Sie sind Teil der kommunalen Selbstverwaltung, welche Haselünne ja besaß seit der Verleihung der Stadtrechte Mitte des 13. Jahrhunderts, Meppen seit 1360.

Hof- und Adreß-
Calender
des Hochstifts
Münster
auf das Jahr
nach der
gnadenreichen Geburt unsers
Herrn Jesu Christi
1785.

Herausgegeben
von
Friedrich Wilhelm Coppenrath,
Hof-Fourier.

Münster:
Gedruckt bey A. W. Aschendorf, Univ. Buchdr.

„Hof- und Adreß-Calender des Hochstifts Münster" mit vollständiger Liste der für den Raum Haselünne, Herzlake und Holte tätigen Amtsträger

Amts Meppen Beamte und Amtsbediente.

Herr Clemens August Freyherr von Landsberg, Amtsdroste.
Paul Jos. Freyh. v. Landsberg, adjungirter Amtsdroste und Kuhrfürstl. Kämmerer.
Johann Bernard Lipper, } Amtsrenthe-
Peter Franz Lipper,   } meistere.
Gerard. Ant. Niccius, J. U. D. Oberrec.
Maxim. Mulert, J. U. D. Adv. Fisci.
Wilh. Anton Euer,   } Amts-
Bernard Henr. Dütting, } Medici.
Peter Grothaus, Amtsschreiber.
Caspar Ludwig Kremering, Amtschirurg.
Bern. Nikolas Pavenstett, Markenschbr.
Johann Herm. Linnemann, Oberholzförst.
Joseph Hammerschmidt, adjt.
Joseph Schulte, Amtsfischer.

Stadtgericht Haselünne.

Herr Gerhard Anton Niccius, D. Richter.
Nikolas Arnold Bödiker, Grschr.
Anton Henrich Niehaus, und Lambert Mönster, Gerichtsscheffen.
H. H. Domin. Karhof, Franz Anton Bettzi, Anton Lotten, und Conrad Kremering, Procuratoren.
Herr Johann Herm. Lotten, Obervogt.
Rudolph Niemann, Bürgerm.
Anton Lotten, Stadtsecret.
Johann Mönster, Gerichtsd:
Herr Adolph Grothaus, Receptor Gerichts Haselünne.

Im K. Haselünne.
Herr Henrich Albert Kettler, Recept. Verw.
Joh. Georg Prosch, Führ. Jacob Warndorff, Subst. Bern. Stolte, Frohne.
Im K. Herzlacke.
Herr Henrich Anton Beckering, Recept. Verw.
Anton Kersting, Führ. Arnold Lohe, Subst. Johann Henrich Moormann, Frohne.
Im K. Holte.
Herr Henrich Anton Beckering, Recept. Verw.
Philipp Stauder, Führer. Wilhelm Winter, Subst. Johann Wilh. Holl, Frohne.

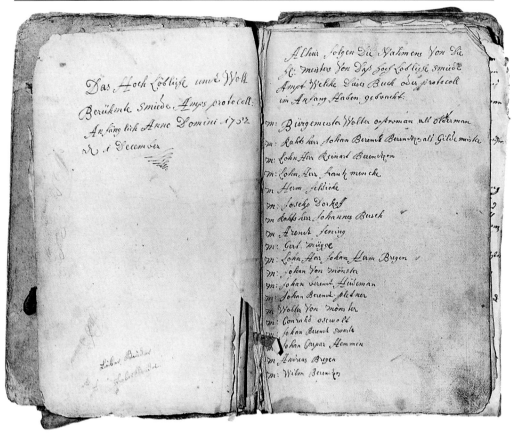

Das Protokollbuch der Haselünner Schmiedegilde von 1752

Im Jubiläumsbuch zur 700-Jahrfeier von Haselünne[53] ist dazu folgendes zu lesen: „Im Stadtrat waren vier Bürger und zwei Burgmänner vertreten, der Bürgermeister und Ratsmänner. ... Die Stadtratswahlen fanden jährlich statt. Diese Form der Ratswahl galt bis zum Jahre 1700. Auf Anordnung des Fürstbischofs trat damals an die Spitze der Stadtverwaltung der Magistrat, der aus dem Bürgermeister und drei Ratsherren bestand. Dazu wurde ein Lohnherr gewählt, der das Rechnungswesen verwaltete. Außerdem wurde ein Bürgerausschuß von 24 Männern gewählt, der an allen wichtigen Beratungen teilnahm. Der Bürgerausschuß blieb bis ins 19. Jahrhundert bestehen." Ab 1853 galt dann eine neue Stadtverfassung.

Wahlberechtigt waren nur Bürger mit vollem Bürgerrecht. „Darüber hinaus wurde das Wahlrecht in Haselünne 1783 auf Bürger beschränkt,

die wenigstens 6 Stüber Monatsschatz (Steuer) zahlten, womit dort über die Hälfte der Bürger ausgeschlossen war. Das Amt Meppen hatte einen dahingehenden Antrag der Stadt damit begründet, daß mehr als die Hälfte der Bürger aus „geringen Leuten und mehrenteils Tagelöhnern" bestehe, die wenig oder nichts zu verlieren hätten"[54].
Diese Aussage bezieht sich auf das Jahr 1783. Um diese Zeit hatte Haselünne etwa 1340, Meppen etwa 1000 Einwohner. Zwischen 1787 und 1795 ergeben sich – zum Vergleich – folgende Einwohnerzahlen: Lingen 1632, Haselünne 1350, Meppen 1107, Neuenhaus 1069, Schüttorf 963, Nordhorn 898[55]. Und noch ein Zahlenvergleich: Nach dem Dreißigjährigen Krieg (1648) hatte Haselünne[56] im Jahre 1656 – da brach im Emsland wieder einmal die Pest aus – 1285 Einwohner, Meppen[57] im Jahre 1670 nur noch 497! Die Pest hatte dort 800 Menschenleben gefordert[58]. Alle diese Zahlen sind hinreichend gesichert. Unhaltbar dagegen in der Einwohnerstatistik, die im Jubiläumsbuch der Stadt Haselünne (S. 122) zu finden ist, sind die Einwohnerzahlen für die Jahre 1552, 1609 und 1702.
Zurück zum Jahre 1783, als die Bürgerschaft von Haselünne zur Hälfte aus „geringen Leuten und mehrenteils Tagelöhnern" bestand. Auf der anderen Seite blühten dort damals aber Handel und Gewerbe, wenn man hier einmal eine Urkunde aus dem Jahre 1749 heranziehen darf. Und da ist wiederum ein Vergleich mit Meppen sehr aufschlußreich, der allerdings ein wenig hinkt. Für Haselünne sind nämlich nur Zahlen für 1749, für Meppen nur die von 1778 zu finden[59].
Haselünne hatte 1749 die stattliche Zahl von 112 Handwerkern, Meppen 1778 nur 47. Zum jeweilig gleichen Zeitpunkt hatte Haselünne 28 Kaufleute, Meppen nur 5; dazu kommen für Haselünne – Stichjahr 1758 – noch 26 „Branntweinbrenner". Unter den Berufen fallen in Haselünne besonders auf: 8 Hutmacher, 19 Schuhmacher, 19 Schmiede (1752), 14 Schneider, 5 Tischler, 7 Weber, 8 Zimmerleute – und 7 Notare. Und was die genannten 26 Branntweinbrenner betrifft: Ursprünglich hatte Haselünne einen guten Namen durch sein gutes Bier. „In Haselünne wird ein Bier von mittlerer Güte gebraut, das von Auswärtigen gern getrunken wird", schreibt 1599 der Oldenburger Geschichtsschreiber Hamelmann. „Als der Bischof von Münster ... in Meppen 1583 großes Hoflager hielt, wurden 6 Tonnen (1 Tonne etwa 140 Liter) Haselünner Bier gekauft. Und in der Geschichte des Stiftes Börstel ist zu lesen, daß bei fürstlichem Besuch das Bier von Haselünne geholt wurde. Zu Beginn des Dreißigjährigen Krieges (1618) gab es in Haselünne allein 12 Brauereien[60]." Gut

130 Jahre später, 1752, wurden dagegen, wie gesagt, 26 Branntweinbrenner gezählt. „Was vordem ein Biergelage war, behielt zwar den Namen, fing jetzt aber an, dem schnöden Branntwein Platz zu machen", schrieb 1838 der emsländische Heimatforscher Diepenbrock ziemlich melancholisch[61]. „Schnöder" Branntwein? Da denkt man in Haselünne heute sicherlich anders – mit gutem Grund.
Nach diesem Exkurs nun aber wieder zurück zum Thema „Verwaltung". Eine kommunale Selbstverwaltung mit einem Magistrat und frei gewähltem Rat hatten im „Amt Meppen" nur Meppen und Haselünne. Wie war das aber nun mit den Kirchspielen Haselünne, Herzlake und Holte? Nimmt man den „Hof- und Adreßcalender" von 1785, dann hat man den Eindruck, daß Dienstherr des jeweiligen Vogtes in Herzlake und Holte der Obervogt in Haselünne ist, also ein fürstbischöflicher Territorialbeamter. Etwas differenzierter liest sich das in einer neueren wissenschaftlichen Darstellung: „Die politischen Kirchspiele – ihre Bezirke deckten sich in der Regel mit den kirchlichen Sprengeln – waren Selbstverwaltungskörperschaften mit staatlichen Funktionen. Doch waren an der Selbstverwaltung nur die im Kirchspiel begüterten Grundherrn beteiligt. Ihr Beschlußorgan waren die Kirchspielkonventionen, die gemäß einem 1765 erlassenen landesherrlichen Edikt alle zwei Jahre unter dem Vorsitz des Amtsdrosten und im Beisein des Amtsrentmeisters zusammentraten. Die schatz(steuer)pflichtigen Bauern konnten ihre Wünsche und Beschwerden vorbringen, hatten aber kein Stimmrecht. Die Kirchspiele waren haushaltsrechtlich selbständig und Dienstherren der Kirchspieloffizianten (=Beamten), darunter auch der Vögte und Rezeptoren. Diese waren nicht nur die Einnehmer der Kirchspielsumlagen, sondern – ebenso wie die Oberrezeptoren auf Amtsebene – auch der Landesschatzung." Das galt für die ländliche Kommunalordnung im ganzen Niederstift. Unterhalb dieser „Verwaltungseinheit Kirchspiel" gab es auf der untersten Ebene noch die Bauerschaften „mit einem Vorsteher an der Spitze, dem Bauerrichter. Doch war er eingegliedert in das Kirchspiel als Kommunalverband"[62].
Diese Behördenorganisation galt zunächst einmal bis zum Jahre 1803. Dieses Jahr ist besonders für den münsterschen Teil des Emslandes der Beginn von großen Veränderungen, die sich auswirkten bis in die „Verwaltung" der Bauerschaften hinein. Alle geistlichen Fürstentümer wurden aufgelöst, damit auch das Fürstbistum Münster mit seinem Niederstift. Das münstersche Amt Meppen – die späteren Landkreise Meppen

und Aschendorf-Hümmling – fiel an den Herzog von Arenberg. Der Herzog hatte die volle Landeshoheit, die „Hauptstadt" war Meppen. Während der napoleonischen Kriege wurde das Emsland 1810 Teil des französischen Kaiserreichs. Nach dem Ende Napoleons fiel es 1815 an das Königreich Hannover, Lingen übrigens auch. Als Preußen dann im Jahre 1866 das Königreich Hannover annektierte und daraus die preußische Provinz Hannover machte, gehörte der gesamte heutige Landkreis Emsland zu Preußen.
Welche Auswirkungen hatten diese großräumigen Veränderungen nun ganz konkret im Raum Haselünne, Herzlake, Holte?
In der „Franzosenzeit" – von 1810 bis 1813 gehörte unser Raum zu Frankreich (Napoleon!) – erhielten alle drei Ortschaften eine „Mairie", d. h. eine Bürgermeisterei. Zur „Mairie Hertzlack" – hier die Schreibweise der alten Urkunde[63] vom 20. 1. 1812 – gehörten das Kirchdorf „Hertzlack" selbst und die Bauerschaften „Bakerde, Felzen, Bockhoff, Neuenlande, Kl.-Dohren, Gr.-Dohren, Westrum, Duinkamp und Lävinghausen".
Das war aber ein kurzes Zwischenspiel. Nachdem 1815 das herzoglicharenbergische Amt Meppen dem Königreich Hannover einverleibt worden war, dauerte es nicht lange, bis die alte „Verwaltungseinheit Kirchspiel" abgeschafft wurde. Am 24. 11. 1820 „erließ die königlich hannoversche Regierung eine Verordnung, nach der für die einzelnen Bauerschaften ... Vorsteher *bestimmt* werden mußten. Diese Bauerschaftsvorsteher sollten drei Jahre im Amt sein und danach von den Eingesessenen selbst *gewählt* werden[64]". Das ist ein ganz wichtiges Datum für die ländliche Gemeindeordnung im ehemaligen Amt Meppen. Im Hinblick auf die Verwaltung verloren die alten Kirchspielorte Herzlake und Holte ihre nominell privilegierte Stellung. Zwischen den Bauerschaften, die jetzt ja alle selbständige Landgemeinden waren, gab es diesbezüglich keine Unterschiede mehr. Ganz einebnen ließen sich die bestehenden Unterschiede dadurch aber nicht. Die Kirchdörfer Herzlake und Holte blieben Gemeinden mit zentralörtlicher Bedeutung.
Haselünne blieb ja ohnehin ein wichtiges Zentrum für das ganze ehemalige Amt Meppen. Besonders deutlich wird das an dem folgenden Vorgang. Nach Errichtung des Allgemeinen Landtages in Hannover, 1815, bekam dort das alte Amt Meppen einen „städtischen Abgeordnetensitz zugesprochen". Und der wechselte zwischen Meppen und Haselünne. Im Jahre 1829 z. B. saß dort in der 2. Kammer der Haselünner „Prokura-

tor Dr. Sermes" als Vertreter des ehemals münsterschen Emslandes[65]. Aus *landespolitischer* Sicht waren damals also Meppen und Haselünne die städtischen Zentren der späteren Landkreise Meppen und Aschendorf-Hümmling. Soweit es jedoch um die *territoriale* Gliederung dieses Raumes geht, gab es dort vier Zentren bzw. Verwaltungsbezirke. Nach der Ämter- und Gerichtsverfassung aus dem Jahre 1827 waren das die „Standesherrlich herzoglich-arenbergischen Ämter" Meppen, Haselünne, Hümmling (Sögel) und Aschendorf[66]. Der Herzog von Arenberg war seit der Einverleibung des Emslands in das Königreich Hannover zwar nicht mehr Landesherr, aber Standesherr. Als solcher hatte er immerhin einigen Einfluß auf Verwaltung und Justiz, und zwar dadurch, daß er in diesen Bereichen die Hälfte der Landesbeamten ernennen konnte. Das herzoglich-arenbergische Gebiet im Emsland war eine Art „Großkreis" und trug seit dem Jahre 1827 die offizielle Bezeichnung „Herzogtum Arenberg-Meppen". Es unterstand der königlich-hannoverschen Landdrostei Osnabrück, nach heutigem Verständnis einer Art Bezirksregierung.

Haselünne erhielt in dieser Zeit, 1827, in der Justizorganisation des Herzogtums einen besonderen Rang. Und zwar wurde dort die „Mediat-Justizkanzlei" des Herzogtums eingerichtet; zu dieser Zeit gab es im ganzen Königreich Hannover nur zehn solcher Justizkanzleien[67]. Dieser waren die vier Amtsgerichte des Herzogtums unterstellt, nämlich Meppen, Aschendorf, Sögel und Haselünne selbst, dazu das Patrimonialgericht Papenburg. Und zum „standesherrlichen Amt" Haselünne gehörten alle Gemeinden der Kirchspiele Haselünne, Herzlake, Holte und Berßen. Für das „institutionelle Wachstum" der Hasestadt, das sich ja in Jahrhunderten vollzogen hatte, war das ein gewisser Höhepunkt, – allerdings auch der Schlußpunkt.

Mit der hannoverschen „Städte- und Gemeindeordnung vom 25. Juli 1852" verlor die Stadt zunächst einmal ihren Status als Stadt, Meppen 1855 ebenfalls. Beide Städte waren nicht bereit, sich einen juristisch vorgebildeten hauptamtlichen Bürgermeister zu leisten. Das war ihnen zu teuer. Also wurden sie herabgestuft zu einer „Landgemeinde". Das blieben sie – im kommunalrechtlichen Sinne – dann bis 1929[68].

Im selben Jahr 1852 verlor Haselünne auch die „Mediat-Justizkanzlei" für das Herzogtum. In Meppen wurde ein Gesamtobergericht gegründet, ein Berufungsgericht, zuständig unter anderem für die 5 Amtsgerichte des Herzogtums, zu denen Haselünne zunächst noch gehörte[69].

Nachdem Preußen aber 1866 das Königreich Hannover annektiert hatte, wurde Haselünne im Jahre 1875 auch noch dieses Amtsgericht genommen. Damit aber nicht genug! Im Jahre 1885 verlor Haselünne schließlich sogar seinen Sitz als untere Verwaltungsbehörde[70]. Die vier herzoglich-arenbergischen Ämter wurden zwar alle aufgelöst, drei davon erhielten aber neue Funktionen, Haselünne jedoch war nicht darunter. Der „Großkreis" Herzogtum Arenberg-Meppen wurde aufgeteilt in drei Landkreise: Meppen, Aschendorf, Hümmling. Die Stadt Haselünne und die Gemeinden der Kirchspiele Haselünne und Herzlake kamen an den Landkreis Meppen; der Rest ging an den Landkreis Hümmling.

Die weitere Entwicklung von Haselünne wurde durch all diese „Verluste" aber nicht nachhaltig gestört. Die kleine Hasestadt mit ihren spezifischen Entstehungs- und Entwicklungsbedingungen hatte zwar einen gewissen Bruch in dieser Kontinuitätslinie zu verkraften. Sie war aber herangewachsen zu einem sehr lebensfähigen Gemeinwesen, zu einer Kleinstadt mit Gesicht und Gewicht, und das ist sie heute erst recht. Holte dagegen ist erheblich zurückgetreten gegenüber Herzlake. Dieses alte Kirchdorf, das der Samtgemeinde Herzlake den Namen gegeben hat, ist auf dem besten Wege, ein wirklicher Mittelpunkt der Samtgemeinde zu werden. Die kommunalpolitische „Flurbereinigung" durch die Gebiets- und Verwaltungsreform 1974/77 hat mit den teilweise veränderten kommunalen Bezugsfeldern zwar zu gewissen Strukturverschiebungen geführt. Historisch gewachsene Signaturen sind dadurch aber nicht völlig eingeebnet worden. Sie sind zum Teil noch erhalten und werden heutzutage wieder mehr betont als früher. So endet denn auch hier in diesem Beitrag die „Reise in die Vergangenheit" in der Gegenwart. Geschichtsbewußtsein als reflektierte Vergangenheit prägt – bedingt und begrenzt – eben auch diese Gegenwart.

Quellennachweis

Abkürzungen:

JB = Jahrbücher des Emsländischen Heimatbundes.
OUB = Osnabrücker Urkundenbuch I u. II, 1892–1896, Hrsg. Friedrich Philippi.
Die Corveyer Urkunden werden im Folgenden zitiert sowohl nach OUB als auch nach: Hans Heinrich Kaminsky, Studien zur Reichsabtei Corvey in der Salierzeit. Köln/Graz 1972 (Corveyer Urkunden, insbesondere Heberolle des 11. Jahrhunderts: Neuedition im Anhang S. 193–259).

1 Hermann Osthoff, Beiträge zur Topographie älterer Heberegister und einiger Urkunden. In: Osnabrücker Mitteilungen, Bd. 71, 1963 (darin Herzlake S. 28–31). – OUB II S. 463. – Josef Prinz, Das Territorium des Bistums Osnabrück. Göttingen 1934, S. 35. – Hermann Abels, Zur ältesten Kirchengeschichte des Emslandes. Meppen 1930, S. 32. – Franz Schily, Beiträge zur Geschichte des Corveyer Grundbesitzes. In: Zeitschrift für vaterländische Geschichte und Altertumskunde, Bd. 79, 2. Abt., Münster 1921, S. 37.
2 Paul Berlage, Handbuch des Bistums Osnabrück. Osnabrück 1968, S. 416.
3 Heinrich Börsting und Aloys Schröer, Handbuch des Bistums Münster. 2 Bde., Münster 1946, Bd. I, S. 437.
4 J.B. Diepenbrock, Geschichte des vormaligen münsterschen Amtes Meppen oder des jetzigen hannoverschen Herzogthums Arenberg-Meppen. Münster 1838.
5 Hermann Abels, Die Ortsnamen des Emslandes. Paderborn 1927.
6 Abels (wie Anm. 1), S. 32.
7 OUB I Nr. 116 S. 94ff. – Hans Heinrich Kaminsky, Studien zur Reichsabtei Corvey in der Salierzeit. Köln/Graz 1972, S. 195.
8 Detlev Hellfaier und Martin Last, Historisch bezeugte Orte in Niedersachsen bis zur Jahrtausendwende. Hildesheim 1976, S. 32. – OUB I, Nr. 90, S. 71.
9 Rudolf Martiny, Der Grundbesitz des Klosters Corvey in der Diözese Osnabrück. In: Osnabrücker Mitteilungen, Bd. 20, 1895, S. 272.
10 Kaminsky (wie Anm. 7), S. 37.
11 Hermann Frerker, Die Kurie Lathen (Ems) des Klosters Corvey (Weser). Meppen 1975, S. 1, Sp. 1.
12 Schily (wie Anm. 1), S. 36f.
13 Burgmannshöfe zu Haselünne. Hrsg. I.B. Berentzen, Text: Alfons Webering. Haselünne o.J., S. 23
14 OUB I Nr. 116 § 37 und Kaminsky (wie Anm. 7), S. 214 § XVII. Bockhorst (wie Anm. 24), S. 24 hat bezüglich „Holte" Kaminsky falsch zitiert).
15 Alexander Geppert und Ernst Simme, Heimatbuch der Stadt Haselünne. Haselünne 1949, S. 14.
16 700 Jahre Stadt Haselünne 1272–1972. Hrsg. Stadt Haselünne. Haselünne o.J. (1972), S. 17.
17 Kaminsky (wie Anm. 7), S. 238, § 48 (Corvey, Registrum Erkenberti).
18 Kaminsky (wie Anm. 7), S. 206/7, § 10.
19 Martiny (wie Anm. 9), S. 72/333 und 74/334.
20 Kaminsky (wie Anm. 7), S. 39.
21 Vgl. Anm. 18.
22 OUB I, Nr. 57, S. 47 ff.
23 Ortsplan von Herzlake.
24 Wolfgang Bockhorst, Geschichte des Niederstiftes Münster bis 1400. Münster 1985, S. 129.
25 Wilhelm Dulle, Als der Großvater die Großmutter nahm. Ohne Ortsangabe (Herzlake), 1985, S. 52.
26 Bockhorst (wie Anm. 24), S. 36.
27 Ebd., S. 17.
28 Ebd., S. 167 ff.
29 Ebd., S. 185–192.
30 Ebd., S. 171 f, 221–226.
31 Ebd., S. 212–215.
32 Diepenbrock (wie Anm. 4), S. 190.
33 Prinz (wie Anm. 1), S. 80, 190, 216 (Haselünne, Herzlake, Holte).
34 OUB I Nr. 170, S. 145. – Prinz (wie Anm. 1), S. 209.
35 Rudolf vom Bruch, Die Rittersitze des Emslandes. Münster 1962, S. 105.
36 Alexander Geppert, Die Burgen des Emslandes. In: Ems-Hase-Blätter Nr. 14, 75. Jahrgang v. 5.4.1922. – Hermann Steenken, Zur Chronik von Holte. In: JB Bd. 2, 1954, S. 110ff.
37 Eugen Kotte, Straßen im Emsland. In: JB Bd. 26, 1980, S. 17.
38 Alfons Webering, Die Geschichte der Stadt Haselünne. In: 700 Jahre Stadt Haselünne 1272–1972. Hrsg. Stadt Haselünne. Haselünne o.J. (1972), S.19f.
39 700 Jahre Stadt Haselünne (wie Anm. 16), S. 8.

40 Bernhard Schnellen, Verleihung der Stadtrechte. In: 700 Jahre Stadt Haselünne 1272–1972. Hrsg. Stadt Haselünne, Haselünne o.J. (1972), S. 10. Dazu bemerkt Bockhorst (wie Anm. 24), S. 134 folgendes: „Die Überlegungen, die Schnellen, 700 Jahre Haselünne 1972, S. 9-12 anstellt und bei denen er zu seiner Stadtrechtsverleihung durch Gräfin Sophia ca. 1250 kommt, sind unhaltbar. Das Haselünner Stadtwappen, das auf einem Siegel erstmals ca. 1310, s. Osn. Mitt. 6, 1860, Nr. VIIa, S. 147 f. greifbar ist und das in der Tat dem Oldenburger, aber auch dem von Münster gleicht, kann nicht, wie Schnellen behauptet, über Sophia als geborener Gräfin von Oldenburg auf Haselünne übertragen worden sein. Sophie führte nämlich das Wappen der Linie Oldenburg-Bruchhausen, das 3 Rosen im Schild zeigt.".
41 Webering (wie Anm. 38), S. 21.
42 Bockhorst (wie Anm. 24), S. 115, 125.
43 Webering (wie Anm. 38), S. 19.
44 Bockhorst (wie Anm. 24), S. 125.
45 Ebd., S. 126.
46 Stadtführer Haselünne, Rundgang durch die Stadt, S. 4.
47 I.B. Berentzen, Chronik eines Hauses. Haselünne o.J. (1983), S. 7.
48 Bockhorst (wie Anm. 24), S. 158.
49 Webering (wie Anm. 38), S. 29.
50 Burgmannshöfe zu Haselünne (wie Anm. 13), S. 5.
51 Theodor Penners, Emsland/Bentheim um 1800. In: Emsland/Bentheim. Beiträge zur neueren Geschichte. Bd. 1. Sögel 1985, S. 10f.
52 Hof- und Adreßcalender des Hochstifts Münster auf das Jahr nach der gnadenreichen Geburt unseres Herrn Jesu Christi 1785. Hrsg. von Friedrich Wilhelm Coppenrath, Hof-Fourier, Münster (o.J.) 1785.
53 Webering (wie Anm. 38), S. 25.
54 Penners (wie Anm. 51), S. 13.
55 Ebd., S. 37.
56 Agnes Kappen, Haselünne im Spiegel der Zahlen. In: 700 Jahre Stadt Haselünne 1272–1972. Hrsg. Stadt Haselünne. Haselünne o.J. (1972), S. 122.
57 Hermann Wenker (Nachlaß), Zur Geschichte der Stadt Meppen. In: JB Bd. 8, 1961, S. 144f.
58 Anton Kohnen, Geschichte des Hümmlings. Papenburg 1950, S.78.
59 Webering (wie Anm. 38), S. 48f. – Penners (wie Anm. 51), S. 44.
60 Webering (wie Anm. 38), S. 29.
61 Ebd., S. 43.
62 Penners (wie Anm. 51), S. 18.
63 Dulle (wie Anm. 25), S. 37.
64 Wolfram Hamacher, Kleine Ortschronik von Klosterholte. In: 25 Jahre Schützenverein Klosterholte. 1989, S. 39.
65 Joachim Behr, Stände und landschaftliche Selbstverwaltung des Emslandes im Königreich Hannover. In: JB Bd. 16, 1969, S. 124.
66 Walter Ordemann, Die herzogliche Standesherrschaft Arenberg-Meppen und Schloß Clemenswerth. In: JB Bd. 33, 1973, S. 242.
67 Franz Böckermann, Aus der Geschichte des Gerichtswesens im Herzogtum Arenberg-Meppen. In: JB Bd. 31, 1985, S. 40.
68 Geppert/Simme (wie Anm. 15), S. 51. – Karl Pardey, Meppen im Wandel der Zeit. In: Meppener Tagespost v. 8.1.1988.
69 Ordemann (wie Anm. 66), S. 242.
70 Kohnen (wie Anm. 58), S. 102.

Landmarke an der alten Flämischen Straße: Der Turm von St. Vincentius in Haselünne

Was man so sieht

*Eine Begegnung mit
Haselünne und seinem Umland*

von Wilhelm Landzettel in Zusammenarbeit mit Christel Habbe

„Haselünne, Stadt im preußischen Regierungsbezirk Osnabrück, Kreis Meppen, an der Hase, hat eine katholische Kirche, Branntweinbrennerei, Hefen-, Zigarren- und Zichorienfabrikation, Sensenschmieden und (1885) 1765 Einwohner".
So steht es in Meyer's Konversationslexikon von 1888.
Wie wenig damals wichtig war! Haselünne, seit 1272 Stadt, seit 1972 mehr als 700 Jahre alt. Am Schnittpunkt bedeutender Fernstraßen gelegen, mit Markt- und Münzrecht ausgestattet, mit eigener Gerichtsbarkeit für die Bürger, Gilden und Ämter gesegnet und – im Zuge der Gebietsreform von 1974 – mit Dörfern angereichert, die den damals rund 6288 weitere 5000 Mitbürger zuwachsen ließ: 11200 Menschen also, so steht es im Prospekt, die hier zu Hause sind.
Nachlesen könnte ich noch sehr viel mehr Anschauliches, das interessant und lebendig geschrieben ist: Das Heimatbuch der Stadt Haselünne von Alexander Geppert und Ernst Simme, das 1949 erschien [1] oder das mit vielen Abbildungen ausgestattete Jubiläumsbuch von 1972[2]. In diesen beiden Werken steht eigentlich alles, was man über die Stadt an der Hase wissen sollte. Dort, wo heute die Stadt sich ausbreitet, war früher eine Furt, die man leicht überqueren konnte auf dem festen Grund von eingelegten Rundhölzern. „Lunni" – Lünne hießen diese Hölzer; sie gaben in der Zusammensetzung mit dem Begriff „Hassa" – Hase – dunkles Wasser – unserer Stadt ihren Namen"[3].
Jetzt, da ich dieses schreibe, ist es Frühling. Am frühen Morgen schaue ich aus dem Hotelzimmer auf den See. Lichte Nebel ziehen, immer wieder das ruhige Bild verändernd, unstet und kalt vor den schwarzen Kiefern. Es ist ganz still, als gäbe es keine Zeit. Nur ein leiser Hauch von rötlicher Färbung am Horizont läßt verheißungsvoll die Sonne des Tages erwarten. Und unwirklich erscheinen die Spiegelbilder des Baumrandes auf der glatten Oberfläche des Sees.
Über dieses Land soll ich schreiben, seine Landschaft und Siedlungen. Hartnäckig freundlich hatte mich der Geschäftsführer des Emsländischen Heimatbundes schon im vorletzten Jahr gedrängt, dieses für das Jahrbuch zu tun, aber ich hatte unter dem Hinweis auf zu viel andere Arbeit dafür meinen Mitarbeiter Eggert Sass empfohlen. „Dann aber dürfen wir doch im folgenden Jahrbuch mit Ihnen rechnen?" Das lag so weit fort, ich sagte zu. Jetzt ist, mit Adenauer zu sprechen, die Situation da. Ich muß berichten über einen Teilraum im Emsland, den Sie, die Leser, viel besser kennen als ich, weil Sie ihn in Ihren Herzen tragen.

Haselünne – Stadtansicht von Nordosten

Mein Bild kann nicht das Ihre werden, weil die Intensität des Seins im Raum eine andere ist. Die Form wird zur Gestalt durch das gelebte Leben, das sich darin widerspiegelt.
Es ist der dritte Ansatz. Im letzten Herbst war ich zum ersten Mal hier und fing – gründlich wie ich gerne sein möchte – mit der Betrachtung über Haselünne an der Hasequelle an. Waren Sie schon einmal da? Das ist ein schöner Ort, nicht ganz leicht zu finden. Südlich der Autobahn zwischen Minden und Osnabrück, oberhalb des Talgrundes, unterhalb des Waldes führt ein Weg parallel zu den Höhenlinien den Hang entlang, großzügig den Blick in die Weite freigebend und doch auch nahe der Erde und dem Gras der Weiden, die stattlichen Höfe dieser Landschaft miteinander verbindend. Es gibt ein kleines Quellgehölz. Das Wasser entdeckt man auf einmal in Pfützen und kleinen Lachen, die man noch nicht für ernst nehmen kann und doch bewegt es sich in der Stille, formt sich zum kleinen Bach, der abwärts sich behauptet und schließlich die Hase wird. Ansonsten ging der erste Ansatz im später einsetzenden Regen verloren, aber es blieb das Bild vom Straßenbau in Haselünne und der Kapelle in Bückelte, die ahnende Erinnerung an die Vorzeit unserer Kultur lebendig werden läßt.
Der zweite Ansatz kam gar nicht erst zustande, weil dringende Termine dazwischen kamen. So blieb die Scheu vor dem Anfang des Schreibens über einen Raum, den ich mag, bestehen. Gestern nun endlich bin ich bei strahlendem Sonnenschein den ganzen Tag unterwegs gewesen, und ich wünschte, Sie könnten mit der Unbefangenheit des Fremden seinen Empfindungen beim Entdecken von Landschaft und Siedlung folgen – Eindrücke nachvollziehen, die Glück zeitigen und Zufriedenheit.
Haselünne – heute soll ich das aufzeichnen, was mir begegnete. Es ist doch alles ganz anders, immer wieder anders, je nach dem, von wo aus ich schaue.
Wie entdecken Sie Landschaft, Siedlung und Haus? Es wächst Ihnen zu durch das Leben. Und wie tut es der Ortsfremde? Genauso, nur verdichtet, weil das Neue die Faszination des ersten Erkennens hat und sich mit anderem verbindet, das aus der Erinnerung zuwächst als Summe vieler gelebter Zeiten und Räume. So geht es Ihnen selbst, wenn Sie aus der eigenen Heimat in fremde Bereiche kommen. Wir fühlen mehr als wir denken und wir erfassen so ein Ganzheitliches, das wichtiger ist als die Vordergründigkeit der Details, obwohl gerade diese zum Abrufen komplexen Geschehens in Erinnerung bleiben.

Eine Annäherung gestattet der Einstieg in das Wesen von Landschaft und Siedlung in folgenden drei Ebenen:
– die Orientierungsstruktur
– die räumliche Erlebnisstruktur
– die Einbindungsstruktur.
Dazu möchte ich gerne ein paar Hinweise geben.
Die Orientierungsstruktur: An welcher Stelle in der Landschaft sehe ich einen Ort zum ersten Mal? Da formen sich Sympathie und Antipathie aus. Wie gliedert sich der Weg von diesen Orten des ersten Erkennens bis zum Wegziel? Ist das langweilig oder interessant? Wie ist der Raum, in dem ich mich hier bewege, begrenzt durch Wald, Berg oder andere, die Topographie bestimmende Elemente? Ist er eng, weit, abwechslungsreich, lieblich, großzügig?
Die räumliche Erlebnisstruktur kündigt sich damit an. Ein Mensch kann gar nichts anderes verstehen als das, was er selbst ist. So bilden die Häuser, die Höhen, die Tiefen, Körper und Körperformen, die man im Sinn des Wortes begreifen kann. Dadurch werden leibhafte Gefühle ausgelöst, die Behagen oder Unbehagen zur Folge haben. Was tut gut an der Gestalt einer Landschaft oder einer Siedlung? Daß viele natürliche Gegebenheiten mit Körpermerkmalen gleichgesetzt werden in der Sprache, zeigt, worum es sich dreht. In der räumlichen Erlebnisstruktur sind Behagen und Unbehagen an körperliche Empfindungen gebunden. Wenn Sie mit Ihren Händen z. B. über eine Landschaft streichend diese fühlend wahrnehmen, verstehen Sie auch etwas von deren Wesen, das ja nichts anderes als das Verständnis Ihres Wesens widerspiegelt. Der Standort des eigenen Seins wird dadurch empfindbar.
Die Einbindungsstruktur: Zum bisher Gesagten gesellt sich das Geschehen im sozialen und psychischen Bereich. Durch Menschen, Landschaftsformen, Gebäude, charaktervolle Bäume und anderes mehr wird gelebte Zeit in dem Bild der Erscheinungen als Symbol erfaßt. Das Bild wird zur Gestalt und verkörpert dadurch die Komplexität des Lebens. Solche Symbole werden für uns zu „Orten", das sind Stellen, an denen man das Leben spürt. Jeder gelebte Ort bindet uns ein in die Welt der Erscheinungen und Menschen, läßt uns den Raum zur Heimat werden.
Wir dürfen nicht nur fühlen und empfinden, wir müssen es. Aber denken darf man selbstverständlich auch!
Und nun, liebe Leser, tun Sie nichts anderes, als mit mir ein wenig spazieren zu gehen in der Landschaft um Haselünne.

Über dem Fluß erstreckt sich die hohe Lindenallee, hinter deren hellem Laub sich Turm und Kirchendach von St. Vincentius erheben

Wie nähert man sich Haselünne? Auf der B 213, von Lingen kommend, fährt man durch bäuerliche Landschaft und durch stillen Wald, der wenige Meter neben der Straße die eindringliche Realität langwährender Natur aufweist. Immer wieder verblüfft ist man beim Hinschauen auf das Detail durch den Kosmos, der sich im Kleinen wie im Großen verbirgt. Orte des Erkennens?
Hinter einer Kurve taucht in der Straßenachse der Turm von St. Vincentius auf, einer gotischen Hallenkirche aus dem 15./16. Jahrhundert. Sein kupfergedecktes spitzes Pyramidendach kommt nur langsam näher. Das ist gut, weil die Wichtigkeit des Wegzieles damit auch wächst. An der Seite der Straße steht ein Stein „Mach Rast in Haselünne". Das Wappen ist zu sehen. Als Relief taucht auch hier die Kirche auf, der kleine Turm der Klosterkirche, die schönen Fachwerkhäuser am Kirchbereich und der mächtige Burgmannssitz der Grafen von Westerholt; erbaut gegen Ende des 14. Jahrhunderts ist er der älteste Profanbau des Emslandes. Unter dem Schriftbalken sieht man den Museumshof, den Erholungssee und die Zelt-Zeichen des Campingplatzes: Einladende Verheißung für den Fremden, der von außen kommt, sich wohlzufühlen in einer schönen Stadt.
Dann, hinter einer leichten Verschwenkung bei der Einmündung der B 402, liegt plötzlich Haselünne in schöner Weise da. Stark und mächtig ist die St. Vincentius-Kirche dem Betrachter zugewandt, gut eingebunden von hohen Bäumen und mit rotleuchtendem Dach, das den Ankommenden freundliche Geborgenheit verheißt. Links der Brücke entlang des Uferweges erstreckt sich eine kraftvolle Lindenallee, die im hellen Frühjahrslaub noch transparente Duftigkeit hat und abgeschlossen wird durch die Gebäude des Krankenhauses.
Da sind zwei Zugänge: die stark befahrene Straße, die unmittelbar hinter der Brücke ihre Richtung ändert, und, davon abgesetzt, auf eigener Brücke der Übergang für Fußgänger und Radfahrer. Wohl nur denen wird der Brückenheilige auffallen, der Menschen und Stadt schützt. Unter der Brücke, nahe des schnellfließenden Wassers, bestimmt eine stete Ruhe den Ort, die dem Brückenkopf nicht mehr gegönnt ist. Merian würde heute nicht mehr die Muße finden, die Ansicht von Haselünne aus dieser Richtung zu stechen. Dennoch bleibt die Annäherung von Süden die bedeutsame Einfahrt nach Haselünne, nachdem die Umgehungsstraße im Norden zwar die Stadt entlastet, die Annäherung aber weniger zielbetont sein läßt. Statt dessen hat man den Genuß der

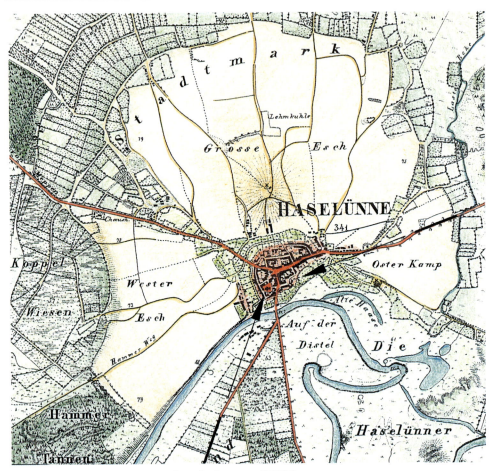

Haselünne in der Gaussschen Landesaufnahme von 1857/58

Passage. Allerdings, nach Norden hin werden Gewerbegebiete entwikkelt – wogegen gar nichts zu sagen ist, aber es müßte mit gleicher Intensität die Einbindung in einen neu zu schaffenden Landschaftsraum erfolgen. Einstweilen stehen sich ehemalige Natur und große, lagerhafte Bauten verständnislos gegenüber. Darum aber handelt es sich bei der Orientierungsstruktur: Mensch, Weg und Raum bedürfen der Harmonie. Mit Störungen tauchen auch Verunsicherungen auf, die den Betrachter zweifeln lassen, ob es mit dem, was er sieht, seine Richtigkeit habe.

Die räumliche Erlebnisstruktur in Haselünne ist viel größer, als man es zunächst vermuten möchte. Der Plan von 1857/58 zeigt, wie klein die Stadt damals war, aber auch, wie stark die Vielfalt der räumlichen Ent-

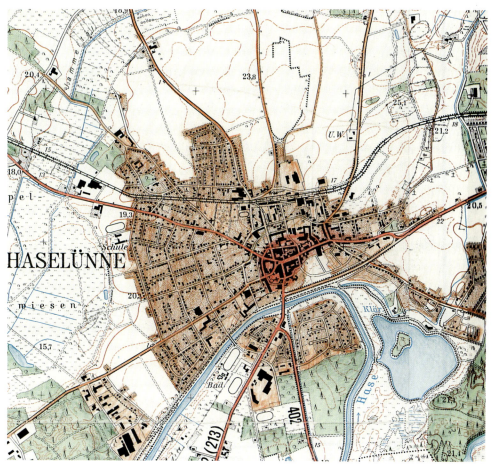
Der gleiche Kartenausschnitt, 125 Jahre später

faltung von Wegen und Plätzen sich darbot. Im gleichen Planausschnitt von 1983 wird deutlich, was überall sich vollzogen hat: Der Kern ist klein, die Neubaugebiete haben sich seit den 30er Jahren und erst recht in den 50er Jahren stark ausgeweitet. Das ist in Haselünne nicht unangenehm, weil es den Menschen hier wohl zu eigen ist, ihre Wohngebiete schön zu gestalten. Und doch ist die räumliche Struktur des kleinen Ortskernes das, was den unverwechselbaren Charme Haselünnes prägt. Gewiß, wie bei der Orientierungsstruktur liegen im flachen Land die Verhältnisse einfach. Eine hügelige oder gar bergige Landschaft bietet da differenzierten Abwechslungsreichtum. Das flache Land hat seinen Charakter in der Weite des Horizonts und der Größe des Himmels.

Die Stadtmitte von Haselünne mit wichtigen Räumen und Raumzusammenhängen

Und doch, hoch ist bereits alles, was über Augenhöhe liegt und tief das, was unter dem Bodenniveau des Standortes sich befindet. Zwei bis fünf Meter Höhe im flachen Land haben oft mehr Bedeutung als große Höhenunterschiede in der Mittelgebirgs- oder Hochgebirgslandschaft. Kleine Dimensionen nimmt der Betrachter so, wie sie sind und deshalb werden gerade die geringen Höhenunterschiede selten in der Planung berücksichtigt. In einer Zeit, als es noch keine Baumaschinen gab, war jede Erdbewegung mit Mühe verbunden. Deshalb bleibt in solchen, von der Menschenkraft bestimmten Bereichen auch der menschliche Maßstab so stark wirksam. Man kann das überzeugend studieren in Bentheim, das in seiner relativ geringen Höhenentwicklung geradezu drama-

Blickbezüge an der Kreuzung Hasestraße und Krummer Dreh: Rathaus (links oben) und Kirchturm von St. Vincentius stehen im Dialog

Zum Markt führt ein „Passagenstück" begleitet von guter neuer Bebauung

Der Turm von Berentzen's Brennerei betont diesen Wegabschnitt

tische Formen nach sich zieht. Auch in Haselünne wird die leichte Bewegung der Topographie vom Fluß zum Niveau des Ortskernes sehr deutlich. Ein kurzes Wegstück steigt von der Brücke vielleicht zwei Meter an bis in Höhe der Straße Krummer Dreh. Das Sanfte hat die Kraft des langen Atems! Hier sieht man rechts in geringer Entfernung das neue Rathaus und links, wiederum ein kleines Stückchen höher, den stolzen Chor und die Spitze des Kirchturmes. Das alles ist nur wenige Schritte zu gehen, aber diese sind in hohem Maße erlebnisreich. Wenn man auf dem Niveau des Kirchplatzes steht, ist nach Süden das Unten deutlich zu empfinden. Man ist oben!
Von dieser Stelle aus sind es wiederum nur wenige Meter bis zum Markt-

Das sehr gut renovierte alte Rathaus von Niehaus steht nobel neben dem modernen Kaufhaus

platz. Die Straße ist hier leicht gebogen, bildet eindeutig eine Passage, die von bemerkenswert angemessenen Neubauten begleitet wird: zweigeschossig, in rotem Stein, mit roten Dachpfannen ausgestattet, giebelständig zur Straße und aufgefrischt in ihrer schlichten roten Farbgebung durch weiße Stahl-Glas-Konstruktionen an der Galerie und den vorspringenden Erkern. Lebendig ist das, zeitgemäß und doch vollkommen maßstäblich. Abgeschlossen wird der Raum durch vier Giebel, die den Straßenraum herunterschauen und einen Turm von Berentzen's Brennerei. Da ist man nach der langen Fahrt durch die stille Landschaft in dichter Mitte angekommen.

Nicht nur in der Ortsmitte, sondern zugleich auch an der Ost-West-Straße, die in der Stadt des Flußüberganges ja auch den Zugang zu den Straßen nach Südwesten und Südosten suchte. Hier steht das schöne Niehaussche Rathaus, das gut wiederhergerichtet wurde, und davor eine stattliche Linde.

Leider ist zum Zeitpunkt dieses Berichtes der ganze Straßenraum aufgerissen für Erdarbeiten, so daß vor Baustelle und Baumaschinen sich dieser wichtige zentrale Stadtraum vorübergehend nicht recht darstellen kann. Er ist langgestreckt, breit und angenehm proportioniert in dem Verhältnis der Höhen zur Breite. Ein Raum, der wirklich Mitte darstellt und von wichtigen Gebäuden begleitet wird.

Freilich ist nicht alles schön, was hier steht. Das verwundert, wenn man bedenkt, welche Maßstäblichkeit in der Gesamtanlage sich befindet, ob

es sich da nun um das alte Rathaus, die jetzige Oldenburgische Landesbank, Berentzen's schöne Häuser oder die schlichteren Neubauten handelt – immer bleibt die Maßstäblichkeit gewahrt. Nur ein Kaufhaus tut sich hervor mit einem Anspruch, der ihm nicht zusteht und das Gebäude der Post hat den spröden Ausdruck eines amtlichen Gebäudes. Hier ist ein Haus etwas zurückgesetzt, gibt ganz überraschend den Blick in einen stillen Hof frei, tut wohl durch seine bescheidene Noblesse und bindet diesen kleinen Nebenraum durch zwei im Augenblick ungemein reich blühende japanische Zierkirschen. Die Linde am Rathaus und diese beiden Bäume sind das einzige Grün und deshalb so überzeugend.
Ich weiß nicht, wie der Platz ausgebaut wird und hoffe nur, daß er bescheiden bleibt. Vieles wäre hier gewonnen, wenn in den Reklamen mehr Zurückhaltung geübt würde. Das Stadtcafé z. B. hat auf einem Baldachin über die gesamte Länge zehnmal das Wort „Café" stehen. Gott sei Dank ist vom Kuchen nicht die Rede. Fast kann man darüber die Gebäudegruppe der Rosche-Brennerei übersehen, die ein Stück zurückgesetzte Platzwand darstellt mit einem Haus, aus dem ein höheres erwächst, das über einen Schornsteinstumpf mit einem noch höheren Gebäude verbunden ist, hinter dem sich schließlich der Turm der Klosterkirche mit seiner goldenen Helmzier aufbaut. Ein mächtiger Baum, in dem alle Krähen der Umgebung ihre Nester haben, bildet eine eigene Welt des Anderssein.
Doch, das ist ein schöner Platz. Die Werbezutaten und einige unziemliche Materialien, die hier zuviel sind, bleiben in diesem Raum letztlich belanglos.
Am Ostende geht der Marktplatz in eine angenehme ländliche Vorstadtstraße über, verschwenkt nach gut 100 Metern und hat die Mitte des Ortes verlassen. An dieser Schmalseite mündet aber auch der Straßenzug Krummer Dreh ein, an dessen Verschwenkungspunkt wieder das Rathaus sichtbar wird. Und damit ist der Stadt wie dem Architekten eine wesentliche Bereicherung der Ortsgestalt in der Ganzheit und im Detail gelungen: Haselünnes städtebauliche Struktur ist stark!
Das Rathaus bildet einen Winkel, der teils eingeschossig, teils zweigeschossig angelegt einen gestalteten Hof umgibt und an seinen Enden verfestigt ist. In der Mitte dieses Winkels ist der Eingang, der verglast über zwei Stockwerke führt und zum Betreten des Hauses einlädt. Alles ist schlicht gehalten und trotzdem entschieden in der Wirkung. Deutlich wird spürbar die Lage auf dem oberen Niveau über der Niederung der

Schöne räumliche Situationen am neuen Rathaus

Zeitstufen am Chor der Kirche sind im Nebeneinander von Bäumen und Bauwerk

Hase. Die Parkplätze liegen nicht weit entfernt, dürften allerdings auch ein paar gliedernde Bäume bekommen. Der Krumme Dreh bildet in Richtung zur Kirche einen Gegenwinkel eingeschossiger Häuser, über denen die Turmhaube aufsteigt, und gibt nach einer erneuten Verschwenkung den anheimelnden Blick auf den hohen Chor und den Turm frei. Hier liegt auch der andere Eingang des Rathauses, der hinführend begleitet wird von der schönen Anlage des Pfarrheimes. Dieses bietet in stiller Räumlichkeit immer wieder Plätze zur Kommunikation. Auf diesem kleinen Stück Stadt ist Altes und Neues auf das Vorzüglichste miteinander verbunden worden. Es gibt das Einfache und rührend Bescheidene ebenso wie die stolze Kraft der Kirche oder die gediegene Schön-

Die bergende Räumlichkeit an St. Vincentius wird im Luftbild deutlich. Die Giebel der Burgmannssitze und die vier Joche der Kirche entsprechen sich wie Turm und Kastanie

Um die geistige Größe des Kirchenraumes zu erfassen, muß man sich erinnern an die Dimensionen der Häuser . . .

heit des Rathauses. Man kann sich aussuchen, wonach es einem gerade zumute ist. Und wer vom Parkplatz über die gelassen angelegte Treppe zum Hof des Pfarrheimes aufsteigt, der passiert dabei einen kleinen Hain mit Krähenbäumen. Die Krähen zetern hoch oben auf ihren Nestern und krächzen herum, so den Eindruck erweckend, als stünde dieses erst seit sechs Jahren fertige Rathaus schon aus alter Zeit hier.
Wieder sind es nur wenige Meter weiterzugehen zur St. Vincentius-Kirche, deren hoher Chor die begleitenden Häuser dieser Passage weit überragt. Da kommt man erneut in eine andere Welt. Auf dem Plateau stehend, sind die Augen in Höhe der tiefer liegenden Traufen. Man ist oben und die schönen eingeschossigen Giebelhäuser der westlichen Platzseite lagern sich wie Kinder unter den mächtigen Turm der Mutter Kirche. Deren Spitze mit dem goldglänzenden Hahn ist höher als die raumbegrenzende Kastaniengruppe. Und diese breitet ihre Äste hoch über die Firstlinien der Häuser an der Petersilienstraße aus. Dort oben geht der quadratische Turmschaft in das gediegene und satte Achteck der Haube über. Das ist eine Situation der Größe, die deswegen so überzeugend wirkt, weil die Umgebung so klein und das Bauwerk so stark ist. Wer sich das Mauerwerk anschaut in Eisenerzsteinen, Granit, Sandstein und alten Ziegeln, wer die zahlreichen Zeitzeichen der Geschichte an diesem Bauwerk studiert, der spürt hier tröstlich über seine eigene Existenz hinweg den Atem der Zeit.
Die dreischiffige Hallenkirche, deren Scheitelpunkte bei den Gewölben fast die gleiche Höhe aufweisen, erzeugt eine räumliche Weite, die es in der ganzen Stadt sonst nicht gibt. Sicher helfen dabei die ungemein schlanken Säulen und die grazil gegliederten Gewölberippen, aber es ist mehr als dieses, nämlich die Würde des Ortes, die spürbar wird. Wände, Gewölbe und Säulen sind schlicht gehalten ebenso wie die Gläser der Langhausfenster. Nur der Chor, in rotes und blaues Licht getaucht, strahlt blutfarbenes Leben, Wärme und Schönheit aus, die zu atmen scheint. Die von der Gewölbedecke herunterhängende Gestalt des Christus am Kreuz legt diesen Raum fest und öffnet ihn zugleich. Davon kann man träumen, des Verinnerlichten sich erinnernd, selbst wenn man weit davon entfernt in Nöten ist.
Die Kirche wird immer stärker, je länger man darin verweilt. Sie gibt dem Unsteten Ruhe und Gelassenheit. Die Einfachheit und Harmonie in der Bescheidenheit ist trotzdem identisch mit der Größe des Raumes.

... und doch stehen auch diese in Harmonie mit den Bäumen

Die schlichten Langhausfenster entsprechen dem blassen Sandstein; der leuchtende Chor der Morgensonne hat sein Pendant im Westen für ein farbiges Abendlicht. Um dieses sich in den Raum tasten zu lassen, ist die Orgel auf eine schöne Weise asymmetrisch eingebaut worden. Schlicht, edel und schön, wie ein Juwel, ist der gotische Altar vor dem mittleren Chorfenster.

Zur Nordseite ist der hohen Kirchenwand und dem Turm ein in der Anlage schöner Hof vorgelagert, der am Chor abgeschlossen wird durch eine Gruppe von Linden. Diese scheinen mit dem zeitlosen Turm sich im Gespräch zu befinden. Ein schöner Zugang zwischen ein- und zweigeschossigen Häusern führt in diesen Bereich. Und wiederum sind es nur wenige Schritte, die über die Kirchstraße zurück zum Marktplatz führen. Die Wege zu den Orten, die ich bisher beschrieb, sind nicht lang, gerade 930 Schritt, also 700 Meter weit. Wer diese Folgen von Körper und Raum mit ihrem Erlebnisreichtum zu sehen weiß, gewinnt im Staunen Zugang zur Stadt und ihren Menschen.

Natürlich ließe sich noch vieles sagen zur räumlichen Erlebnisstruktur in

Die Ritterstraße in Haselünne ist ein städtebauliches Kleinod

Haselünne. Eine über den Ort hinausgehende Bedeutung hat in diesem Zusammenhang die Ritterstraße mit den Burgmannshöfen. Da wird der Raum abgeschlossen durch den Turm der Klosterkirche. Nach Süden liegen die Gebäude der Brennerei und im Norden die Burgmannshöfe der Herren von Dwingelo zu Lotten, der Grafen von Westerholt, der Hof von Hüntel und der Bentinck-Hof. Weitere liegen in der ganzen Stadt verteilt und künden von der Bedeutung Haselünnes. Hier aber ist von der räumlichen Erlebnisqualität zu sprechen, und die ist in Haselünne großzügig, nobel, zugleich bescheiden und schön. Da ist eine Kultur lebendig geblieben über die Zeiten hinweg. Der Hof der Herren von Dwingelo z. B. ist im 15. Jahrhundert erbaut worden und erhielt zwischen 1760 und 1770 seine heutige Gestalt. Genau 40 Schritt ist der Hof zur Straße hin breit, der im Westen und Osten jeweils von einem eingeschossigen Gebäude wie von ausgebreiteten Armen gefaßt wird. Genauso lang ist auch das Haus, rechts und links mit einem Einfahrtstor versehen, eingeschossig, in der Mitte auf vier Fenster Breite zweigeschossig mit abgeschlepptem Dach zur Firstlinie. Davor eine nicht sehr

hohe Balustrade. Man kann, auf der Straße stehend, die Arme auf die Umfassungsmauer stützen und hinschauen auf dieses schöne Bauwerk, das sich hinter den Bäumen in solch freundlicher Gelassenheit zeigt. Das ist für den dicht bebauten Ort schon eine bemerkenswerte Dimension. Überall findet man in Haselünne diese gebaute Räumlichkeit, ob hier bei den Burgmannshöfen oder beim neuen Rathaus an der Treppenanlage zum Pfarrheim – Raum kann der Betrachter ausfüllen, auch wenn er ihm selbst nicht gehört.
Was aber hat es mit der Einbindungsstruktur auf sich? Orientierungs- und räumliche Erlebnisstruktur beziehen sich auf das Verhältnis von Mensch und Erscheinung, von Körper und Raum also. Die Einbindungsstruktur hat mit seelischen Prozessen zu tun, die aus der Verbindung von Gegenstand, Betrachter und Geschehen entstehen. Es erfolgt dadurch eine Symbolbildung für die Entstehung von Heimat.
Rein subjektive Bezüge lassen sich in der Planung schwer verallgemeinern, aber es gibt viele Situationen und Vorgänge, die aus ihrer Art heraus vielen Menschen gemeinsam sind. Diese zu erfassen ist wichtig, weil an den Orten, aus denen sich die Vorstellungen vom Dasein entwikkeln und die dadurch das Wesen des Betrachters ansprechen, auch Begehrlichkeit entsteht. Dafür ist Haselünne ein Beispiel. Weil diese Stadt über die Zeit hinweg für viele wichtig war, ist sie in der Gegenwart gefährdet. Von ihrem Milieu wollen viele profitieren. Deshalb entsteht an Orten dieser Art leicht die Gefahr einer übertriebenen Selbstdarstellung. Jeder kennt örtliche Situationen, an denen man gerne verweilt. Da benutzen viele das Taschenmesser oder Schreibwerkzeug, um ihr Monogramm oder das Datum des Daseins zu hinterlassen. Ähnlich ist es mit anderen Dingen: Wenn viele sich an einer Stelle wohlfühlen, kommt bestimmt einer, der dort ein Haus bauen möchte, eine Gaststätte errichtet, eine Disko auftut oder einen Fernsehmast aufstellt. Da muß die Stadt wachsam bleiben und die Qualität des stillen Angebotes hüten.
Herzlake, die nächste größere Siedlung Hase aufwärts, bestand früher nur aus wenigen Häusern und einer mächtigen Kirche. Deren Turm stand allerdings im Schnittpunkt von drei Straßen und setzte somit ein Zeichen in der Landschaft, wie es hier häufig zu finden ist. Inzwischen ist Herzlake zu einem Industrie- und Gewerbedorf gewachsen. Südlich der Hase finden sich große Gebäudekomplexe dieser Art und auch ein Wohngebiet, das sich durch überzeugende Maßnahmen zur Verkehrsberuhigung auszeichnet.

Heiden und Moore gibt es auch heute noch in der Landschaft um Haselünne und Herzlake

Die Hase in Herzlake. Fluß und Brücke sind Weg, die Kirche bildet den Ort

Der Gasthof bildet einen Brückenkopf links der Hase

Der schöne Weg begleitet den Fluß

Bemerkenswert in Herzlake ist der Brückenschlag zwischen der Kirche und dem dazugehörigen nördlichen Dorfteil mit der Bebauung auf dem Südufer. Schon 1859 war diese Situation so ausgeprägt. Heute gibt es flußaufwärts eine neue Brücke für die Autos, so daß jetzt eine Fußgängerbrücke mit schöner Wölbung die Verbindung herstellt. Da steht am Südufer ein stattliches Gasthaus, das einen Vorplatz bildet und durch den Brückenheiligen den Weg zur Kirche weist. So findet die Reihe der Häuser einen guten Endpunkt. Das ist eine starke Situation, an der Gasthof und Kirche – das Sakrale und das Profane – miteinander in Bezug stehen. Wer über die Brücke gehen will, muß bergauf gehen und wer entgegenkommt, wird erst mit dem Kopf sichtbar, bevor nach und

Körper und Raum wirken auch im Dorf

nach der ganze Körper zu sehen ist. So überschreitet der Gehende vom einen zum anderen gewissermaßen eine verkleinerte Erdrundung. Auf diese Weise wird die symbolische Bedeutung der Brücken sehr bewußt. Schön ist es, vom Scheitelpunkt auf den Fluß hinunterzuschauen, dessen Verlauf durch den Uferbewuchs deutlich markiert wird. Jetzt, im Frühjahr, sieht man zwischen den Stämmen der Pappeln im Osten hindurch in das Land hinaus. Später, im Sommer, wird daraus eine grüne Wand.
Gegenüber, auf der anderen Seite, dominiert die Kirche mit ihrem starken Turm. Sie liegt etwas höher als die Straße, die um diese Bastion herumgeleitet wird. Auf diese Weise hat sie auch von der Basis her den Anspruch des Erhabenen. Und da außerdem ein neues Kirchenschiff

Die „Kluse" nahe der alten Herzlaker Schule, geschmückt für Fronleichnam

rechtwinklig gegen die alte Kirche gebaut wurde – die Ecke dazu bildet der Turm – wirkt die sakrale Mitte wie ein festes Bollwerk. Von da aus in den nördlichen Teil des Dorfes zieht sich eine Grünanlage mit der Schule und dem Pfarrheim. Wo der Weg wieder auf die Straße stößt in der Nähe der alten Schule, steht eine die Straßenverschwenkung betonende Kapelle. Das alles wirkt angenehm, hat die Stille der geistigen Mitte und zugleich deren Belebtheit durch die Kinder, die hier zur Schule gehen und auch in den Ferien spielen.

Weniger gut ist die Fassung des Brückenzuganges. Ein fortgefallenes Bauwerk hat die Einrichtung eines sicher sehr notwendigen Parkplatzes ermöglicht, der zwar nützlich, aber nicht schön ist. Die Flippothek, obwohl in einem alten Gebäude, tritt nur allzu bunt in Erscheinung. Es fehlt noch die planende und ordnende Hand, die der Dorfmitte auch hier zu Ansehen und Würde verhilft.

Überhaupt wird die Veränderung durch das Neue spürbar. Das Gewerbegebiet südlich des Flusses und auch die vielen neuen Wohnhäuser bleiben unter sich und müssen, von wenigen Ausnahmen abgesehen, auch nicht stören. Der Ansatz einer geschäftlichen Mitte neben der Bundesstraße an der Autobrücke sollte sicher in seiner Gesamtwirkung planerisch bedacht werden. Es könnte sonst leicht passieren, daß lebensnotwendig Neues das Alte auffrißt. Dabei gibt die Kirche in ihrem alten und neuen Teil ein äußerst bemerkenswertes Beispiel, wie man beides miteinander in Harmonie bringen kann.

Bei der Vielfalt neuer Möglichkeiten sind drei Dinge hilfreich:
– Die neuen Gebäude in den Proportionen ähnlich anlegen, wie es bei den alten Häusern der Fall ist – lagerhafte Baukörper mit Satteldächern.

Der um 1710 entstandene Hochaltar in der St. Nikolaus-Kirche zu Herzlake

- Die Farben verwenden, die üblich sind – das rote Mauerwerk und die roten Dachpfannen.
- Hochwachsende Laubbäume pflanzen, die Altes und Neues sowohl trennen als auch verbinden. In den Wohngebieten dürfen es auch Obstbäume sein, die nicht nur nützlich, sondern auch angemessen sind.

Wie wichtig die Bäume sind, wird deutlich in Herzlakes Bereich an der Kirche. Zwischen dem Pfarrheim und der alten Schule ist ein Wiesengrund, der frei von Bebauung ist und auch bleiben sollte. Die hohen Eichen allerdings stehen visuell miteinander in Verbindung, so als ob sie im Dialog sich befänden. Die eine reicht den Blick und damit auch die Gefühle des Betrachters an die andere weiter!

Ähnliches kann man auch in den anderen kleineren Dörfern beobachten, die meisten haben noch eine gute Chance, ihr tradiertes Gesicht zu bewahren. Man muß nur darauf achten, was in der Landschaft charakteristisch ist. Zu schnell hat die Aufdringlichkeit des Neuen, das sich ja immer dem Alten gegenüber besonders in Position setzen will, die Oberhand gewonnen und gefährdet durch seine Vordergründigkeit die über Jahrhunderte hinweg gewachsene Hierarchie. Es wäre schlimm, wenn nichts Neues in den Dörfern entstünde, aber es lohnt sich doch, vor dem Bauen zu überlegen, was angemessen ist.

Am dritten Tag dieses Emslandbesuches. Das Wetter wechselt schnell. Vorgestern war es lind und warm in den hellen Farben des jungen Frühlingsgrünes. Gestern gegen Mittag wurde es kalt und fing auch an zu regnen. Heute morgen nun ist es frisch, sonnig und am Himmel ziehen schnelle Wolkenschiffe dahin. Was für ein charaktervolles Land – im Vorbeifahren hatte ich von der Landstraße aus ein heckenumgebenes Kreuz gesehen und dahinter eine Gehöftgruppe. Diese liegt da in roter Ziegelbehäbigkeit unter hohen Eichen und zum Teil im Gehölz nur ahnbar. Dort, wo der Weg zum Hof abzweigt, steht eine größere Eiche und ihr gegenüber das Kreuz im kleinen Heckengeviert. Das drückt Verbundenheit mit Erde und Himmel gleichermaßen aus, in der Mitte die Menschen, die hier wohnen, arbeiten, leben. Von dem Kreuz bis zum Hof wird der Weg begleitet durch eine beidseitige Reihe von Narzissen, die am Acker bzw. am Waldrand eine hinter der anderen folgen – zwei Bänder goldgelber Blüten. Morgenstern hat einmal Schönheit so definiert: „Schön ist eigentlich alles, was mit Liebe geschieht". Die Menschen, die so handeln, beschenken sich selbst!

Die Kapelle in Höven auf ganz leichtem Hügel

Höven, ein paar Kilometer weiter, bildet auch eine solche, über die Zeiten dauernde Situation. Da sind zwei uralte Hofstellen und zwischen ihnen, auf einer ganz leichten Anhöhe, eine Kapelle unter den hohen Eichen. Von da aus senkt sich das Land zur Hase hinunter. Gepflegt ist das Grün unter den Bäumen, würdevoll der Ort und schön die kleine bäuerliche Kapelle, die am 13.12.1383 gestiftet wurde. „Der verstorbene Bauer Anton Schulte berichtete, daß nach der Überlieferung in Höven eine sächsische Kultstätte gewesen sei. Es ist anzunehmen, daß die Erinnerung an die heidnischen Götter im Volke noch lange haftete. Und sicher ist die Setzung des christlichen Symbols als Zeichen der Überwindung zu verstehen als Ausdruck der neuen, das Abendland prägenden christlichen Kultur. Beständigkeit steckt im einen wie im anderen."[4] Die kleine Kapelle hat am Giebel einen Dachreiter. Sie ist schlicht und anspruchslos, aber in der topographischen Situation sehr stark. Auf der flachen Holzdecke ist in einem großen Kreis die Taube, der heilige Geist, gemalt, der über den Raum sich ausbreitet.

Hier gibt es einen ganz kleinen Hund, schwarz und weiß gefleckt, der alles bewacht und doch große Angst hat. Auf dem unteren Torflügel werden dann und wann die Pfoten und der mächtige Kopf eines Bernhardiners sichtbar.

Über das flache Land auf den Nebenstraße zu fahren, ist wohltuend. Begleitet wird die Straße auf dem leichten Damm von Baumreihen und Hecken, die immer neu den Blick mal nach der einen, mal nach der anderen Seite öffnen. Da ist das dunkle Braun der Felder und das satte Grün der Weideflächen. Wo immer hohe Eichen einen kleinen Hain bilden, sind in halber Höhe der Bäume die Firstlinien der Höfe, die mit ihren roten Dächern weit verstreute Farbtupfer bilden, aber auch visuell miteinander in Bezug stehen. Welcher Unterschied zur Dichte der Großstadt! Hier müssen andere Maßstäbe als in der Gesellschaft einer schnelllebigen Zeit bestehen.

Nicht, daß man hier rückständig wäre. Auf den Feldern sieht man Schlepper, die höher sind als Hannibals Kriegselefanten. Mit Erstaunen habe ich das gestern im Vergleich zu schweren Lastwagen gesehen und die Flächen, die damit bearbeitet werden, sind gepflegter als je zuvor. Die Dörfer sind vielfach Wohnplätze für Menschen, die woanders arbeiten. Holte hat ebenso wie Herzlake ein großes Neubaugebiet. Die Menschen wissen sich darin einzurichten – nicht nach den Prinzipien der Städtebauer, die wohl eine größere Verdichtung anstreben würden, sondern eher wie jene Höfe in der Landschaft. Da hat man Abstand zum Nachbarn und auch Nähe, da findet sich der reiche Blumen- und Pflanzenschmuck wieder, der auf den Höfen zu sehen war: auf der Suche nach dem Schönen, in dessen Nachbarschaft man leben kann. Mit Sicherheit sind die Maßstäbe der zukunfts- und fortschrittsorientierten Ästheten hier falsch.

Um so wichtiger ist es allerdings auch, das Dorf dort, wo es seine Substanz hat, nämlich in der Mitte, in der alten Form zu bewahren und zugleich mit neuen Inhalten zu füllen. Anmutig zieht sich die Straße durch Holte, mal nach links, mal nach rechts schwenkend. Am Markt wird die Mitte deutlich. Da steht die Post und gegenüber öffnet sich ein

Weite Landschaft und hoher Himmel im Hasetal

In Holte: Übergang von der Kirche zum Dorf

platzartiger asphaltierter Raum. Gewiß, er bräuchte nicht so stark versiegelt zu sein, hat aber doch seine Funktion als Parkplatz für die Menschen, die im Gasthaus sich treffen oder zur Kirche gehen. Diese steht im Hintergrund mit starkem Turm und hohen Bäumen. Zwei stattliche Hallenhäuser geleiten den Weg dorthin – vorbei an einer Stelle, die einstmals von einer riesigen Linde besetzt war. Man erkennt das noch an dem mächtigen Wurzelstock, aus dem ein neuer Baum wächst. Das alles ist so selbstverständlich und lebendig, wie es der Situation entspricht. Dahinter spürt man die Kultur der Ausgewogenheit, die diesen Landstrich prägt.

Hier braucht man Architekten und Planer, die in der Lage sind, die

Hier betont das Kreuz den Übergang aus der Landschaft zum Hof

Schwingungen der Harmonie und die Kraft der Orte zu verstehen. Sie müssen sich dann im eigenen Gestaltungsdrang zurücknehmen, um das zu tun, was angemessen ist, das Wesen des Ortes zu erhalten.

Wie elementar die Dörfer hier einst waren, kann man in Bückelte noch erkennen. In der Niederung der Hase gelegen, früher nur durch einen Fährmann zu erreichen, liegt dieses kleine Dorf da wie in uralten Zeiten. Die Kapelle in der Mitte des Dorfes steht ein bis eineinhalb Meter höher als die umgebenden Höfe. Ein schwerer Ziegelbaukörper mit wenigen Öffnungen, im Klosterformat gemauert, hohem Dach und kräftigem, gedrungenem Turm, dessen First wenig höher liegt, als das Haupthaus, läßt in dieser sakralen Insel die Zeit still stehen. Die umliegenden Höfe

sind natürlich erneuert worden und mit dem Gerät ausgestattet, das der moderne landwirtschaftliche Betrieb benötigt. „In dem alten Emslanddorfe wohnten einst 8 Vollerben, 8 Eigener und 6 Heuerleute. Das Dorf war von einem geflochtenen Holzzaun umgeben, daß die Schweine wintertags die Eicheln der alten Bäume fressen konnten und nicht in die Feldmark entwichen. Sieben Haken, das waren Einfahrtstore, führten zu den Höfen. Die Rinder weideten im Hudewald. Und wenn der Feldhüter eines Nachbardorfes ein fremdes Tier in der Gemarkung ertappte, forderte er ein Sühnegeld von einem Stüber, das waren 8 Pfennig." In dem schönen Buch „Die Bückelter Kapelle" von Aloys Hake kann man

Die Kapelle in Bükkelte. Sie verkörpert die Kulturleistung der Menschen dieses Raumes – wider das Niedere in seiner Macht anzugehen, heißt Leben!

nachlesen, was es mit diesem Bauwerk, seiner Geschichte und dem Dorf auf sich hat[5]. Wer diesen Ort aufsucht, spürt aber auch so dessen Charakter, der sich gründet in der immerwährenden bäuerlichen Arbeit, einem Lebensvollzug in Einfachheit und tiefverwurzelter Frömmigkeit. Die Aufgeklärten unserer Zeit mögen darüber lächeln, aber die Darstellung des Höllenrachens, der vor über 500 Jahren als Fresko im Chor gemalt wurde, zeigt, was die Menschen früher bewegt hat. Darüber nachsinnend, wird deutlich, wie wenig sich eigentlich bis heute geändert hat. In der Nähe des Ursprunges schließt sich die Erkenntnis des Schicksalhaften eher auf als in den Verheißungen des Fortschritts.

Erinnerungen an
Ackerbürgerzeiten:
Die Heimathäuser
in Haselünne

„Der kleine Muck" auf der Waldbühne Ahmsen, 1990

Stille Tage mit dem kleinen Muck

Szenen, Skizzen, Bilder aus dem Sommer 1990

von Rainer A. Krewerth

Auf der Waldbühne in Ahmsen, ganz fern am östlichen Rand der emsländischen Welt, wo nur noch sehr gute Straßenkarten Auskunft geben über Dorfnamen oder gar Flurbezeichnungen, haben Kinder mir einen Traum erfüllt. Sie haben den „Kleinen Muck" von Wilhelm Hauff gespielt – so selbstvergessen und so hingegeben, wie nur Kinder oder ganz große Mimen spielen können. Sie haben mich verzaubert und haben jongliert, haben hochroten Kopfes gekräht und hochstimmig jubiliert, haben gelacht und geweint.
Ganz weit fort war ich in diesem Freilichtbühnenspiel an einem sonnigen Julitag 1990. Ein sanfter Wind wehte den angenehmen Geruch harziger Kiefern und reifenden Korns herüber. Rundum saßen Eltern mit ihren Kindern, einige hundert wohl, und alle waren wir verbannt in die Märchenwelt des Wilhelm Hauff, alle – auch die Maristenpatres aus dem nahen Kloster Ahmsen, das in der Stille des östlichen Emslands seit vielen Jahren Bildungs- und Ausbildungsarbeit betreibt und ungezählten Menschen Orientierungshilfen gab und gibt in Fragen des Glaubens und der alltäglichen Lebensbewältigung.
Alle liebten wir den kleinen Helden Muck, den mißgestalteten Zwerg, der so tapfer und so pfiffig gegen die böse Umwelt kämpfte, wie ein Irrwisch über die weite Bühne kobolzte und mitunter nur noch schnaufend, ganz außer Atem, aber fehlerlos seinen Text hervorstoßen konnte. 35 Kinder und fünf Erwachsene aus einem Paarhundertseelendorf spielten das Hauff'sche Stück, aber mitunter hatte ich den Eindruck, es seien fünfmal soviel. Sie wirbelten umeinander, daß es eine Freude war.
Hinter mir saß der Spielleiter Walter Edelmann und litt. Er litt sichtbar und nervös. Aber nach ein, zwei Viertelstunden lehnte er sich zurück. Seine Miene verriet, was er dachte: Es läuft, ich kann mich verlassen auf meine Truppe aus Dorf- und Bauernkindern und den wenigen, die von auswärts kommen.
Über uns, in der Lautsprecheranlage unter der Holzbalkenkonstruktion des Zuschauerraums, lief eine zweite Inszenierung, ein zweites Spiel, das mich fesselte. Da hatten Bachstelzen und Fliegenschnäpper ihre Nester gebaut. Sie schleppten aus der strauch- und baumreichen Umgebung in ihren kleinen Schnäbeln unermüdlich Futter heran, schwanzwippend, fliegenschnappend, immer und immer wiederkehrend. Den kleinen Muck, seine zahlreichen Mitspieler, das vielköpfige, applaudierende, mitschreiende Publikum, sogar die dröhnende große Lautsprecheranlage ließen sie Muck, Menge und Schallapparat sein. Die Brut gehört

versorgt und niemand – so flatterten und flöteten die zierlichen Flieger –, niemand wird uns von hier vertreiben. Morgen wird wieder Ruhe sein unter der Sanddüne von Ahmsen, rund um die orientalischen Bauten, und bis sie wiederkommen, diese merkwürdigen Leute, ist unser Nachwuchs vielleicht schon ausgeflogen ...
Eine gute Brut wächst da heran, im Dorf, mit Verlaub, und in den Nestern. So dachte ich mir, und so dachte wohl auch das Publikum. Es sparte nicht mit Schlußbeifall, und verzaubert vom Märchen auf der Bühne, angerührt vom Vogelspiel unterm Dach, suchten wir durch die Felder den Weg aus der Abgelegenheit von Ahmsen zurück nach Haus.

*

Stille Tage im Emsland, endlich wieder einmal. Stille Tage zwischen Ahmsen, Vinnen und Dohren, zwischen Lohe und Herzlake, an Hase und Hahnenmoorkanal, an Süd- und Mittelradde. Gemächliche Fahrten, geruhsame Wanderungen, staunendes Erleben der kleinen leisen in der großen lauten Welt.
Auf einer dieser Fahrten durch eine schier endlose Ebereschenallee – die roten Beeren waren fast ausgereift zur trefflichen Nahrung für die Vögel, die nicht säen und dennoch ernten – fiel mir zum Spiel des kleinen Muck, zum schwirrenden Eifer der fütternden Vogeleltern in Ahmsen ein Gedicht von Augustin Wibbelt ein, eine Sentenz nur, ein Fetzen. Daheim las ich nach, und siehe da, die Verse trafen sowohl das Märchenspiel wie auch den, der uns die Märchen stehlen will:

Und so willst du uns betrügen
Um ein Märchen wunderbar? –
„Märchen? Märchen sind nur Lügen,
Denn die Märchen sind nicht wahr."

Schweige still und laß ihn laufen!
Harte Wege muß er gehn,
Durch das Leben wird er schnaufen
Und das Schönste gar nicht sehn.

Der Mann, der die Märchen stehlen wollte, war ein Bauer. Er hatte, um ein paar Furchen für den Pflug zu gewinnen, einen blumenübersäten, blütenüberschäumten Heckenwall gerodet. Mir schien, daß auch dieser Teil des Gedichts im Emsland bedenkenswert sei, wo hier doch so unendlich viel gerodet und ausgeräumt worden ist in den letzten Jahrzehnten.

Durch eine stille Landschaft zieht der Fluß bei Andrup . . .

... von Baumreihen begleitet ...

Wer sagt eigentlich, dieses Land an der Hase sei flach wie ein Tisch? Oft sind es nur kaum merkliche Bodenwellen, Dünenreste wohl oder aber Dünen, die der Wind nicht fertigwehen konnte, hinter denen urplötzlich anheimelnd rote Bauernhausdächer verschwinden, modisch-städtische Bungalows an Dorfrändern, hochragende Kirchtürme gar, die doch eben noch greifbar nahe schienen. Dann wieder sind es lang hingezogene sanfte Erhebungen, die einen weiten Blick ins flache „Tal" erlauben. Alles Ragende, Steile fehlt in diesem Land der feinen Allmählichkeiten. Aber dann, auf der „Höhe", die Überraschung. Bis hin zum fernen

... in einer von sanften Schwüngen bewegten Landschaft

Horizont ist alles gestaffelt, was die Landschaft besitzt: Baum und Strauch, Birke und Kiefer, Eiche und Erlenbusch, Kornfeld – zart vom leichten Wind gestreichelt, Maismeer – unendlich und düster unter der Decke von Millionen Kolben, Wiese und Weide mit den schwarzweißen Spielzeugrindern darin, Dorf und Siedlerhof, Weg und Straße, Bach und Beeke. Alles gestaffelt, also fein hintereinander gestellt wie in einem jener alten Dioramen, scheinbar planvoll geordnet wie in einem Bühnenbild, und ein Hauch von Bläue läßt nach hinten zu die Dinge ungewisser, vager werden, ehe eine lange dunkle Waldkante den Blick begrenzt.

Sogar von Eschrändern, in Jahrhunderten aufgeschichtet aus den Düngeprodukten der Plaggenwirtschaft emsländischer Moor- und Heidelandschaften, ergeben sich solche Ausblicke. Und sie zeigen, wie wichtig Erhebungen in der Ebene sind. Sie verleihen ihr Gesicht und Kontur, wo sie unserem Auge langweilig, vielleicht unleidlich zu werden droht.

*

Das Schönste in diesem Land an der Hase sind die Wege und die entlegenen Straßen. Meist müßte man freilich eher Sträßchen sagen, Weg mit Teerdecke gewissermaßen. Beginne ich mit den Feldwegen. Hier sind noch längst nicht alle befestigt mit Schotter, Asphalt oder Beton. Sand, nichts als emsländischer armer Sand ist der Untergrund, vielfach zerfurcht von Schleppern und Mähdreschern, Ackerwagen und Pflug. Sie ziehen fast magisch an, wie sie so scheinbar endlos in die Felder laufen. Alles ist noch nicht pur zweckhaft und öde ordentlich wie anderwärts. Nach dem Regen locken die tiefen Pfützen Vogelvagabunden und vierbeiniges Getier an, Käfer und sogar Libellen, und mancher Frosch mag auf seinem Ausflug ein kurzes Bad darin als Erfrischung genießen.
Diese Sandwege gehören zu den letzten Spuren, die uns ein Bild ahnen lassen von den Bauernlandschaften vergangener Zeiten, als sich Pferdegespann oder Ochsenkarren mühsam vom Dorf zum fernen Esch quälten und die Gurte knarrten und die Achsen ächzten. Vielleicht ist es nur Einbildung, ein Zurücksehnen in die scheinbar so heile alte Zeit. Aber mir scheint, an diesen Sandwegen blühen Kornblume, Mohn und Marguerite in ihrem unerhört schönen Dreiklang von Blau und Rot und Weiß häufiger, kräftiger und – wenn man das sagen kann – glaubwürdiger als am Rand geteerter Pisten.
Doch sage mir keiner etwas gegen die Sträßchen abseits der Bundesstraßen. Hier kann man über Land fahren, wie es einst Händler mit ihren Pferdefuhrwerken, Bauern mit ihren Kutschen, Postkutschen mit Fernreisenden tun mochten. Nicht daß Seine Heiligkeit das Auto ein ideales Fortbewegungsmittel wäre; dies ist hier das Fahrrad für den, der Muße und Erholung sucht. Aber das Auto hat dortzulande gewissermaßen eine andere Qualität. Es herrscht wenig Verkehr, weithin gar keiner außer vielleicht mal dem mit einem Schlepperduo. So wird nicht gerast; die Konzentration ist nicht in so hohem Maß gefordert, und langsame Zockelfahrt provoziert nicht das wütende Hupen eines eiligen Hintermannes.

„Das Schönste in diesem Land an der Hase sind die Wege . . .

... und die entlegenen Straßen" – die „Historische Straße" bei Lohe

Das Auge sieht mehr, unvergleichlich mehr. Sieht das kleine Schildchen „Kulturdenkmal", das auf die Aseburg bei Aselage hinweist, und schon hat der Fahrer sein Auto abgestellt, stapft über einen vielfach verwinkelten Waldweg und steht dann vor dem vor- oder frühmittelalterlichen Burghügel und kommt mit dem Bauern ins Gespräch, der seinen Traktor einen Behälter mit geheimnisvoller Brühe ziehen läßt, und bald sind Stadt und Land im Disput über Chemie und ihre Folgen.
Das Auge sieht mehr. Sieht die Rebhuhnkette und freut sich: Ach, die gibt's also doch noch?! Sieht das weiße Karnickelschwänzchen als flink hoppelnden Klecks im Unterholz verschwinden. Sieht den Austernfischer eifrig durch die Wiese trippeln und den Kiebitz Haken schlagen wie ein Hase. Sieht Meister Lampe selbst und die sichernde Ricke. Sieht diesen schrecklich leichtfertigen Fasan, der am Straßenrand steht, als wolle er Anhalter fahren. Sieht den Brachvogel, den Stieglitz, die Graureiher, die in Gräben und Blänken stochern. Sieht schließlich, zum erstenmal in seinem Leben, gleich drei Wiesel auf einmal, wie sie – erschreckt und in höchster Not – ins hohe Randgras flitzen. Das alles sieht er wie einen Naturfilm in Zeitlupe, weil er eben langsam fährt, und er sieht noch viel mehr.
Sieht nämlich die langen, sauber gepflanzten Reihen von Alleebäumen an den langen, langen geraden Straßen. Ebereschen, wieder die mit den roten Beeren, säumen den Weg, Pappeln, seltener Obstbäume, Eichen schon mal wie auf der Historischen Straße. Bäume links und rechts, ihr grünes Blätterwerk, ihre bunten Früchte, unzählige Bäume kilometerweit – das scheinen mir die schlechtesten Begleiter nicht. Diese Alleen geben den kleinen Straßen einen unwiderstehlich lockenden Tiefenzug, wie man ihn von barocken, streng geplanten Parkanlagen kennt. Was mag danach kommen, am Ende, fragt der Rad- und Autofahrer sich, und er gibt dem Tiefenzug nach und fährt immer weiter und weiter.

*

Was mag danach kommen? Über die Dörfer wird noch zu sprechen sein. Außer ihnen kommt im Emsland Wasser; Wasser und Moor. An den stillen Tagen im Emsland suchte ich das Hahnenmoor, das an einer dieser einsamen Straßen liegen mußte. Nach langwierigen Bemühungen konnten seine Reste, immerhin noch 620 Hektar, unter Naturschutz gestellt werden – fünf Minuten vor zwölf. Heute helfen 800 Heidschnuk-

Breite Sandwege führen durch die Weite des Hahnenmoores,

ken unter Führung zweier Schäfer, daß dieses weitläufige Restmoor erhalten bleibt. Denn die genügsamen Schnucken sorgen für den Verbiß vor allem der Birke und verhindern die Verholzung der Heide, die sich so verjüngen kann auf dem armen Hochmoor.

Ich fand das Hahnenmoor – weil ich langsam fuhr. Und ich fand es an seiner einsamsten Stelle. Bedenkenlos stapfte ich hinein in die weglose Abgeschiedenheit. Arbeit gibt es genügend und immer wieder für die unermüdlich weidenden Schafe. Der Birkenanflug hört nie auf, und schon hatten sie sich zuhauf und erneut dahingestellt, die struppigen, windzerzausten, krummstämmigen Hungerleider, denen selbst der saure Torf noch reicht zum Blühen und zum Leben. Büsche eher als Bäume,

in dem die Schafe Birken und Gräser abweiden

soweit das Auge reichte, Kulissenstücke wie diese putzigen Gebilde, mit denen Bastler ihre elektrischen Eisenbahnanlagen zu zieren pflegen.
Ich lief und lief. Mein Auto hinter mir, am Rande des Hahnenmoors, wurde immer kleiner, war ein weißer Punkt schließlich nur noch wie ein Karnickelschwänzchen oder ein flockendes Wollgras. Es muß ein zutiefst urmenschlicher Instinkt sein, der auch uns naturentwöhnte Stadtbürger des 20. Jahrhunderts magisch ins Moor lockt. Tief im Inneren ist uns unheimlich, gar schaurig, wie Annette von Droste-Hülshoff schrieb, doch wir gehen weiter und gehorchen jenem Trieb: Was mag am Ende kommen, was kann dahinter sein?
Was dahinter war, fand ich nicht mehr an diesem Morgen. Ich fand mich

Wasser, bestimmendes Element im Hasetal in Dörgen ...

nur sehr naß, pudelnaß, als der Wolkenbruch zu Ende war. Die drohende Wolke hatte ich völlig übersehen, und zum Auto war es zu weit, und schützende Unterstände gibt es nun mal nicht im Moor. Die zerzausten Krüppelbirken hätten nicht einmal einen Hasen geschützt.

Wasser im östlichen Emsland, die Hase zum Exempel. Sie ist immer noch ein abenteuerlicher Wiesenfluß, an einigen Stellen wenigstens, mit Schleifen und Schlenken, mit überwucherten Ufern und schier verwunschenen Halbinseln – abenteuerlich deshalb, weil sie wunderbar ver-

... und im Altarm in Andrup ...

schwiegene Paddeltouren erlaubt mit friedlich übersonnten Picknicks an stillen Sommertagen, ganz weit weg vom Trubel und mit freundlichen Begleitern.

Dann die Altarme der Hase, die Tümpel, die von den Durchstichen der Begradigungen blieben. See- und Teichrosen schieben zu Tausenden ihre Blüten durch das schwimmende grüne Blätterdach (ich denke an asiatische Gärten), allerlei Kraut wuchert über das Wasser, Libellen schweben glänzend und gläsern-farbig darüber hin. Wie Fragezeichen liegen sie in der Landschaft, die verlandenden Arme mit ihren Kurven und Krümmungen, und sie fragen: Werden wenigstens wir bleiben in den großen Nutzenmeeren von Mais und Korn? Und was wird bleiben von den alten Flüssen, wenn wir verlandet sind, untergegangen, um als wohlfeiles Neuland verbraucht zu werden wie die einst so urtümliche Natur um uns herum?

Moortümpel sodann, kleine Seen gar, mit Binsenbülten darauf und Moorpflanzen am Rand, mit Calla-Kolonien auf schwappendem, schwankenden Sphagnum-Grund, mit Schilfsäumen und Bruchwäldchen ringsum, in denen die Birken und die Ebereschen absterben und wiederkehren.

Von Dünenhügeln lief vor Jahrtausenden das Regenwasser in die Senken, staute sich langsam auf, blieb dennoch flach und gab dem Moor die Möglichkeit, sich in langen, langen Zeiträumen aus Abermilliarden absterbender Moospflänzchen Millimeter um Millimeter aufzubauen zu einigen Metern Mächtigkeit. Die Moorseen an den tiefsten Stellen aber blieben, blieben bis heute. Auch sie werden verlanden – sie sind oft nur wenige Zentimeter tief –, werden zuwuchern und aus der Erinnerung der Menschen verschwinden. Daß neue Moore wachsen, neue Moorseen entstehen: läßt die gründlich ausgepowerte, auf jedem Quadratmeter genutzte Landschaft es überhaupt noch zu?

Das ging mir durch den Sinn; da war wieder das Gedicht von Augustin Wibbelt über die gerodete Wallhecke:

So gewann der Bauer drüben
Einen Streifen unterm Pflug
Für das Korn und für die Rüben:
„Blumenunkraut gibt's genug!"

Und später fiel mir ein wehmütiger, abschiednehmender Satz der schon zitierten Dichterin Annette ein. Sie schrieb um 1840 über einen bestimmten Flecken im Münsterland: „Gräben und Teiche durchschneiden auch hier, wie überall, das Terrain und würden, wie alles stehende Gewässer, widrig sein, wenn nicht eine weiße, von Vergißmeinnicht umwucherte Blütendecke und der aromatische Duft des Minzkrautes dem überwiegend entgegenwirkten ... Kurz, diese Gegend bietet eine lebhafte Einsamkeit, ein fröhliches Alleinsein mit der Natur, wie wir es anderwärts noch nicht angetroffen. Dörfer trifft man alle Stunden Weges höchstens eines ..., daß du dich allein glaubst mit Gras und Vögeln, wie am vierten Tag der Schöpfung."

... *in den dunklen Tümpeln des Hahnenmoores* ...

... und auch im lichten
Buchenhain bei Lotten

Der Hahnenmoorkanal, wichtiger Entwässerungskanal (bei Aselage)

Doch dann dieser bittere Satz des Resümees: „Fassen wir deshalb das Vorhandene noch zuletzt in seiner Eigentümlichkeit auf, ehe die schlüpferige Decke, die allmählich Europa überfließt, auch diesen stillen Erdwinkel überleimt hat."

*

Wasser im Emsland, dazu gehören um Haselünne und Herzlake die Nord-, die Süd- und die Mittelradde, aus denen einst Unmengen Aale gefischt wurden, deren Wasser Mühlen antrieb und deren Lauf zur Hase hin das Grundwasser regulierte. Aber so wie die meisten Mühlen verschwunden sind, weil ihr Betrieb nicht mehr lohnte, so wie die Massen von Aalen nur noch Erinnerungsschatz sehr alter Menschen sind, so ist die Regulierung des Grundwassers zum Problem geworden, wie ich höre. Der Pegel ist gesunken, das Bauernland in Gefahr. Hat man, fragen die Fachleute, der Natur zuviel nachgeholfen, gar ihre ewigen Gesetze vergewaltigt?
Lager Bach und Lotter Beeke und manch anderes Bächlein und Rinnsal gliedern das Ländchen an der Hase. Auf der Lotter Beeke machte ich vor Jahren eine Kanupartie, übermütig fast wie ein kleiner Junge, der im heimischen Bach beim Indianerspiel den Mississippi sieht, und die wenigen, die vom Feld aus meinen Begleiter und mich entdeckten, mögen mit dem Kopf geschüttelt haben: Paddeln auf der Beeke – was fällt den Leuten bloß alles ein?!
Wasser schließlich im Hahnenmoorkanal, schnurgerade, kilometerlang, der das unendliche Hochmoor zur Hase hin entwässerte. An einem der stillen Sommertage 1990 sah ich den Kanal nach langen Jahren wieder. Ganz plötzlich überquerte ich ihn, und da ich langsam fuhr, nahm ich ihn rechtzeitig wahr.
Ich hielt hinter der Brücke an, ging ein Stück zurück zwischen Einhaus und Aselage und hatte plötzlich die ganze Welt emsländischer Geschichte vor mir, gebündelt wie Sonnenstrahlen im Brennglas, gespiegelt wie im Wassertropfen. Erst war das meterhohe, bedrohliche, unwirtliche, unfruchtbare, ja feindliche Moor. Dann kam der Mensch, der Brot suchte, Platz zum Siedeln, Land zum Ackerbau. Und er tat, was Menschen seit Adam und Eva immer getan haben: Er packte das unmöglich Scheinende an, griff zum Spaten und grub ein tiefes, schräg geschnittenes Bett in die feuchte, schwere, stetig sickernde braune Masse aus faserigem Torf. Kilometerweit, das ist wörtlich zu nehmen, bis zum

Horizont scheinbar, läuft noch heute der Kanal tief unter mir, bis am optischen Ende die Ufer zusammenwachsen.

Wieviel Tausende Tonnen Torf müssen hier abgegraben worden sein! Welche Arbeit, welche Schufterei für Menschen, die nur Spaten hatten und Karren und viel Mut und sonst nichts!

Die Ufer sind gnädig übergrünt heute, bunt überblüht, und wäre der Kanal nicht so pielgerade, man könnte ihn für einen natürlichen Fluß halten. Ein wunderliches Stück Emsland, fürwahr, und eine gewichtige Seite in jenem „nassen Geschichtsbuch", als das einmal das Moor bezeichnet wurde.

Ein letztes Mal an diesem Tag das Thema Wasser, als ich mich am Haselünner See mit einem freundlichen Bekannten zum Mittagsimbiß traf. In aller Morgenfrühe war ich im Wacholderhain unterwegs gewesen. Im Morgendunst hatten sie – ich traf keine Menschenseele – fast etwas Unheimliches gehabt, letzte Zeugen einer einstmals urtümlichen Landschaft, wie Menhire, wilde archaische Gesellen, diese stachligen Wacholderbüsche, jeder anders, wie Wind und Wetter ihn gestutzt hatten, aber jeder für sich ein Denkmal: welch unwirkliches Bild!

Dann saßen wir hoch über dem See. Angler hockten lauernd an den Ufern, Segler flitzten über die weithin blinkende Fläche. Der See ist künstlich angelegt, ein Rückhaltebecken zur Eindämmung von Hochwassern. Auch hier, wie am Hahnenmoorkanal, läßt die Natur allmählich und gnädig grün überwuchern, was sonst allzu künstlich, allzu technisch schiene. Die Freizeitgesellschaft muß wohl für ihre stets vermehrten Erholungsstunden derlei Einrichtungen brauchen – warum auch nicht? Wer segelt, sündigt nicht, und die vielen Camper von Haselünne sind dankbar für die Wasser-Landschaft aus zweiter Hand, die ihnen hier geboten wird. Dankbar genießen sie dazu Haseufer und Wacholderhain, und die wiederum sind nun aus erster Hand.

Im sommerlichen Stadtbild von Haselünne jedenfalls sind sie unübersehbar, die Camper vom nahen See. Das macht schon die Kleidung.

*

Städte und Dörfer zwischen Huden und Aselage. Dem einsamen Wanderer, mag er nun zu Fuß kommen, mit dem Rad oder dem Auto, stechen zuerst und schon von weitem die hochragenden Kirchturmspitzen ins Auge, die von Haselünne und Herzlake, Vinnen, Dohren und Holte. An den stillen Tagen im Emsland 1990 empfand ich sie als Wegmarken,

Die Hase am Haselünner Wacholderhain

Wege in diese Landschaft sind Wege nach innen (Felsen) . . .

als Erkennungszeichen, als freundliche Verheißung: Gleich bist du am Ziel, und dann kannst du die Füße unter einen gastlichen Tisch setzen, und du wirst Neues hören, Neues berichten von deiner Wanderschaft, wirst Rast halten, um dann weiterzuziehen. So mögen es die Wanderer früherer Zeiten empfunden haben, vielleicht auch die Schäfer, die Bauern, die weit draußen ihre Felder hatten, möglicherweise Moor- und Wegearbeiter und Reisende in Kutschen auf schlechten Wegen – der Kirchturm als Ziel und Ende und neuer Ausgangspunkt. Und die Frommen mögen auf den Ruf der Glocken zum Gottesdienst und zum Angelus, auf den Schlag der Turmuhr, das Läuten des Sterbeglöckleins

... und in ihr stehen die Zeichen der Innerlichkeit (Flechum)

gelauscht haben – auch diese erzenen Töne doch wohl Symbole für Ziel und Ende und Ausgangspunkt.

Daß inzwischen Fernsehtürme frech und dreist neben die Kirchtürme vieler Orte gerückt sind, manche höher noch als die steinernen Zeichen des Glaubens und umso weiter sichtbar im Land, es mag ein nötiger Tribut sein an veränderte Zeiten.

Schön aber ist es nicht, es ist fremd; und es hat die Kälte der Technik und des grauen Betons. Man freut sich nicht darauf näherzukommen. Es bleibt auch aus der Nähe merkwürdig fern.

Die Dörfer und Bauerschaften, heißen sie nun Lehrte, Lähden, Holte

Wegmarke und freundliche Verheißung – Kirchturmspitze über den Feldern (Dohren)

Der Fluß zieht an Dörfern vorbei (Westrum)

oder Westrum, Flechum, Andrup oder Dörgen, Eltern, Hülsen oder Lohe – immer bist du weit weg von allzu lautem Getriebe. Daran hat – merkwürdigerweise – auch das allgegenwärtige Auto nicht viel geändert. Noch immer ducken sich seitwärts der alten Kreisbahn Herzlake-Meppen und abseits der Bundesstraßen die ziegelroten Bauernhöfe unter die gründunklen, manchmal düsteren, immer aber bergenden Laubdächer der Eichenkämpe, und alles ist auffallend ordentlich und gut in Schuß: Haus und Hof, Garten und Naobers Patt, Kluse und Bildstock. Warum? Wohl weil gerade im Emsland Besitz zu schwer erworben wurde von den Vätern, als daß das Erbe leichtfertig verschenkt werden dürfte.
Immer noch laufen die Alleen und Wege durch die Einsamkeit von Dorf

und durch das breite Tal unterhalb von Haselünne (Hamm)

zu Dorf, als schrieben wir das vorige Jahrhundert, und nur das Pferdefuhrwerk fehlt. Du fragst dich vielleicht, wie es hier Kindern gehen mag und erst recht gehen mochte, die oft lange laufen müssen, ehe sie Spielkameraden finden. Aber dann fällt dir ein, daß dieses Land – immer noch und gottlob – eine hohe Geburtenrate hat, und sagst dir: Die Blagen werden sich schon finden.

Immer noch kräht der Hahn auf dem Mist, und das ist wörtlich zu nehmen und ja doch wohl sehr sympathisch. Noch bellt der Hofhund, wenn der Fremde kommt, und noch kläfft und keift der freche Spitz neben dem Rad und dem Auto her, bis der Eindringling vertrieben ist. Und noch steht in der Kluse der frische Feldblumenstrauß, so wie in den Kirchhö-

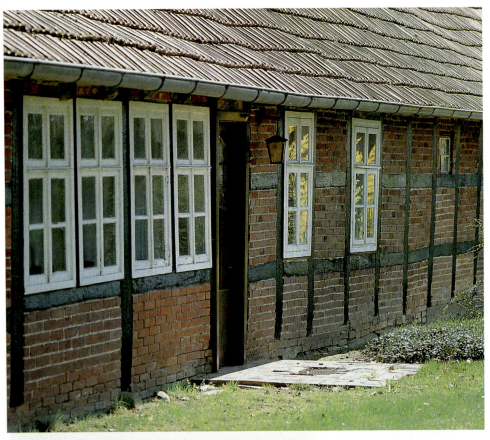

Im südlichen Hümmling ist die Tradition des alten Fachwerkhauses noch erhalten und gepflegt, Bauernhäuser in Vinnen (oben links) und Lähden (rechts) und die alte Schule in Ahmsen (links)

„Barocke Kostbarkeiten in einem einstmals so armen Land" – das Innere von St. Antonius in Vinnen und ein altes Meßbuch aus seinem Kirchenschatz

fen alles blüht auf jedem Grab. Heimat, sagte mir an einem der stillen Tage mein Begleiter, Heimat wird hier im Emsland noch sehr stark empfunden. Kaum einer will fort, fast jeder möchte ein Eigentum, um hier zu bleiben und später die Kinder hier zu halten. Das Land, der Acker, die Wiese, die hart erarbeitet werden mußten: So etwas verliert sich nicht in einer Generation oder in zweien, und erst recht nicht auf dem kleinen Dorf in seiner Entlegenheit.

*

In den Dorfkirchen, den alten von Vinnen oder Holte etwa, aber auch in den neuen, wird etwas mehr noch deutlich von dieser Anhänglichkeit an

der Väter Erbe. Auch hier überall frische Blumen, blitzblank gescheuerte Böden, leiser Geruch von Kerzen, die wohl eben erst gelöscht wurden.

Die Dorfkirchen! Niemand vermutet in der Einsamkeit eines einstmals erbärmlich armen Landes solche barocken Kostbarkeiten wie gerade in Vinnen oder Holte. In Vinnen wurde St. Antonius von Padua Mitte des 19. Jahrhunderts errichtet, um der älteren Ausstattung einen würdigen Rahmen, ein angemessenes neues Haus zu geben, ganz besonders dem Hochaltar aus dem einstigen Franziskanerkloster zu Aschendorf. Architekt des lichten Kirchenneubaus war Josef Niehaus, der Baumeister des

Die St. Clemens-Kirche in Holte, ein spätgotischer Backsteinbau mit tiefansetzenden Sterngewölben und Maßwerk-Schmuckformen, birgt einen Schatz emsländischer Bildschnitzkunst der Barockzeit: Hauptaltar, Nebenaltäre und die Andachtsgruppe der Kreuztragung – die sogen. „Holter Juden" . . .

... wie auch die Kanzel mit den vier Evangelisten stammen von der berühmten Bildschnitzerfamilie Jöllemann

Arenbergischen Herzogs. Dem Kirchturm gab er eine eigentümliche Haube – fremd für diese Gegend und doch anziehend.

In der Holter Kirche St. Clemens, einem gotischen Bau aus Ziegelstein und Findlingen, der vor 130 Jahren neugotisch erweitert und um den Turm ergänzt wurde, überraschen den Besucher die Pieta und der Hochaltar, die Kanzel, die Kommunionbank und die Nebenaltäre, die Thomas Jöllemann und seine Söhne zwischen 1705 und 1736 schufen: ein etwas deftiger, doch sehr plastischer und gekonnter Barock.

Und dann fragt sich der Gast: Wie kommt das Sakramentshäuschen von 1500 hierher, wie der Bentheimer Taufstein aus der Zeit nach 1200, wie das Holzkreuz von 1300? Und woher die „Holter Juden" auf dem Platz neben der Kirche? Sicher, man weiß, auch diese lebensgroße Kreuz-

tracht aus Eichenholz stammt von dem tüchtigen Meister Jöllemann. Doch wer hätte sie hier im fernen Holte erwartet?
Wunder über Wunder, lauter kleine Puppen in der Puppe, und sogar manch überraschend gelungener neugotischer und neoromanischer Kirchenbau, wo anderwärts diese verspäteten Stilformen häufig nur Häßlichkeiten hervorbrachten.

*

Was war nun schöner an den stillen Tagen? Der Tag im hübschen Städtchen Haselünne, das ständig noch hübscher und lebhafter wird? (Daß es nicht kaputtgeschönt wird, dafür werden die Stadtväter Sorge tragen.)
Der Tag mit dem Wochenmarkt im Schatten von St. Vincentius, wo der geräucherte Fisch so gut schmeckte und der Bäcker so rührend vergeblich einem streunenden Dackel pfiff?
Der Tag mit dem Gang durch den Wacholderhain, darinnen die stachligen Menhire-Kobolde?
Der Tag im Hahnenmoor oder die geruhsame Reise über Land, durch die reifenden Felder, über die verlorenen Sandwege, über die Dörfer und durch die Alleen, über Dünen und Esch, über die kleinen Erhebungen mit den langen, langen Blicken?
Oder der Morgen nahe Herzlake und nahe der Hase, wo Wiese, Graben, Hecke, Baum und Strauch in stetigem Wechsel jene kleinteilige, verschwiegene Land-Welt bilden, wie sie vor 50, 60 Jahren noch die Regel gewesen sein mag?
Der Nachmittag beim kleinen Muck in Ahmsen und den Vögeln oben im Dach, die sich um Muck nicht scherten und um nichts?
Ich weiß es nicht. Ich weiß nur, mit Alfons Goldschmidt: „Aber einen Trost hast du immer, eine Zuflucht, ein Wegschweifen. Selbst auf Umgebungsflachheiten stehen Bäume, Wasseraugen schimmern dich an, Horizonte sind weit, und auch durch düstere Verhängung kommt noch Feldatem."

*

Stille Tage mit dem kleinen Muck. Szenen, Skizzen, Bilder aus dem östlichen Emsland mit seiner regen Hauptstadt Haselünne. Möge der heilige Nepomuk an der Hasebrücke in Herzlake Sorge tragen, daß das, was geblieben ist, und es ist viel, nicht im einst so gefährlichen Fluß untergeht. Es wäre sehr, sehr schade drum.

Wissenswertes

über Haselünne und Herzlake

von Werner Franke

„Haselünne ist eine Stadt und liegt an der Hase und Herzlake ist eine Gemeinde mit vielen Dörfern und liegt auch an der Hase."
Dieser einleitende Satz eines Schulaufsatzes im Fach Heimatkunde, 3. Klasse, zeigt die Schwierigkeiten auf, die man hat, will man die beiden Gemeinden beschreiben. Haselünne ist zwar tatsächlich eine kleine Stadt, führt den Titel Stadt im Namen, doch zu ihrem Amtsbereich, zur „Herrschaft" von Rat und Verwaltung gehören noch viele Orte: südlich der Hase Lehrte, Bückelte, Hamm, Lotten, Klosterholte, Andrup und Lage, nördlich der Hase Lohe, Schleper, Dörgen, Huden, Lahre, Westerlohmühlen, Westerloh, Hülsen, Eltern, Flechum und Höven; Bauerschaften ursprünglich, von denen sich Lehrte und Flechum in den letzten Jahrzehnten durch verstärkte Bautätigkeit zu kleinen Dörfern entwickelt haben. Aber Haselünne war und ist eindeutig der Mittelpunkt, wirtschaftlich und auch kulturell. Anders Herzlake, das zwar auch auf eine tausendjährige Geschichte zurückblicken kann, sich aber nicht so eindeutig zu einem Mittelpunkt entwickelt hat: So sind in der 1972 durch die Gemeindereform gebildeten Samtgemeinde auch Dörfer mit Herzlake verbunden worden, die ihr eigenes Gewicht haben. Man denke nur an Lähden, Holte und Vinnen, aber auch an Dohren, dessen Einwohnerzahl zwischen 1950 und 1987 im Vergleich zu allen anderen Orten dieses Raumes prozentual am stärksten zugenommen hat.
Beim Wort „Raum" halte ich an. Unter Raum stellen wir uns gemeinhin Räume in Häusern vor, umgeben von Wänden und dadurch abgeschlossen gegen die Außenwelt. Der Raum „bei unserem Thema" hat da eine andere Qualität, seine Umgrenzung – wenn man von ihr überhaupt sprechen kann, denn seine Grenzen sind vielfältig durchlässig – wird von den Bewohnern gezogen, von Zuständigkeiten der Gemeinden dargestellt, von „Einzugsbereichen" derjenigen Einrichtungen, die jeweils eine zentrale Funktion ausüben.
Haselünne und Herzlake werden im Kreisraumordnungsplan als „Grundzentren" geführt, in denen zentrale Einrichtungen zur Deckung des allgemeinen täglichen Bedarfs bereitzustellen sind. Schulen gehören dazu, Geschäfte, Apotheken, die Verwaltung, das Krankenhaus, dessen Einzugsbereich im wesentlichen auf diesen „Raum" beschränkt ist. Auch der Begriff „heimatlicher Raum" mag hier verwendet werden für das Gebiet, das man näher kennt, in dem man seit längerer Zeit und für längere Zeit lebt, in dem man sich zu Hause fühlt. Dieser „Raum" des mittleren Ostkreises hat immerhin rund 18 800 Einwohner auf einer Flä-

che von ca. 315 qkm. Das ist zunächst „Potential", mit dem man also raumordnerisch rechnen kann. Mehr, viel mehr noch kommt hinzu, will man den Raum erfassen, mehr wissen, über seine heutigen und seine künftigen Möglichkeiten. So ist z. B. wichtig, wie sich die Bevölkerung auf die einzelnen Orte verteilt und wie ihr Altersaufbau ist. Davon hängen viele Entscheidungen über die künftige Entwicklung des gemeindlichen Lebens ab. Und es liegt auf der Hand, daß jede öffentliche Investitionsentscheidung umso leichter fällt, je positiver die bisherige Entwicklung war. Im privatwirtschaftlichen Bereich ist es nicht anders, als im kommunalen. Zukunftsentscheidungen haben sich nun einmal an Fakten und Zahlen zu orientieren. Wir müssen sie zur Kenntnis nehmen, wollen wir einen Überblick über diesen Raum gewinnen.
Da gibt es zwischen Haselünne und Herzlake manche Gemeinsamkeit, aber auch zahlreiche Unterschiede. War die bisherige Entwicklung „positiv"? Betrachtet man die Zahlen der letzten fünfzig Jahre (Volkszählung 1939 und 1987), so hat die Bevölkerung im Bereich der Stadt Haselünne um 51% und in der Samtgemeinde Herzlake um gut 26% zugenommen. Aus der graphischen Darstellung (s. S. 222) kann man diese positive Tendenz ablesen, auch wenn sie nicht ganz beständig gewesen ist: Zwischen 1950 und 1961 betrug die Zunahme in Haselünne nur noch 0,6% (50 Personen), in Herzlake gab es sogar eine Abnahme um 11,9%. Die Ursachen waren vielfältig. Einmal wirkten sich die Maßnahmen der Emslanderschließung nur langsam aus: Erst allmählich gelang die Durchsetzung des Raumes mit gewerblichen Arbeitsplätzen. Gleichzeitig schieden aber auch viele Heuerleute aus der Landwirtschaft aus, junge Leute fanden nur außerhalb ihres Heimatortes Arbeitsstellen – und Wohnmöglichkeiten. Bauland war in diesen Jahren knapp in den Gemeinden. Schließlich verließen viele der aus den ehemaligen deutschen Ostgebieten Vertriebenen in diesem Zeitraum im Rahmen einer gelenkten Umsiedlung die Orte, in denen sie zuerst einmal Aufnahme gefunden hatten. Die Anlage eines zentralen Wasserversorgungsnetzes durch den Wasserbeschaffungsverband Bourtangermoor, der Bau kommunaler Kläranlagen, der Bau von Straßen ermöglichten die Ausweisung von Baugebieten. Gleichzeitig – das sei nicht vergessen – nahm das Emsland teil an der allgemeinen wirtschaftlichen Aufwärtsentwicklung der Bundesrepublik. Hinweis darauf ist die Entwicklung der Bilanzen der Kreissparkassen des Emslandes, die mit einem durchschnittlichen Wachstum von jährlich 22% zwischen 1950 und 1961 mit allen anderen

Das Brennereimuseum in Haselünne erinnert an die alte Tradition der Kornbrenner der Stadt

niedersächsischen Kreissparkassen Schritt halten konnten.
Aber auch die Entwicklung der gewerblichen Arbeitsplätze war, wie die Graphik zeigt, positiv (s. S. 223).
Hinter nüchternen Zahlen und Daten stehen Menschen und Fabrikanlagen, und es lohnt sich, dem ein wenig nachzugehen, von einigen wenigen Branchen und Betrieben zu berichten, denn alle darzustellen, dafür reicht der Platz nicht.
Ein Bericht über Haselünne kann an den Brennereibetrieben der Stadt nicht vorbeigehen. Wird doch auch das Stadtbild sehr stark von ihnen bestimmt.
Trinkbranntwein ist in Haselünne seit Jahrhunderten hergestellt worden. Noch um 1830 gab es sechs Brennereien. Geblieben sind drei: Berentzen, Heydt und Rosche. Die von Johann Bernhard Berentzen 1838 erworbene Brennerei ist bereits seit 1758 nachzuweisen. In das

Ausgezeichnet für vorbildliche Industriearchitektur: Fabrikationsgebäude der Firma I.B. Berentzen

Handelsregister beim Amtsgericht Haselünne eingetragen wurde sie unter der Firmenbezeichnung I.B. Berentzen am 10. März 1856 mit dem Geschäftszweck: Brennerei- und Brauereigeschäfte. Als Offene Handelsgesellschaft (OHG) bestand sie bis 1968, wurde dann in eine GmbH & Co. KG umgewandelt. Für die Produktion alkoholfreier Getränke wurde das Tochterunternehmen Emsland-Getränke 1958 gegründet. Einen gewissen Einschnitt gab es 1988, als I.B. Berentzen mit Pabst & Richartz, Elsfleth, fusionierte, man war nun nicht mehr allein, aber das Unternehmen blieb als Familiengesellschaft bestehen, Pabst & Richartz ist weiterhin selbständiges Unternehmen in der Firmengruppe I.B. Berentzen . Nach der Übernahme von König & Schlichte, Steinhagen, am 1. 1. 1990, zählt I.B. Berentzen zu den fünf größten deutschen Spirituosenherstellern und stellt sich der Konkurrenz im internationalen Getränkemarkt, auf dem der Appelkorn die bedeutendste deutsche Exportspirituose ist. Man trinkt ihn in Spanien, in den USA und auch im kleinen australischen Dorf. 1989 wurden 250 000 Hektoliter Spirituosen und 440 000 Hektoliter nichtalkoholische Getränke hergestellt. Dabei ist der Pro-Kopf-Verbrauch von Spirituosen in der Bundesrepublik kontinuierlich von 1950 bis 1989 von 8,6 l auf 6,2 l zurückgegangen. (Vor dem Ersten Weltkrieg lag er noch wesentlich höher). Der Absatz an nichtalkoholischen Getränken nimmt weiterhin zu.

Die Zeiten, da die Gespanne über das städtische Straßenpflaster rumpelten, beladen mit Fässern und Korbflaschen, sind vorbei. Und die Kähne, die von Pferden von Meppen haseaufwärts gezogen das Rohmaterial nach Haselünne brachten, gehören längst der Vergangenheit an. Der Treidelpfad auf der Nordseite der Hase ist nicht mehr zu erkennen. Zu Pferdefuhrwerkszeiten wurde das Absatzgebiet von der mit Pferd und Wagen wirtschaftlich zu bewältigenden Entfernung bestimmt: Man fuhr bis ins nördliche und westliche Münsterland, in die Grafschaft Bentheim, belieferte das Emsland und Südoldenburg.

Wer damals nach Haselünne kam, dem wehte der Geruch um die Nase, jener einstmals typische Duft der Brennereien. Seit Mitte der 60er Jahre hat sich das geändert. Durch das Kaltmaischverfahren und einige andere Maßnahmen im Rahmen der Umweltschutzbemühungen ist auch diese Belästigung Vergangenheit. Im Gesamtunternehmen von I.B. Berentzen werden 535 Arbeitnehmer beschäftigt, gut 200 in Haselünne. Was allgemein für die Lage Haselünnes und des Emslandes im europäischen Markt gilt, ist auch für das Haus Berentzen zu sagen: Der Standort ist günstig für den Absatz nach Benelux, Spanien wird als Exportland Numero 2 in Europa angesehen.

Geschäftsführer des Unternehmens I.B. Berentzen sind z. Zt.: Dr. Hans Berentzen, Friedrich Berentzen, Carl-Maria Richartz, Dr. Jan-Bernd Berentzen, Hans Wolff und Jürgen Pabst.

Die Kornbrennerei H.Heydt, OHG, 1860 gegründet, ist eine landwirtschaftliche Brennerei: Die Verwendung von erzeugtem Alkohol und der anfallenden Schlempe erfolgt im eigenen landwirtschaftlichen Betrieb. Die Firma hat ein Brennrecht von 1 085 Hektolitern. Man hat im Unter-

Im Hause Heydt werden die Produkte in alten Eichenfässern gelagert

nehmen schon verhältnismäßig früh, nämlich 1950, auf die Produktion alkoholfreier Getränke gesetzt und von der Coca-Cola GmbH die Abfüllung und den Vertrieb dieser Weltmarke für das Gebiet Osnabrück, Emsland und nördliches Münsterland übernommen. Dafür ist 1958 ein eigener Betrieb am nördlichen Stadtrand von Osnabrück gebaut worden. Der Gesamtumsatz von 73 Mill. DM entfällt zu 20% auf alkoholische Getränke mit dem Absatzgebiet Weser-Ems, zu 80%, und wohl hier ebenfalls mit steigender Tendenz, auf die „Alkoholfreien". Von den 245 Beschäftigten sind allein 180 in Osnabrück tätig. Geschäftsführer des

Die zunehmende Nachfrage nach nichtalkoholischen Getränken zeigt sich im Stadtbild: Im Vordergrund die Fabrikationsanlagen der „Emslandgetränke"

„Die älteste Kornbrennerei" Haselünnes wurde vor 200 Jahren gegründet. Das Aquarell zeigt Rosches alte Mühle

Unternehmens sind Hubert Heydt und Franz Herbert Heydt. Noch einmal Thema Umweltschutz: „Unseren Müll sieht man", sagt Hubert Heydt. Auch ihm sind die weggeworfenen Cola-Flaschen ein Ärgernis. Das Unternehmen versucht längst, dem Problem durch ein komplettes Rücknahmeprogramm – von der 0,2 l-Flasche bis zur 1,5 l-Flasche – beizukommen. Mit dem Flaschenpfand, das sich noch am ehesten als wirksam erwiesen hat, will man Anreize zur Rückgabe schaffen. Wer will auch schon Geld wegwerfen.
Der Dritte im Bunde ist die „älteste Kornbrennerei" Josef Rosche, ebenfalls eine Offene Handelsgesellschaft. „Klein, aber fein", könnte man hier feststellen. Die 1200 Hektoliter, für die Rosche das Brennrecht hat, werden überwiegend im eigenen Betrieb verarbeitet – seit 1792, dem Gründungsjahr der Firma. Früher einmal waren die Rosches Müller – Windmüller, um es genau zu sagen, später – ab 1957 und bis 1960 – wurde mit Dampfkraft Korn zu Mehl vermahlen, eine Zeitlang stellte man auch Hefe her (ungefähr zwischen 1870 und 1911). Im Absatzgebiet mit einem Radius von ca. 100 km um Haselünne werden die Produkte des Hauses angeboten – Weizenkorn, Doppelkorn, Fruchtige und Liköre. Man hält darauf, ausschließlich Kornbrand aus eigener Produktion zur verwenden, man beliefert Bierverleger, den Fach- und Einzelhandel, nicht die großen Handelsketten. Export? Aus dem Emsland heraus mit den Urlaubern in alle Teile Deutschlands. Auch Rosche hat als landwirtschaftliche Brennerei einen eigenen landwirtschaftlichen Betrieb, in dem neben Stärkekartoffeln Weizen und Mais angebaut und Bullen gemästet werden.
Der Spruch „Haselünne ist die kleine Stadt, die drei Brennereien hat" ist eigentlich nicht ganz richtig: In dem gut 300 ha großen Gutsbetrieb Sautmannshausen wird ebenfalls Alkohol produziert, 2200 Hektoliter beträgt das Brennrecht. Im Unterschied zu den drei vorgenannten Firmen wird der gesamte Alkohol jedoch an die Bundesmonopolverwaltung verkauft. Der Name des Gutes übrigens weist auf Maria Anna Berentzen geb. Sautmann hin, die nach dem damals geltenden Namensrecht bei ihrer Eheschließung den Namen des Mannes annahm. Sie war die letzte Namensträgerin der Familie Sautmann.
Das „Feuerwasser", von dem hier die Rede ist, wird trinkbar erst durch Verarbeitung – und Zufügung von Wasser, das besondere Qualitäten haben muß. Bekanntlich gibt es in dieser Hinsicht große Unterschiede in Deutschland, ja in ganz Europa. Nun, das Trinkwasser, das der Wasser-

beschaffungsverband Bourtangermoor in seinem Wasserwerk „Stadtwald" am nördlichen Rande von Haselünne produziert, hat hervorragende Qualität: Mit einem Deutschen Härtegrad 4 und lediglich 2 mg Nitrat je Liter ist gerade für die Getränkeindustrie eine gute Ausgangslage gegeben.

Mit der Qualität des Wassers hatte es so seine Bewandtnis, stellten 1958 die geladenen Gäste bei der Einweihung des Wasserwerkes „Stadtwald" fest: Es wurde ihnen im Erdgeschoß eine Probe des Rohwassers gereicht, bräunlich, aber klar – wer es probierte, verzog das Gesicht. Im oberen Geschoß konnten sie dann das Reinwasser in die Gläser laufen lassen. Einer verspürte nach dem Festakt schon großen Durst und leerte ein volles Wasserglas in einem Zuge – gefolgt von einem Aufschrei: „ De hebbt ja Schluck inne Leitung!" Es war – natürlich – guter Haselünner Korn – eben „Haselünner Wasser".

Versorgt wird von hier aus der mittlere Ostkreis, in dem gut 92 % der Bevölkerung an das Verbandsnetz angeschlossen sind. 1,5 Mill. Kubikmeter betrug die Wasserabgabe dieses Werkes 1989. 3 Mill. Kubikmeter darf der Verband aus einer Tiefe von 48 bis 55 m fördern. Damit ist ein guter Vorrat auch für die weitere Zukunft gegeben. Denn gutes Wasser ist schließlich ein wichtiger Rohstoff, damit eine Voraussetzung für die wirtschaftliche Entwicklung dieses Raumes, dessen Lage im europäischen Markt gar nicht so schlecht ist: 200 km bis nach Hamburg und ins Ruhrgebiet, knapp 300 bis nach Amsterdam. Die Flughäfen Bremen und Münster/Osnabrück sind in etwas mehr als einer Stunde zu erreichen, bis zum Hafen Emden sind es 120 km. Bis zur Autobahn Hansalinie beträgt die Fahrtzeit ca. 40 Minuten, die Emsland-Autobahn A 31 wird westlich von Meppen ebenfalls in 30 bis 40 Minuten erreichbar sein. Den Anschluß an das Frachtnetz der Deutschen Bundesbahn sichert die Meppen-Haselünner-Eisenbahn, eine Kreisbahn, für die die Konzession am 8.8.1893 erteilt wurde und die ihren Betrieb am 15. Oktober 1894 aufnahm, damals ein großes Fest, zu dem auch der Regierungspräsident Dr. Stüve aus Osnabrück und der Präsident des Reichsversicherungsamtes, Tonio Bödiker, gebürtiger Haselünner, aus Berlin angereist waren. Der Personenverkehr allerdings, einstmals recht lukrativ – für die Beförderung von 39058 Personen wurden in einem einzigen Jahr (1898) allein 19.109,96 DM eingenommen – wurde Anfang der sechziger Jahre eingestellt. Immerhin werden die Bahnhöfe Haselünne und Herzlake auch jetzt noch täglich einmal bedient, wird hier ein Frachtaufkommen von

Der Bahnhof in Haselünne

Umgerüstet zum „Kulturbahnhof": Bahnhof Herzlake

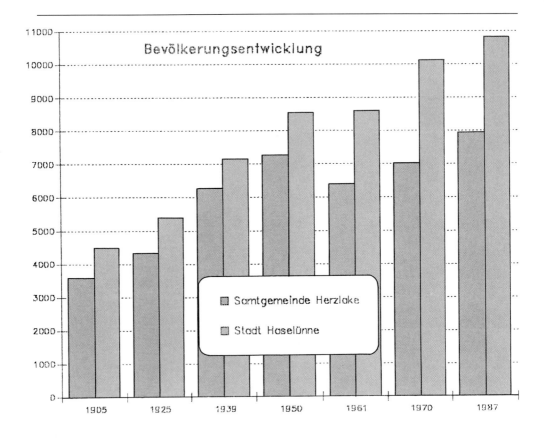

9000 Jahrestonnen erzielt. Die Eisenbahn wurde übrigens 1901/1902 bis nach Herzlake und 1906/1907 bis an den heutigen Endpunkt nach Levinghausen verlängert.

Bieten schon die äußeren Bedingungen gute Voraussetzungen für eine weitere positive Entwicklung, so werden sie durch günstige örtliche Faktoren noch unterstützt: Erschlossenes Betriebsgelände zu vernünftigen Preisen – und Arbeitskräfte, die dem Betrieb in aller Regel über längere Zeit verbunden bleiben. Solche Angebote hat die mittelständische gewerbliche Wirtschaft schon in der Vergangenheit genutzt. So ist die Zahl der nichtlandwirtschaftlichen Arbeitsplätze – vorwiegend im Bereich „Produktion" zwischen 1970 und 1987 in Haselünne um 1180 und in der Samtgemeinde Herzlake um 600 angestiegen. Allerdings liegt die sog. Arbeitsplatzdichte mit 350 Arbeitsplätzen auf 1000 Einwohner in Haselünne und 273 auf 1000 Einwohner in der Samtgemeinde Herz-

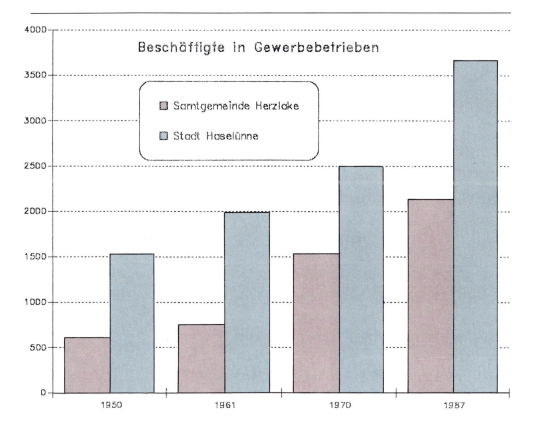

lake noch ein gutes Stück unter der Zahl, die für den Bezirk der Industrie- und Handelskammer Osnabrück/Emsland (397) gilt. Viele Arbeitnehmer müssen längere Wege zu ihren Arbeitsstätten zurücklegen. Das gilt vor allem für den Bereich des Baugewerbes, das in Haselünne mit 12%, in Herzlake sogar mit 16,5% aller Arbeitsplätze besonders stark vertreten ist, während der Bundesdurchschnitt um 7% und der des Emslandes um gut 10% beträgt. Beim Gang durch Haselünne stellt man fest, daß die Stadt über eine ganze Reihe von Einzelhandelsgeschäften verfügt. Sie verleihen der Haselünner Innenstadt eine Anziehungskraft, die weit über den Bereich der Stadt hinausgeht. Der Beschäftigtenanteil im Einzelhandel entspricht daher ungefähr dem Bundesdurchschnitt. Eine Untersuchung der Gesellschaft für Konsum-, Markt- und Absatzforschung e.V. weist einen erheblichen Kaufkraftzufluß in die Stadt aus, der auch aus der Samtgemeinde Herzlake kommt. Dies alles unterstreicht

Einfamilienhäuser bestimmen das Bild der neuen Wohngebiete in Haselünne . . .

die Zukunftsaussichten, die auch die Prognos AG, Berlin, in einem umfangreichen Strukturgutachten für den Raum Osnabrück/Emsland erklärt: „Nach der Verwirklichung des europäischen Binnenmarktes ab 1993 und Auflösung der Randlage des Emslandes gewinnt das Emsland an Standortqualität. Die positive Bevölkerungsbilanz, eine heimatverbundene Bevölkerung, gute Bildungseinrichtungen und eine vergleichsweise intakte Natur, ein hoher Freizeit- und Wohnwert, das alles sind wichtige Aktivposten in der Gesamtrechnung, die ein Unternehmer bei der Suche nach einem neuen Standort aufstellt."

... *und in Herzlake. Im Gewerbegebiet südlich der Hase die Werksanlagen der Firma Klose*

Die für den ganzen Raum gemachten Aussagen werden durch die tatsächliche Situation im hier interessierenden Ostkreis bestätigt. Viele Einfamilienhäuser, viele Sportanlagen und viel freie Landschaft sichern diese Seite der „Lebensqualität", die der Raum bietet. Ein Gymnasium in Haselünne, Real- und Hauptschulen an beiden Orten, dazu Grundschulen auch in den kleineren Dörfern. Es läßt sich hier leben. Das haben sich auch bereits einige Unternehmer gesagt, die hier den Standort für ihren Betrieb gefunden haben. Keine Großindustrie, aber doch Industriebetriebe mit beachtlichen Ausmaßen, wie etwa das stark expan-

Auf Flughäfen und im Straßenverkehr im Einsatz – Produkte aus Herzlake

dierende Möbelwerk Klose in Herzlake mit seinen 500 Beschäftigten. In der Nachbarschaft, wenige Meter weiter, hat sich ein anderer Betrieb niedergelassen, ein Beispiel für Findigkeit in der freien Marktwirtschaft, ein Beispiel, das für mehrere andere erwähnt werden soll: U.K.E. Kranefeld Elektronik heißt die Firma, die für gute 5 Millionen DM im Jahr Warn- und Kennleuchten herstellt, für Polizei und Feuerwehr, für viele andere Zwecke. Entwickelt werden diese Geräte entsprechend den Kundenbedürfnissen und -wünschen in Herzlake, wo das Unternehmen seit 1985 arbeitet. Mit 24 Beschäftigten werden die Aufträge für Interessenten in den europäischen Ländern erfüllt. Der bisherige Ostblock bietet einen neuen Markt. Fühler in den Osten sind bereits ausgestreckt. Eine Vertriebskooperation ist geplant. Ein wenig stolz auf seine Mannschaft schien mir der Herr zu sein, den ich nach der Effektivität der Arbeitnehmer seines Betriebes fragte. Einsatzfreude bescheinigte er ihnen, Motivation, wie man das heute nennt, ein anderes Wort für Fleiß. Und man entwickelt ständig neue Produkte, auch solche für „Jedermann". Dreißig Prozent des Umsatzes entfallen auf den Export, ein Anfang, der immerhin schon weltumspannend ist: Die Warnblitzleuchten an den schicken Motorrädern der Polizei in Sydney/Australien kommen aus Herzlake.

Kein Wunder, daß in einer solchen Landschaft auch der Fremdenverkehr einen gewissen Stellenwert erreicht hat. „Ein natürliches Potential für den Fremdenverkehr ist die im Emsland vorhandene Natur und Landschaft mit ihren vielfältigen Erscheinungsformen. Neben den Flußtälern der Ems und Hase mit ihren Auelandschaften finden sich fast alle Landschaften, wie Moore, Heiden, Geestrücken, Wälder und Sandtrockenrasen. Diese naturnahe Landschaft so gut wie möglich zu erhalten und zu pflegen, ist Ziel und Aufgabe des Landkreises und seiner Gemeinden. Die Erschließung der Landschaft für eine ruhige Erholung über Wander- und Radwanderwege ist dabei ebenso Ziel der Bemühungen wie die Vermeidung von Beeinträchtigungen landschaftlich reizvoller oder sensibler Bereiche" (Kreisraumordnungsplan 1990, S. 125).

Haselünne und Herzlake haben zur Stärkung des Fremdenverkehrs bei der Gründung des „Zweckverbandes Erholungsgebiet Hasetal" mitgewirkt.

Ein stark frequentierter Campingplatz am Haseufer in Haselünne mit 500 Stellplätzen, eine Reihe guter Hotels in der Stadt, zu denen Gäste auch von weither Umwege machen, sorgen für Übernachtungsziffern von insgesamt über 135000 im Jahr. So hoch ist dieser Jahreswert in

Der Haselünner See – ein beliebtes Naherholungsgebiet

Campingplatz an der Hase in Haselünne

Herzlake zwar nicht, in der Samtgemeinde gibt es aber unter den Hotels eines, das mit einer Kapazität von annähernd 100 Betten, mit Hallenbad, Reithalle und Tennisplätzen seine Gäste aus dem weiten Raum der Bundesrepublik bis hin zum Main und Rhein anlockt. Sportler ziehen sich hierher zum Training zurück, Mannschaften der Fußballbundesliga, die auf dem gemeindlichen Sportplatz trainieren können, auch die Mannschaft von Galata Saray/Istanbul gehörte dazu. Wanderer und Radfahrer, die mit eigenen Fahrrädern kommen oder sie hier mieten, sind unter den Gästen, Reiter, viele von ihnen Stammgäste, genießen die

Vom Wald umgeben – Hotel Zur alten Mühle in Aselage

Ausritte in die freie Landschaft. Das Haus mußte erst kürzlich erneut ausgebaut werden.
Der Fremdenverkehr wird wohl nicht als Wirtschaftsfaktor die dominierende Rolle wie in manchen Gebieten Deutschlands und Europas spielen; aber liegt nicht gerade darin auch der Reiz für die zunehmende Zahl der Urlauber, die auf individuelle Betreuung und Bedienung Wert legen? Auch das Preis/Leistungsverhältnis überrascht den Gast in aller Regel positiv. Nachzutragen bleibt noch: Herzlake und Haselünne sind als Fremdenverkehrsorte im Kreisraumordnungsprogramm ausgewiesen.

Das „Russellsche Haus", heute Ort guter Gastlichkeit

Wenn ich erst jetzt auf die Landwirtschaft eingehe – sie ist nach wie vor wichtiger Wirtschaftsfaktor – so hat das seinen Grund: Die bewirtschaftete und gepflegte Landschaft mit ihrer vielfältigen Abwechslung von Äckern, Wäldern und Wiesen, ist nicht gerade sie es, die die Menschen schätzen? Ist nicht auch sie in der landesplanerischen Beurteilung und Bewertung ein wichtiger Pluspunkt? Vor mir liegt die Landwirtschaftsstatistik des Jahres 1987, die für die 16 Orte der Stadt Haselünne 321 „landwirtschaftliche Betriebe" ausweist. Damit sind nicht nur Bauernhöfe gemeint, darunter fallen auch viele sogenannte Nebenerwerbsbetriebe. Immerhin haben fast 21 % weniger als 10-ha-Fläche, von den 393 Betrieben in der Samtgemeinde Herzlake sogar annähernd 30 %. Und mehr als 30 ha bewirtschaften in Haselünne 108 = ca. 34 %, in Herzlake 152 = 39 %. Und was wird produziert? Die Statistik zeigt, daß die Veredelung von Kartoffeln und Getreide hoch im Kurs steht, aber auch die

Mit dem Fahrrad das Emsland erkunden ...

Tierzucht wichtiger Betriebszweig neben der Milchwirtschaft ist. Soll man noch die Großställe um Haselünne nennen, in denen 800 000 Legehennen gehalten werden und deren Geruch einem im Vorbeifahren in den Wagen dringt? Hier wird die Nähe zu Südoldenburg deutlich. Die hohen Produktionszahlen an Schweinen und Rindern legten den Gedanken nahe, an Ort und Stelle eine Teilverarbeitung durchzuführen. So entstand der Schlachthof in Lähden, der als Versandschlachthof von der EG anerkannt ist und 1989 rund 250 000 Schweine und über 50 000 Rinder schlachtete.
Ein besonderes Problem beschäftigt die Landwirte im Hasetal: der Naturschutz. Schon jetzt sind über 320 ha im Hasetal zwischen Meppen und der Kreisgrenze im Osten gesetzlich geschützt, für weitere 200 ha sind entsprechende Verfahren eingeleitet. Ein Gutachten der Landwirtschaftskammer aus dem Jahre 1985 hat für den „aktiven" Naturschutz in

... und an stillen Tümpeln verweilen (Holte)

diesem Gebiet 840 ha landwirtschaftliche Fläche festgestellt. Darüber hinaus sollen weitere 5 500 ha in der Form des Landschaftsschutzgebietes erhalten werden. Der Gedanke an ein solches Gebiet ist bereits Anfang der siebziger Jahre im Zusammenhang mit dem Landschaftsschutzgebiet Emstal in den Beratungen des Bezirksplanungsbeirates bei der Regierung in Osnabrück in die Diskussion gebracht worden. Umfassende wissenschaftliche Arbeiten haben die Einmaligkeit dieser vielgestaltigen Landschaft bestätigt. In der Tat handelt es sich um eine Landschaft, die für Mensch, Tier und Pflanze von großer Bedeutung ist. Dies zeigt auch

die Problematik des notwendigen Ausgleichs auf. Wer das Gebiet kennt, den Fluß mit seinen naturnahen Strecken befahren hat oder dort fischt, an Altarmen und Stillgewässern gestanden und gestaunt, Feuchtwiesen und Niedermoore, Flugsanddünen und Sandtrockenrasen gesehen hat und durch Wacholderhaine gewandert ist, kann nur wünschen, daß diesen Bemühungen um einen Ausgleich Erfolg beschieden sei. Besteht doch so auch die Aussicht, dem Gedanken der großräumigen „Vernetzung" der Landschafts- und Naturschutzgebiete im ganzen Landkreis näherzukommen, wie es in einem Antrag des Landkreises an Bundes- und Landesregierung aus dem Jahre 1987 vorgesehen ist. Der Fluß allerdings ist als Ökosystem, das mit zahlreichen Zuflüssen verbunden ist, verarmt. Der Gewässergütebericht 1988/1989 des Wasserwirtschaftsamtes Meppen (Staatliches Amt für Wasser und Abfall Meppen – StAWA Meppen) stuft nach umfangreichen Untersuchungen Hase, Mittelradde, Haverbecker Bach, Lotter Beeke, Lager Bach, Südradde und Hahnenmoorkanal als kritisch belastet ein. Solche Aussagen lassen aufhorchen, verpflichten alle Beteiligten zur Mitwirkung an der Schadensbegrenzung und – vielleicht sogar – -beseitigung. Aufgerufen sind hier die Kommunen, die Industrie und auch die Landwirtschaft.
Über die wirtschaftsgeographische und sozioökonomische Situation des mittleren Ostkreises wollte ich berichten. Statistiken waren zu studieren, Bevölkerungs- und Arbeitsstättenzahlen festzustellen, Interviews zu führen, um das Bild zu vervollständigen. Der Aufsatz war – fast – abgeschlossen. Da kam dieser Anruf, der mich alles noch einmal überdenken ließ: Ein guter Bekannter, Emsländer, jetzt Vorstand eines Unternehmens im Westfälischen, wollte mit seinem Aufsichtsrat das Emsland besuchen. „Im Oktober", sagte er am Telefon. „Aber Sie waren doch erst im vergangenen Jahr hier!" „Den Damen und Herren hat es so gut gefallen, daß sie noch mehr vom Emsland sehen wollen." Und weiter: „Der Empfang war überall so freundlich, das hat einen tiefen Eindruck hinterlassen", fügte er hinzu.
Es gab Zeiten, sie sind noch gar nicht so lange her, da sprach man über die „Provinz" recht herablassend. Mit zunehmender Bedeutung des Begriffes „Lebensqualität" hat sich das geändert. Mehr und mehr beeinflußt deren Wert die Chancen der künftigen Entwicklung eines Raumes. Dieses Buch macht deutlich, wieviel individuelle Lebensqualität dieses Gebiet des mittleren Ostkreises im Emsland seinen Bewohnern bietet – wenn man sie nur wahrnimmt.

Quellen und Literatur zum Beitrag von Wilhelm Landzettel

1 Alexander Geppert und Ernst Simme, Heimatbuch der Stadt Haselünne. Haselünne 1949.
2 700 Jahre Stadt Haselünne 1272–1972. Hrsg. Stadt Haselünne. Haselünne 1972.
3 „Mach Rast in Haselünne", angenehme und informative Werbeschrift für den Fremdenverkehr. Hrsg. Stadt Haselünne. Haselünne 1989.
4 Ernst Simme, Die Kapelle in Höven. In: Jahrbuch des Emsländischen Heimatvereins, Bd. 7, Meppen 1960, S. 31–40.
5 Aloys Hake, Die Bückelter Kapelle. Sögel 1984.

Quellen zum Beitrag von Werner Franke

Agrarstrukturelles Gutachten für das Hasegebiet im Landkreis Emsland. Hrsg. Landwirtschaftskammer Weser-Ems, 1985.
Entwicklungspotentiale der Wirtschaft im Raum Osnabrück-Emsland-Grafschaft Bentheim. Gutachten der Prognos AG, Berlin 1989.
Gewässergütebericht 1988/1989. Hrsg. Staatliches Amt für Wasser und Abfall Meppen. Meppen 1990.
Das Hasetal im Landkreis Emsland. Schutz und Entwicklungskonzept. Hrsg. Landkreis Emsland, Amt für Regionalplanung und Landespflege, 1987.
Kreisraumordnungsbericht Landkreis Emsland, 1990.
Gemeindestatistik Niedersachsen 1987 – Teil 1 und 3. Hrsg. Niedersächsisches Landesverwaltungsamt.

Haselünne, Herzlake
im statistischen Vergleich

zusammengestellt von Helge Scharenberg

– Bevölkerung und Arbeit –

		Stadt Haselünne	Samtgemeinde Herzlake	Landkreis Emsland	Niedersachsen
Fläche (Hektar)	1985	15.920	15.520	288.013	4.743.752
Nutzung (%) Siedlung, Verkehr		8,4	7,6	10,2	11,4
Landwirtschaft		64,6	74,2	70,0	64,2
Wald und Wasser		26,7	18,2	19,1	22,9
Einwohner	1950	8.571	7.296	192.700	6.796.530
	1970	10.140	7.033	228.001	7.081.549
	1987	10.809	7.951	255.394	7.162.103
Veränderung 1950 bis 1970 (%)		18,3	−3,6	18,3	4,2
Veränderung 1970 bis 1987 (%)		6,6	13,1	12,0	1,1
Einwohneranteil	1950	*4,45*	*3,79*	*100*	
am Landkreis Emsland (%)	1970	*4,45*	*3,08*	*100*	
	1987	*4,23*	*3,11*	*100*	
Geburtenüberschuß (‰)	1988	5,0	9,0	5,7	−1,0
in Schulausbildung (%)	1987	20,2	20,2	19,2	15,0
Alter bis unter 6 J. (%)	1987	7,9	7,9	7,9	5,8
6 bis unter 18 J.		18,9	20,0	18,2	13,4
18 bis unter 25 J.		15,2	14,4	14,5	12,1
unter 25jährige		41,9	42,3	40,6	31,3
Konfessionen (%)					
Römisch-Katholisch	1987	88,4	89,5	82,3	19,6
Evangelisch		8,5	6,0	13,4	65,2
Personen in Haushalten mit 4 und mehr Personen (%)	1987	72,9	79,2	68,1	43,1
Erwerbstätige	1987	4.452	3.240	101.504	3.037.226
Erwerbstätigenanteil					
am Landkreis Emsland (%)		*4,39*	*3,19*	*100*	
nach Wirtschaftsbereichen (%)					
Land- u. Forstwirtschaft, Fischerei		11,5	16,0	9,2	5,0
Produzierendes Gewerbe		42,9	51,5	40,3	38,2
Handel, Verkehr, Nachrichtenüberm.		11,6	9,5	14,2	17,8
Übrige Wirtschaftsbereiche		34,0	23,0	36,3	39,1
Auszubildende (%)		10,6	11,0	10,7	7,8
Steuereinnahmen der Gemeinden	1976	292	208	305	480
insgesamt (netto – DM je Einw.)	1988	569	428	702	912
darunter Gewerbesteuern	1976	101	64	120	187
(netto)	1988	178	108	303	346
Gemeindeanteil an der	1976	129	88	133	208
Einkommensteuer	1988	273	214	290	415

– Wirtschaft und Infrastruktur –

		Stadt Haselünne	Samtgemeinde Herzlake	Landkreis Emsland	Niedersachsen
Landwirtschaftliche Betriebe					
mit 2 Hektar und mehr	1987	321	393	7.501	94.220
mit 30 Hektar und mehr		108	152	2.058	34.930
Nutzfläche in Hektar	1987	8.940	10.238	172.599	2.712.755
Ackeranteil (%)		68	75	73	62
Viehbestände, Milchkühe		3.313	3.501	62.377	1.086.338
Mastschweine		23.998	42.320	586.517	4.998.540
Beschäftigte in nichtlandwirt-	1970	2.496	1.543	66.416	2.593.219
schaftlichen Arbeitsstätten	1987	3.676	2.141	90.187	2.767.582
Veränderung 1970 bis 1987 (%)		47,3	38,8	35,8	6,7
darunter jeweiliger Beschäftigtenanteil am Landkreis Emsland (%)					
Bergbau, Energie-, Wasserversorgung		56	6	2.920	42.259
		1,9	*0,2*	*100*	
Verarbeitendes Gewerbe		1.309	1.038	26.405	767.194
		5,0	*3,9*	*100*	
Baugewerbe		437	354	8.598	200.227
		5,1	*4,1*	*100*	
Handel		525	219	13.935	451.082
		3,8	*1,6*	*100*	
Verkehr und Nachrichtenübermittlung		87	57	3.921	156.196
		2,2	*1,5*	*100*	
Kreditinstitute, Versicherungen		66	49	2.307	94.999
		2,9	*2,1*	*100*	
Dienstleistungen von Unternehmen		398	201	10.986	462.946
		3,6	*1,8*	*100*	
Organisationen ohne Erwerbszweck		327	54	7.365	135.596
		4,4	*0,7*	*100*	
Gebietskörpersch. und Sozialvers.		376	140	12.676	436.224
		3,0	*1,1*	*100*	
Wohnungen	1987	3.093	2.116	77.095	2.918.779
Einwohner je Wohnung	1987	3,5	3,8	3,3	2,5
Eigentümeranteil (%)	1987	73,5	77,5	67,3	45,6
Reiseverkehr: Fremdenbetten	1985	135	66	2.297	122.301
Betten auf 1.000 Einwohner		12,5	8,4	9,0	17,1
Bundestagswahl CDU/CSU	1987	63,9	65,6	62,2	41,5
(% Zweitstimmen) SPD		23,7	22,9	24,7	41,4
FDP		7,2	6,7	7,2	8,8
Grüne		4,8	4,4	5,4	7,4

Quellen: Volks- und Arbeitsstättenzählung 1987: Gemeindestatistik Niedersachsen 1987 und andere Daten der amtlichen Statistiken.

Mien Haseland

von Alfons Sanders

Gries noch ligg de Morgennäwel
up et greune Weideland.
Dör de Läägde flütt de Hase,
as eein sülwer-blauet Band.

Sachte an de Steinerkante,
staodig lüttke Wellen schlaot.
Müstert van de lange Reise,
unnerdes se kaomt un gaoht.

Wätet väles tau vertellen:
Waotermöhl'n, de stille staoht.
Eein poor Müürn, de öwerbläwen,
noch tau beiden Sieten staoht.

Könt van Land un Städte prooten:
Dome, de den Himmel rühmt.
Mensken, de hier Rösskup finnet,
Telte, de dat Euwer süümt.

Sachte stigg de Sünne höger,
un de Näwel lichtet sück.
Lämmer danzet up de Dieken,
öwermeudig, junget Glück.

In et Rüüt, up änner Siete,
schrill eein Waoterhäuhnken schleit.
Wor de Drifft nich staodig trecket,
gääl de Waoterrausen bleiht.

Up de Wellen lüttke Böötkes,
glieet ruskend, Schlag up Schlag;
fröndlick winkend, Greute tuskend,
föhrt taumeut' den jungen Dag.

Mit ehr trecket uk de Driffden,
wor se münn'd in Eems un Meer.
Dröömt van groote, bunte Schippe,
wätet nix van Wedderkehr.

Vögel singet in de Schleeien,
Wüppsteert hüppet öwern Sand.
Up de Welt mien leifste Stääe,
dat bist du, mien Haseland.

Tonio Bödiker – ein Emsländer schrieb europäische Sozialgeschichte

von Ulrich Adolf

Vor mehr als hundert Jahren wurde die gesetzliche Unfallversicherung gegründet. Sie hatte ihren Ursprung in der „Kaiserlichen Botschaft" vom 15. November 1881 und trat am 9. Juli 1884 als Teil der Bismarckschen Sozialgesetzgebung in Kraft. Neben der Kranken- und Rentenversicherung bildete sie eine der drei tragenden Säulen des Deutschen Sozialversicherungssystems, das als vorbildlich angesehen wurde und weltweite Anerkennung finden sollte. Ein Wegbereiter dieser Gesetzgebung war der aus Haselünne stammende, spätere erste Präsident des Reichsversicherungsamtes in Berlin, Dr. Tonio Bödiker. Dank seiner starken Persönlichkeit und durch sein unermüdliches Eintreten für die Weiterentwicklung der Sozialversicherung erlangte er größten persönlichen Respekt und grenzenlose Anerkennung.
Anton Wilhelm Laurenz Karl Maria, genannt Tonio Bödiker, wurde am 5. Juni 1843 in Meppen geboren. Er stammte aus der Verbindung zweier der angesehensten und alteingesessensten emsländischen Familien. Es entsprang wohl eher einem Zufall, daß Tonio Bödiker in Meppen geboren wurde, denn seine Mutter Maria weilte gerade zu einem Besuch bei ihrem Vater, dem Herzoglich-Arenbergischen Regierungsrat Anton Heyl, als die Wehen einsetzten. Der Familienname seines Vaters, des in Haselünne ansässigen Herzoglich-Arenbergischen Amtshauptmannes Wilhelm Bödiker, war dagegen seit Jahrhunderten mit Haselünne verknüpft. Der Ursprung des Familiennamens geht höchstwahrscheinlich auf ehrsame Böttchermeister zurück, die ihren späteren Familiennamen von ihrem ursprünglichen Gewerbe ableiteten[1]. Seine Kindheit ver-

brachte Tonio Bödiker in Haselünne, wo er zunächst die ABC-Schule und anschließend die Lateinschule des Herrn Brüning besuchte[2]. Im Alter von vierzehn Jahren wechselte er auf das Gymnasium nach Meppen, wo er zunächst im Konvikt lebte, doch bereits nach kurzer Zeit zur Familie seines Onkels, des damaligen Amtmannes Carl Russell, zog. 1861 bestand er mit Bravour seine Reifeprüfung und entschied sich für die juristische Laufbahn. Er studierte Rechts- und Staatswissenschaften an den Universitäten Heidelberg, Berlin und Göttingen und trat nach erfolgreich bestandenem Auditorexamen in den hannoveranischen Justiz- und Verwaltungsdienst ein. Während seiner Tätigkeit in verschiedenen Regierungsstellen (u. a. im Amte Hümmling sowie an Landratsämtern in West- und Ostpreußen) lernte er auch den damaligen Justizminister des Königreiches Hannover, Ludwig Windthorst, kennen, der über ihn vorausschauend prophezeite: „Das ist ein tüchtiger Kopf; der wird noch einmal etwas Bedeutendes!"[3]. Besonders seine Tätigkeit als Landrat des Kreises Mönchengladbach (1873–1881) sollte seinen weiteren Lebensweg entscheidend beeinflussen. In diesem industriereichen Kreise erstarkte sein schon früher in den armen ländlichen Gebieten angelegtes Interesse für die soziale Frage[4]. Diese Zeit hat er später einmal wie folgt beschrieben: „Ich schätze mich glücklich, daß ein wohlwollender Minister mich in meinen jungen Jahren durch verschiedene Provinzen geschickt hat, so daß ich in ihnen sehen konnte, wie es bei der Bevölkerung aussieht. So habe ich in den ärmsten Hütten Bilder gesehen, die sich so tief schmerzlich meinem Gedächtnis eingeprägt haben, daß meine Überzeugung dadurch gefestigt wurde, es müsse dem kleinen und hilfsbedürftigen Mann geholfen werden"[5].

Im Mai d.J. 1881 folgte Tonio Bödiker dem Ruf in das Reichsamt des Inneren als vortragender Rat zur Bearbeitung des Gewerbe- und Versicherungswesens nach Berlin. Als er 1883 im Reichstag eine umfangreiche Novelle zur Gewerbeordnung gegen heftige Angriffe der „Vereinigten Linken" erfolgreich vertrat, sprach ihm der Reichskanzler Fürst Bismarck seinen „herzlichen Dank für die Tapferkeit" aus, „mit der er im Reichstage seine Aufgabe vertreten habe. Er könne mit hoher Befriedigung auf seine erste parlamentarische Campagne zurückblicken". Um so erboster war Friedrich Engels von der Opposition, der über Bismarck und „seine dummen, schnoddrigen Bödiker und Co.." aufs heftigste schimpfte[6].

Da das Reichsamt des Inneren mit dem in der Kaiserlichen Botschaft vom 17. November 1881 angekündigten Entwurf zu einem Unfallversicherungsgesetz bereits zweimal im Reichstag gescheitert war – die beiden ersten Entwürfe hatte der Geheimrat Theodor Lohmann erarbeitet –, sagte Kaiser Wilhelm I. bereits resignierend zu Bismarck: „Den Karren ziehen Sie nicht mehr heraus". Bismarck beauftragte daraufhin Tonio Bödiker als Hauptreferenten, einen dritten Entwurf anzufertigen. Bei der Gestaltung dieses Gesetzes gelang es ihm weitgehend, die Gedankengänge Bismarcks zu treffen und auf der Basis der Gemeinsamkeit der wirtschaftlichen Interessen von Arbeitern und Unternehmern eine tragbare Lösung anzubieten. Seine Gedanken beruhten darauf, daß sich alle Arbeitgeber gleicher oder ähnlicher Art zu einer Berufsgenossenschaft zusammenschließen, und diese Genossenschaften des öffentlichen Rechts zu selbstverwaltenden Trägern der Unfallversicherung und der Unfallverhütung zu machen[7]. Das Unfallversicherungsgesetz wurde im Reichstag angenommen und trat am 9. Juli 1884 in Kraft. Als staatliches Aufsichtsorgan für die zu bildenden Berufsgenossenschaften wurde gemäß § 87 des Gesetzes das Reichsversicherungsamt in Berlin errichtet. Als sein erster Präsident trat Tonio Bödiker am 11. Juli 1884 an die Spitze des neugeschaffenen Reichsversicherungsamtes. „In einer langen Reihe von Jahren wurde ihm nun das für einen Beamten seltene Glück zuteil, was er im Gesetz theoretisch gedacht und formuliert hatte, auch praktisch zu verwirklichen. Dank seiner rastlosen Energie und seines persönlichen Verhandlungsgeschicks gelang es Bödiker bald, das Reichsversicherungsamt aus kleinen Anfängen – es begann mit 3 höheren Beamten – zu einer großen, angesehenen Behörde zu machen"[8].

Es bedurfte schon einer starken Persönlichkeit, um die Anfangsschwierigkeiten einer neuartigen Organisation sowie die Widerstände der Unternehmen und das Mißtrauen der Arbeiter zu überwinden. Bödiker war hier am rechten Platz, denn durch seine Fähigkeiten: organisatorisches Talent, gestalterische Kraft, eindringliche Beredsamkeit, hellen Verstand und einen klaren Blick für die wirtschaftlichen Zusammenhänge konnte er seine Ideen glänzend in die Wirklichkeit umsetzen[9]. Durch sein geschicktes Einfühlungsvermögen konnte er das Verhältnis zwischen den Arbeitern und den Unternehmern entschärfen und eine gedeihliche Zusammenarbeit herbeiführen. „Indem er fast alle Genossenschaftsversammlungen persönlich leitete, brachte er in verhältnismäßig kurzer Zeit die Organisation der Berufsgenossenschaften zum 1.

Oktober 1885 zum Abschluß". Es war Bödikers Verdienst, daß bereits ab 1887 erste Ausdehnungen des Gesetzes möglich wurden[10], um damit den Kreis der Versicherten zu erweitern und schrittweise die gesamte arbeitende Bevölkerung unter den Versicherungsschutz zu stellen. Über sein Verhältnis zu den Arbeitervertretern berichtete er rückblickend:

„Selbstverständlich suchten sie sowohl in den Spruch-, als auch in den Verwaltungssitzungen das Interesse der Arbeiter tunlichst zu vertreten, aber es geschah dies in angemessener Form mit sachlichen Gründen; daß Ausnahmen vorkamen, ist erklärlich; jedenfalls gehört für mich diese gemeinsame Arbeit mit den Arbeitern, die freilich zum großen Teile, die Berliner sämtlich, sozialdemokratisch waren, zu meinen angenehmsten Erinnerungen, und nie werde ich es vergessen, wie alljährlich am Neujahrstage, wenn ich von der Gratulationscour im Königlichen Schlosse heimkehrte, die in Berlin wohnenden Arbeitermitglieder des Reichs-Versicherungsamtes sich vollzählig bei mir einfanden, um zum Neuen Jahr zu gratulieren, und wie sie sich bei einer Zigarre und einem Glase Wein vertraut mit mir unterhielten. Gern gestehe ich: es war mir das der liebste Augenblick im Jahre; denn in erster Linie galt doch, wie die ganze Gesetzgebung, so meines Amtes und meine eigene Tätigkeit dem Wohle der Arbeiter, deren Vertrauen zu gewinnen und zu erhalten, eine köstliche Aufgabe war"[11].

Seine Motivation, seine innere Kraft schöpfte der Katholik Tonio Bödiker aus seiner tiefen christlichen Überzeugung und einem sehr harmonischen Familienleben. Seit 1874 war er mit Johanna Devens, der Tochter des Kreisrichters Friedrich Karl Devens aus Recklinghausen, glücklich verheiratet. Sie schenkte ihm 6 Kinder und war stets sein innerer Rückhalt. Soweit es seine Zeit zuließ, zog er sich mit seiner Familie in sein Sommerhaus nach Baumgartenbrück bei Potsdam zurück oder nutzte die Gelegenheit, um seine Eltern in Haselünne zu besuchen. In einem Brief an seine Frau schrieb Professor Dr. Hinzpeter aus Bielefeld: „Die Anziehungskraft Ihres Herrn Gemahls muß in seiner Überlegenheit liegen. Meine Intelligenz ist vielleicht ebenso groß, wie die seinige, aber sein Mut und seine Tatkraft fehlen mir. Mein Idealismus ist vielleicht ebenso stark, wie der seinige, aber sein Realismus geht mir ab. Deshalb ist er ein bedeutender Mensch und ich – bin es nicht. Das regelt ein einfaches Additions- und Subtraktionsexempel. Deshalb bitte und beschwöre ich Sie, hegen und pflegen Sie mir ihn, wie Sie können, ihn,

Das Bödiker-Denkmal in Haselünne an seinem heutigen Standort an der Stadthalle

der nur an Sie denkt, nur für die Seinigen lebt und strebt und in dem Glücke der Seinigen, sein Glück findet"[12].
Doch auch sie konnte es nicht verhindern, daß sich seine Kräfte in immer stärker werdenden sachlichen Differenzen mit dem Reichsamt des Inneren zerrieben. Bismarck fand die Rechtssprechung des Reichsversicherungsamtes zu arbeiterfreundlich, so daß er seinen Staatssekretär Boetticher einmal fragte: „Ob man denn die ganze Gesellschaft nicht absetzen könne", worauf dieser ihn erst über die Unabsetzbarkeit der Mitglieder des Reichsversicherungsamtes belehren mußte[13].
Die von Tonio Bödiker angestrebte schrittweise Ausweitung des Unfallversicherungsrechts wurde zusehends mit Argwohn betrachtet, so daß sich seine Forderungen nach aufgabenmäßiger Ausdehnung und damit verbesserter personeller Ausstattung des Reichsversicherungsamtes immer schwerer durchsetzen ließen. Die ständigen Meinungsverschiedenheiten und der damit verbundene Ärger führten dazu, daß sich seine Freude an der Arbeit zusehends verminderte und seine Gesundheit stark beeinträchtigt wurde. Erst nach wiederholter Ablehnung seines Rücktrittsgesuches genehmigte Kaiser Wilhelm II. am 17. Juni 1897 seinen Abschied in ehrenvoller Form. Seine Verdienste für die Entstehung und Weiterentwicklung der Unfallversicherung wurden sowohl im Inland als auch im Ausland von vielen Staatsmännern durch zahlreiche Auszeichnungen gewürdigt. Die Stadt Rheydt (heute ein Stadtteil Mönchengladbachs) ehrte ihn durch die Ernennung zum Ehrenbürger und die Universitäten in Leipzig (Philosophie), Breslau (Staatswissenschaften) und Göttingen (Medizin) verliehen ihm die Ehrendoktorwürde. Als er in seiner Abschiedssitzung am 19. Juni 1897, der 448. Gesamtsitzung, dem Kollegium von seiner Verabschiedung Mitteilung machte, wurde ihm von allen Seiten die dankbarste Bewunderung für seine Leistungen und die Art seiner Geschäftsführung ausgesprochen. Der Arbeitgebervertreter hob insbesondere hervor, „... wie Präsident Dr. Bödiker es mit seltenem Geschick verstanden habe, die ehrenamtlichen Organe zu ersprießlicher Mitarbeit heranzuziehen, und welche freundschaftlichen Formen des Verkehrs er in seiner Eigenschaft als Beamter mit den im praktischen Leben stehenden Männern gefunden und beobachtet habe. Er gedenke dessen voll Dankbarkeit, und er sei auch dessen eingedenk, wie unter der Leitung des Präsidenten Dr. Bödiker unparteiisch und gewissenhaft zur Befriedigung beider Teile, der Arbeitgeber wie der Arbeitnehmer, im R.V.A. Recht gesprochen worden sei." Der Arbeit-

nehmervertreter fügte hinzu, „... die Arbeiter seien nicht in der Lage, dem scheidenden Präsidenten Denkmäler aus Erz zu setzen oder glanzvolle Adressen ihm zu überreichen; aber der Name des Dr. Bödiker sei in jedem Arbeiterhause bekannt und werde in den dankbaren Herzen der Arbeiter fortleben"[14]. Nach seinem Ausscheiden aus dem Reichsversicherungsamt wurde er in das Direktorium der Firma Siemens & Halske gewählt. In dieser Stellung blieb er bis zum Jahre 1903, trat anschließend in den Aufsichtsrat des Unternehmens ein und widmete sich weiterhin ganz seinen sozialen Tätigkeiten.
Seinen internationalen Ruf als weitblickender Reformer erwarb sich Tonio Bödiker auf den „Internationalen Arbeiterversicherungskongressen" in Bern (1891), Mailand (1894), Brüssel (1897), Paris (1900), Düsseldorf (1902) und Wien (1905). Sie bildeten das Forum, auf dem er die bahnbrechenden Gedanken der deutschen Arbeiterversicherung mit großem Geschick und Erfolg vertrat. Er war der geistige Leiter dieser für die Fortschritte der sozialen Gesetzgebung so bedeutend gewordenen Kongresse, deren „Comité permanent", dem er seit 1891 angehörte und dessen Ehrenpräsident er bis zu seinem Tode geblieben war. Gerade bei diesen Verhandlungen, in denen nicht bloß nationale, sondern auch prinzipielle und soziale Gegensätze aufeinanderprallten, zeigte sich sein glänzendes Talent, stets im rechten Augenblick das richtige Wort zu finden, um die erregten Wogen zu glätten und die widerstreitenden Meinungen auf die gemeinsamen Interessen und Ziele zu vereinigen. Sein prophetisches Wort, daß die Arbeiterversicherung ihren Siegeslauf durch die Welt nehmen werde, ist viel bezweifelt worden; aber es war ihm noch vergönnt, seine Voraussage zum großen Teil erfüllt zu sehen[15].

Trotz seiner hohen beruflichen Arbeitsbelastung fand er auch noch die Zeit zu einem breiten ehrenamtlichen Engagement, z. B. als Mitglied des Vorstandes des Mitteleuropäischen Wirtschaftsvereins, des Deutschen Vereins für Volkshygiene, als Mitglied des Deutschen Samariter- und Lungenheilstättenvereins und als Präsident des Internationalen Verbandes zum Studium der Verhältnisse des Mittelstandes, und zu einer fruchtbaren literarischen Betätigung. So verfaßte er viele volkswirtschaftliche und sozialpolitische Artikel für die von ihm mitgegründete „Gewerbliche Zeitschrift. Organ für die nationale Industrie und das Wohl ihrer Arbeiter" und setzte sich in seinen Büchern und zahlreichen weiteren Schriften hauptsächlich für die Vereinfachung und Weiterentwicklung

Das Bödiker-Denkmal an seinem ursprünglichen Standort am Bahnhofsvorplatz (1909)

der Sozialversicherungsgesetzgebung in Deutschland und den europäischen Staaten ein.

Am 4. Februar 1907 starb Tonio Bödiker im 64. Lebensjahr an den Folgen eines Herzleidens. Er wurde unter großer Anteilnahme in einer Gruft der Krypta der St. Hedwigskirche in Berlin beigesetzt. Als nach seiner Beisetzung sein ältester Sohn die Orden seines Vaters an Wilhelm II. zurückgab, sagte der Kaiser anerkennend zu ihm: „Ich habe wenig Holz gehabt, solche Staatsmänner daraus zu schnitzen wie Ihr Vater einer war"[16]. Nachdem die Kirche im Zweiten Weltkrieg schwer beschädigt wurde, sind die Särge von Tonio Bödiker und seiner 1929 verstorbenen Frau 1955 auf dem Friedhof der St. Hedwigskirche in der Liesenstraße umgebettet worden. Da sich der Friedhof jedoch im Grenzgebiet befand, sind die Grabstellen, bedingt durch den Mauerbau in Berlin 1962, eingeebnet worden[17].

Geblieben sind jedoch seine schriftlich fixierten Ideen und als äußeres Zeichen die Denkmäler, die ihm zu Ehren errichtet wurden. Das Bödiker-Denkmal in seiner Heimatstadt Haselünne wurde am 29. Juni 1909 auf dem Bahnhofsvorplatz an der Vinzenz-Schule unter großer Beteili-

„Dem Andenken Bödikers" – Gedenkmedaille aus dem Jahre 1910

gung der Bevölkerung feierlich enthüllt. Das Denkmal wurde vom Bildhauer Anton Müller aus Münster gestaltet und zeigt den ersten Präsidenten des Reichsversicherungsamtes in einem übergroßen Bronzeguß. Zu beiden Seiten des Denkmals waren Reliefplatten angebracht, die den Segen der Versicherung für die Bevölkerung bildlich darstellten. In der Nacht vom 8. zum 9. Oktober 1930 wurde es leider durch unbekannte Täter beschmutzt und erheblich beschädigt. Zwar konnten die mit Teerfarbe aufgetragenen Worte „Rote Front", „Liste 4" oder „Heil Moskau!" wieder entfernt werden, doch blieben in der Glasur des Denkmals dauerhafte Beschädigungen zurück[18].
Im Jahre 1967 wurde der Platz zur Erweiterung der Vinzenz-Schule benötigt, so daß das um die Reliefplatten verkleinerte Denkmal vom sogenannten Bödiker-Platz zum jetzigen Standort an der Stadthalle an die Lingener Straße umgesetzt wurde. Zusätzlich erinnern heute noch die Bödikerstraße, die Bödiker-Buchhandlung in der Steintorstraße und eine von der Stadt Haselünne an der Grabstätte seiner Haselünner Vorfahren angebrachte Gedenktafel an den bekanntesten Sohn der Stadt. Ältere Bewohner werden sich eventuell noch an das ehemalige Bödiker-Haus im Innenstadtbereich sowie den Pavillon in den Bödikerschen Gärten an der Bahnhofstraße erinnern. Direkte Nachkommen der Familie

Bödiker leben leider nicht mehr in Haselünne. Ein zweites Denkmal wurde am 30. September 1910 an seiner ehemaligen Wirkungsstätte in der Vorhalle des Reichsversicherungsamtes errichtet. Da der für dieses Denkmal gesammelte Betrag dessen Kosten erheblich überschritt, wurde auf Antrag der Berufsgenossenschaften eine Bödiker-Gedenkmedaille geschaffen, die seit 1910 an verdiente Mitarbeiter der Unfall- und Invalidenversicherung vergeben wurde. Die Restbestände dieser Münzen wurden 1940 der sog. Metallspende geopfert. Auf der Vorderseite der Medaille ist der Kopf Bödikers abgebildet, während auf der Rückseite ein Arbeiter mit einem Lorbeerkranz und die Aufschrift „Dem Andenken Bödikers" eingeprägt wurde. Sie erinnert an jenen Mann, dem es dank seiner Persönlichkeit immer wieder gelang, Gegensätze abzubauen und Brücken über die sozialen Gegensätze zu schlagen. Sein vorbildliches vorausschauendes Engagement über Ländergrenzen hinweg hat das soziale Verständnis zwischen den verschiedenen Völkern gefördert, so daß er als ein Vorläufer des heutigen europäischen Gedankens angesehen werden kann.

Anmerkungen

1 Alexander Geppert und Ernst Simme, Heimatbuch der Stadt Haselünne. Haselünne 1949, S. 102f.
2 Dietrich von Moers, Tonio Bödiker. Ein Haselünner schuf vor 100 Jahren die Gesetzliche Unfallversicherung und die Sozialgerichtsbarkeit. Unterlagen zu einer Ausstellung im Rathaus der Stadt Haselünne. Haselünne 1984, S. 2.
3 Enthüllung des Dr. Tonio Bödiker-Denkmals zu Haselünne. In: Haselünner Zeitung, 32. Jg., Nr. 27, vom 3. Juli 1909.
4 Rudolf Bödiker, Tonio Bödiker, der erste Präsident des Reichsversicherungsamtes. In: Reichsarbeitsblatt Teil II, Nr. 16, Berlin 1943, S. 236. – Dazu auch: Niedersächsisches Staatsarchiv Osnabrück, Dep. 75b, Nr. 115.
5 Geppert/Simme (wie Anm. 1), S. 103.
6 Florian Tennstedt, Das Reichsversicherungsamt und seine Mitglieder – einige biographische Hinweise. In: Entwicklung des Sozialrechts – Aufgabe der Rechtsprechung. Köln 1984, S. 49.
7 Walter Vogel, Bismarcks Arbeiterversicherung. Braunschweig 1951, S. 107.
8 Ebd., S. 109.
9 Paul Kaufmann, Dem Andenken Bödikers. Berlin 1910, S. 4.
10 Vogel (wie Anm. 7), S. 110.
11 Tonio Bödiker, Die Entwicklung der Arbeiterversicherung in Deutschland seit dem 1. Pariser Internationalen Arbeiterversicherungskongreß im Jahre 1889. In: Congres International des Accidents du Travial et des Assurances Sociales. Volume 1. Vienne 1906, S. 6.
12 Friedrich von Dincklage, Tonio Bödiker. In: Haselünner Zeitung, 33. Jg., Nr. 39, vom 1. Oktober 1910, S. 1.
13 Vogel (wie Anm. 7), S. 169.
14 Geschichte und Wirkungskreis des Reichs-Versicherungsamtes. Herausgegeben von Mitgliedern des Reichs-Versicherungsamtes. Leipzig 1911, S. 578.
15 Präsident Dr. Tonio Bödiker. In: Soziale Kultur. 27. Jahrgang, März 1907, S. 163.
16 Bödiker (wie Anm. 4), S. 238.
17 Moers (wie Anm. 2), S. 7.
18 Niedersächsisches Staatsarchiv Osnabrück, Dep. 75 b, Nr. 116.

„Schwarzware" aus Haselünne ging in alle Welt
Wichtigste Steinzeugtöpferei Norddeutschlands stand einst in Haselünne

von Andreas Eiynck und Heinz Janzen[1]

Geschichte des Steinzeugs

Steinzeug, ein harter, säurefester und wasserundurchlässiger keramischer Werkstoff, wurde im späten Mittelalter in verschiedenen rheinischen Töpferorten „erfunden". Voraussetzung für seine Herstellung waren ein scharfer Brand bei etwa 1200 Grad Celsius sowie ein besonderer, vor allem im Rheinland anstehender Töpferton, der sich bei diesen Brenntemperaturen durch Sinterung in Steinzeug verwandelt[2].

In vorindustrieller Zeit war das Steinzeug für Vorrats- und Apothekergefäße ein unersetzlicher Werkstoff. Die allgemein übliche Irdenware war wasserdurchlässig, so daß man sie mit einer wasserdichten Bleiglasur überziehen mußte, wenn man Flüssigkeiten über längere Zeit in irdenen Gefäßen aufbewahren wollte. Eine solche Bleiglasur war aber nicht säurefest, und das Blei löste sich in vielen Flüssigkeiten, etwa in Essigwasser, so daß darin eingelegte Lebensmittel, etwa Sauerkraut oder Schnittbohnen, durch die Glasur vergiftet wurden. So entstand ein breiter Absatzmarkt für Vorratstöpfe, Krüge, Flaschen aus Steinzeug, die zum Teil bis in die heutige Zeit zur Aufbewahrung von eingelegtem Gemüse, Fett und Schmalz, Mineralwasser und Alkoholika, Oelen und Petroleum benutzt werden.

Herkunft der Ware

Zunächst mußte das Steinzeug aus dem Rheinland sowie aus einigen etwas jüngeren Steinzeugzentren im Westerwald, im Raum Duingen (südlich Hannover), in Sachsen und Schlesien importiert werden. Doch seit dem 17. Jahrhundert bildeten Auswanderer aus den Töpferorten im Westerwald an zahlreichen Orten im gesamten westdeutschen Raum Niederlassungen, in denen Steinzeug Westerwälder Art produziert wurde[3]. Voraussetzung war allerdings das Vorhandensein geeigneter Töpfertone, die besonders im norddeutschen Raum nur an wenigen Orten anstanden. Eine solche Niederlassung Westerwälder Töpfer entstand etwa im 17. Jahrhundert in den münsterländischen Städten Stadtlohn und Vreden[4], die seitdem auch das Emsland mit Steinzeugprodukten verschiedener Art belieferten[5].
Erst im späten 18. Jahrhundert begann man auch im südlichen Weser-Ems-Gebiet mit der Produktion von Steinzeug, das hier nach seinem ursprünglichen Herkunftsort damals auch als „Coblenzer Schwarzware" bezeichnet wurde. Doch mehrere Versuche mit dem anstehenden Töpferton, etwa 1774 in Bippen, um 1820 in Hellern oder 1841 in Hasbergen, scheiterten kläglich. Lediglich eine 1821 in Bippen-Berge gegründete „Töpferei und Steingutfabrik" konnte in größerem Umfang über mehrere Jahrzehnte bis zu ihrer Stillegung 1892 Gefäße aus Steinzeug produzieren[6].

Töpferei in Haselünne

Ein weiterer Standort keramischer Produktion war auch Haselünne, wo die anstehenden Tonlager seit dem Mittelalter zur Herstellung von Ziegelsteinen verwendet wurden[7]. In den 30er Jahren des vorigen Jahrhunderts kam nun der Haselünner Kaufmann und Bürgermeister Anton Heyl auf die Idee[8], neben verschiedenen anderen Betrieben auch eine Fabrik für keramische Gefäße in Haselünne einzurichten. Eine Marktlücke erkannte er vor allem in der Herstellung von Steinzeug, für das er sich ein großes Absatzgebiet im gesamten norddeutschen Raum erhoffte. Die Einrichtung dieser Fabrik muß seinerzeit einiges Aufsehen erregt haben, denn in einem 1838 für die königlich hannoversche Regierung verfaßten Bericht über Gewerbebetriebe im Herzogtum Arenberg-Meppen wird die Heyl'sche Fabrik genau beschrieben:

„Neu angelegt ist, und zwar genau im Herbst 1837, die Steingutfabrik des Anton Heyl zu Haselünne, welche das Material aus dem Nassauischen und Preußischen am Rheine bezieht und zu Steingut jeder Art zum Gebrauch in den Haushaltungen und Apotheken verarbeitet.
Die Fabrik hat außer einem bereits vorhandenen und zu diesem Zwecke nur umgestalteten Fabrikgebäude hauptsächlich die Anlage eines neuen bedeutenden Ofens erfordert und wird mit 4 Leuten und 2 zum Formen des Materials eingerichteten Gestellen betrieben. Es hat bereits ein dreimaliger Brand des Materials stattgefunden und findet der Absatz bis jetzt hauptsächlich nach Ostfriesland und in dem Landdrosteibezirk Osnabrück statt"[9].
In einem weiteren Folgebericht heißt es dann zum Absatzgebiet:
„... und wenngleich sich der Absatz vorläufig auf die Landdrosteien Aurich und Osnabrück beschränkt, wird derselbe in Zukunft doch auch Bremen und Hamburg versorgen können".
Dieser Bericht erschien in etwas verkürzter Form auch in einer 1839 veröffentlichten statistischen Darstellung des Königreiches Hannover. Darin heißt es:
„Die Verfertigung des Steinzeugs und Töpferguts wird in vielen Theilen des Königreichs betrieben. Im Jahre 1832 gab es überhaupt 301 Töpfereien (im Landdrosteibezirk Lüneburg 45, Osnabrück 28, Aurich 13) wovon in zwei mit 5, in 18 mit 2 in 135 mit 1, in 146 ohne Gehülfen gearbeitet wurde...Größere fabrikmäßige Verfertigung von Steingut vertreibt Heyl in Haselünne mit ausländischem Thon"[10].
Der Ton wurde per Schiff aus dem Raum Koblenz bis nach Haselünne transportiert[11]. Doch nicht nur den Rohstoff ließ der Unternehmer Heyl aus dem Westerwald kommen, er holte sich von dort auch einen geeigneten Vorarbeiter, der mit der Steinzeugproduktion hinreichend vertraut war. Diesen fand er in Peter Korzilius aus Ransbach, einem Zentrum der Westerwälder Steinzeugtöpfereien im Raum Höhr-Grenzhausen. Korzilius arbeitete drei Jahre in Haselünne und kehrte dann nach Ransbach zurück. Das Jahr 1842 brachte ihn noch einmal in das Weser-Ems-Gebiet, diesmal allerdings zur damals gerade gegründeten Steinzeugtöpferei Dahmann in Hasbergen. Dort wurde offenbar mit einheimischer Töpfererde experimentiert, die nicht zum gewünschten Ergebnis führte, so daß die Fabrik noch im gleichen Jahr in Konkurs ging und Korzilius, der nicht einmal mehr seinen Arbeitslohn ausbezahlt bekam, Hasbergen umgehend wieder verließ[12].

Der Einrichtung der Heyl'schen Töpferei lag offenbar ein klares unternehmerisches Konzept zugrunde. Es umfaßte:
1. den Import Westerwälder Tone, die – im Gegensatz zu den einheimischen Töpfererden – die Produktion qualitativ hochwertigen Steinzeugs erlaubten;
2. die Aneignung des technischen know hows der Steinzeugproduktion durch die zumindest zeitweise Anstellung eines Westerwälder Steinzeugtöpfers;
3. die Spezialisierung auf hochwertige Produkte, vor allem auch auf Apothekergefäße; sowie
4. die Orientierung des Absatzgebietes nach Norden und Osten, wo am wenigsten Konkurrenz durch die Westerwälder und Münsterländer Steinzeugfabriken zu erwarten war.

Herstellungsweise

Zum Umfang der Produktion und zur Anzahl der Beschäftigten liegen nur wenige Hinweise vor, die meist auch keine genauen Zahlen nennen. 1853 bemerkt Heyl in einem Schreiben an die königliche Landdrostei zu Osnabrück, daß seine Steinzeugfabrik „wie keine andere zum Wohle und Flora der hiesigen Stadt beiträgt" und sie „vielen Menschen Beschäftigung und Nahrung gewähre.."[13]. Nach einer Aufstellung aus dem gleichen Jahre wurden alleine im Februar und März 1853 170 Fuder Holz als Brennmaterial zur Töpferei gefahren, so daß die dortige Fertigung wohl durchaus industriellen Charakter im Sinne einer Massenproduktion hatte. Ab 1866 liegen Angaben über die Anzahl der Fuder Holz vor, welche die Firma Heyl jährlich aus dem Haselünner Forstrevier bezog[14]. Dies waren:

1866: 52 Fuder   1871: 177 Fuder
1867: 103 Fuder   1872: 34 Fuder
1868: 80 Fuder   1873: 168 Fuder
1869: 142 Fuder   1874: 187 Fuder
1870: 233 Fuder   1875: 215 Fuder

Der Töpfereibetrieb lag westlich der Stadt oberhalb des Haseufers auf einem „Ziegelinsel" genannten Flurstück in der Nähe des heutigen Krankenhauses. Auf dem Urkatasterplan von 1874 sind dort umfangreiche

Abb. 1: Blick vom Haselünner Kirchturm auf die „Ziegelinsel". Links die Hase, im Hintergrund das Krankenhaus, rechts die Molkerei. Vorne die Gebäude der ehemaligen Töpferei Heyl, die 1936 abbrannten. Aufnahme: unbekannt, um 1920; Repro: Foto Temming, Haselünne

Baulichkeiten eingetragen, bei denen es sich, neben dem Werkstattgebäude und dem Brennofen, wohl vor allem um Trocken- und Lagerschuppen handelte[15]. 1866 werden dort „3 Ziegeleigebäude", eine „Fabrik" drei „Scheunen" und ein „Packhaus" genannt[16]. Nach der Aufgabe des Töpfereibetriebes wurde ein Teil der Produktionsgebäude abgebrochen, ein Teil zu Wohnungen umgebaut, die vor allem von ärmeren Familien bezogen wurden[17]. Eine Fotoaufnahme von etwa 1920 zeigt noch erhebliche Teile der aus Fachwerk errichteten Töpfereigebäude des 19. Jahrhunderts, doch 1932 brannte die „Ziegelinsel" bis auf geringe Reste nieder. Heute befindet sich dort eine Parkanlage (Abb. 1).
Genaue Angaben zum Produktionsablauf in der Heyl'schen Töpferei sind den archivalischen Quellen kaum zu entnehmen, so daß man hierzu auf andere Hinweise angewiesen ist. Am Standort der Töpferei finden sich noch heute zahlreiche mit einer dicken Salzglasur überzogene Backsteine, die von der Wandung oder Kuppel des Brennofens stammen. Nach Formung, Trocknung und Bemalung wurden die Gefäße dort zunächst gebrannt und in einem weiteren Arbeitsschritt mit einer Salzglasur überzogen, wie dies auch bei der Westerwälder Ware üblich ist. Damit die Gefäße im Ofen nicht aneinander festbackten, benutzte man Stapelhilfen und Abstandhalter, wie sie auf dem ehemaligen Brennplatz

Abb. 2: Verschiedene Steinzeuggefäße aus der Produktion der Töpferei Heyl in Haselünne; im Vordergrund Stapelhilfen vom ehemaligen Töpfereigelände. Museumsfond der Stadt Lingen. Aufnahme: Stadt Lingen, Museum, 1990

noch heute zu Tausenden als Abfall herumliegen (Abb. 2). Es finden sich:
1. wurstartig gedrehte, längliche Streifen von etwa 5 cm Durchmesser mit besandeter Oberfläche als Untersatz für große Gefäße;
2. kleine Ringe gleicher Machart von etwa 12 cm Durchmesser als Standringe für Krüge und Töpfe;
3. knochenartige, kurze Abstandhalter, die zwischen die Gefäße geklemmt wurden; und
4. sauber geschnittene, z. T. kreuzförmige Streifen von ca. 2 x 4 cm Durchmesser als Untersatz für kleinere Gefäße, letztere bilden die häufigste Fundgruppe.

Diese Stapelhilfen entsprechen genau jenen Formen, die auch im Westerwald zur Verwendung kamen. Stülpen zur Unterstützung der Hälse von Krügen wurden in Haselünne offenbar nicht benutzt.

Vertrieb der Produkte

Das Absatzgebiet der Töpferei Heyl läßt sich bislang nur ansatzweise festlegen, denn flächendeckende Bestandsaufnahmen fehlen weitgehend und aussagekräftige Geschäftsunterlagen der Firma Heyl sind offenbar nicht überliefert. Schon aus dem Bericht von 1838 ist jedoch ersichtlich, daß Heyl seinen größten Absatz im Weser-Ems-Gebiet suchte, wo er weitgehend ohne einheimische Konkurrenz war, aber auch weiter in den norddeutschen Raum liefern wollte, wo er zwangsläufig auf die Duinger Topfhändler aus dem Raum Hannover treffen mußte.

Bei der Erfassung von Erzeugnissen der Firma Heyl konnten bislang etwa 150 Gefäße ermittelt werden, die sich anhand des eingedrückten Firmenstempels genau erkennen lassen. Sie stammen schwerpunktmäßig aus dem Emsland[18], dem Osnabrücker Land[19], dem Oldenburger Münsterland[20], dem Ammerland[21] und aus Ostfriesland[22]. Die südlichsten Belege stammen aus Rheine und Nordhorn[23], wo ansonsten die Stadtlohn-Vredener Ware zahlenmäßig schon überwiegt. Sehr weit reichen die Streubelege nach Norden und Osten, so etwa bis Jever[24] und sogar bis in die Lüneburger Heide[25]. Die Grenze des Verbreitungsgebietes läßt sich dort gegenwärtig noch nicht einmal in etwa abschätzen.

Der Vertrieb der Heyl'schen Keramik war, wie bei anderen Töpfereien auch, über wandernde und fahrende Händler organisiert. Diese Hausierer zogen über Land und tauschten Tonwaren gegen Lumpen ein, die sie an Papiermühlen, Lumpensammelstellen und ähnliche Betriebe verkauften. Mit dem dort erhaltenen Bargeld kauften sie neue Tonwaren u.s.w.[26]. Über diesen Tauschhandel berichtet Anton Heyl selber in einem Schreiben von 1857:

„... daß die Lumpensammler ihr Gewerbe größtentheils durch Tausch-Handel betreiben und ist es üblich und hergebracht, daß sie sich zum Tausch gewöhnlicher Töpferwaren, Knopf- und Nähnadeln, Haken und Oesen, Cattuner Bänder und gewöhnlichem Nähgarn bedienen, durch welche Artikel die Lumpensammler meines Erachtens Niemandem zum Nachteile sind, vielmehr wird den gewöhnlichen und geringen Leuten dadurch Gelegenheit gegeben, ihre geringen Haushalts-Bedürfnisse für Lumpen einzutauschen, welche sie im anderen Falle für baares Geld würden kaufen müssen"[27]. Andere Topfhändler zogen mit einem Fuhrwagen von Dorf zu Dorf, besonders zu den Jahrmärkten. Hierzu heißt es in einem volkskundlichen Bericht aus Beesten:

Freude bereitete es uns Kindern, wenn der „Messinger Pöttker" kam. Es war ein Kiepenkerl aus dem benachbarten Ort Messingen. Er setzte seine Kiepe stets auf den Eichentisch in der Küche und wartete dann, bis die Mutter mit dem Eierkorb aus dem Keller kam. Vorsichtig wurden dann die Eier in das Häcksel oder Heu gelegt, und stets folgte dann die Frage: „könn ji ook Köppkes of Kümpkes bruken?" Diese waren im untersten Fach der Kiepe verstaut. Er nahm gerne eine „Welle" Bauernbutter und einige Hähnchen als Tauschware an. Nach der Abrechnung bekamen wir Kinder oft einen Groschen mit dem Auftrag: „Nun möt je aber ook weer düftig Eier ut de Nöste halen!" Dann schnallte er seine Kiepe auf und ging . . .

Groß war die Freude, wenn der „Pottwagen" kam. Schon das Pferd vor dem langen Wagen erregte Bewunderung. Es war ein großes, schweres Tier, wie es kein Bauer in Beesten hatte, und trug ein Kummetgeschirr mit blanken Talern auf dem schwarzen Leder. Und dann erst der Pottwagen, vollgepackt mit Fässern, Wannen, Krügen, Kannen und Tassen. Selbst an den „Flechten" und „Rungen" war allerlei Geschirr aufgehängt. Frauen und Mädchen stiegen aus, nahmen sich je eine Wanne oder einen Kochtopf und verteilten sich auf die einzelnen Häuser . . .[28].

Daneben gab es in den Städten und Kirchdörfern auch ansässige Topfhändler, etwa Schmidt in Lingen oder Schuth in Lengerich. An einen solchen Topfhändler namens Wilkmann in Löningen lieferte die Firma Heyl im Frühjahr 1876:

„223 Wurf Steingut a 0,65 d = 144 Rthl. 95 Schill.". Außerdem bestellte „18 Stück 3 Wurf's flache Töpfe" konnten nicht sofort geliefert werden, da die im Lager noch vorhandenen Gefäße bereits einem anderen Kunden versprochen waren. Die Auslieferung besorgte ein Fuhrmann Brundirs aus Haselünne. Dabei waren die Gefäße in Körbe verpackt, welche die Firma Heyl auf Wunsch zurücknahm[29].

Konkurrenzfirmen

Doch auch aus anderen Töpferzentren, namentlich aus Stadtlohn-Vreden und Duingen, gelangte im 19. Jahrhundert viel importiertes Steinzeug in das Weser-Ems-Gebiet. Die dunkelbraune Duinger Ware, besonders Henkelkrüge, Enghalskrüge und Humpen, wurden mit großen Frachtwagen, aber auch per Schiff, bis in das Emsland verhandelt[30]. So bat 1847 der Duinger Topfhändler F. Habenicht von Leer aus die

Abb. 3 bis 6: Verschiedene Steinzeuggefäße aus der Produktion der Töpferei Heyl in Haselünne.
Vorratstopf, Museum Lingen   Krug, Museum Lingen

Arenbergische Verwaltung um eine Hausierkonzession für das Jahr 1847/48, wie er sie auch bereits ein Jahr zuvor erhalten hatte. Darin schreibt er:
„Da ich aber nur ein paar male im Jahre im Kreise Meppen mit meiner Waare hausiere, dann aber möglichst schnell meine Geschäfte dort abthun möchte, so bitte ich gehorsamst, die erbetene Concession gütigst so ausstellen zu wollen, daß eine Gehilfin namens Hanne Fahrenhorst, welche mir in meinem Geschäfte beisteht, mit darin nahmhaft gemacht werde..."
Habenicht hatte sich bei einem Kaufmann in Leer eingemietet und organisierte von dort den Vertrieb seiner Waren in das Emsland und nach Ostfriesland[31].

Die Produkte der Firma Heyl

Von manchen Töpfereiprodukten weiß man sicher, daß sie aus bestimmten Werkstätten stammen: wenn sie etwa durch Vererbung in ehemali-

 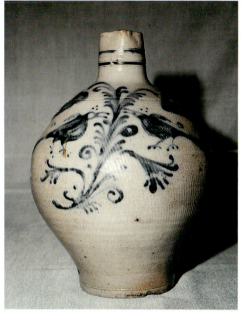

Krug mit Jahreszahl 1850, Heimatmuseum Leer

Krug mit Vogeldekor, Emslandmuseum Clemenswerth.

Aufnahmen: Stadt Lingen, Museum, 1990

gen Töpferfamilien geblieben sind, oder wenn sie an den Abwurfhalden bestimmter Betriebe gefunden werden. Anhand dieser Belegstücke kann man für einzelne Töpfereien typische Gefäßformen und Bemalungen ermitteln. In einigen Betrieben, vornehmlich im 19. Jahrhundert, wurde ein Teil der Erzeugnisse zusätzlich signiert, markiert oder gestempelt. Dies gilt auch für die Töpfereien von Dahmann in Hasbergen und Heyl in Haselünne, die ihre Steinzeuggefäße mit einem Firmenstempel versahen, vielleicht zum Schutz gegen ausländische Konkurrenten. Im folgenden wird ausschließlich auf die sicher zuweisbaren, gestempelten Stücke eingegangen, obwohl auch Heyl'sche Produkte ohne diesen Stempel bekannt sind.

Im Gegensatz zu den Steinzeugprodukten aus Stadtlohn und Vreden hat die Firma Heyl wohl nur sehr wenige ihrer Erzeugnisse mit der Angabe des Entstehungsjahres versehen. Bisher ist nur ein einziger datierter Enghalskrug mit der Jahreszahl 1850 bekannt geworden (Tafel V). Daher können sich alle Aussagen zu den Gefäßtypen und Bemalungen der Töpferei Heyl nur auf den gesamten Produktionszeitraum von 1837 bis etwa 1880 beziehen[32].

Die Produktionspalette

Die Steinzeugtöpferei Heyl hat nicht nur in großem Umfang produziert, sondern auch eine breite Produktionspalette angeboten. Anhand erhaltener Gefäße in Museen und Privathaushalten sowie den Bodenfunden aus dem Bereich des Töpfereigeländes ist erkennbar, daß zwar in erster Linie Gefäße für den Haushalt, jedoch in nicht unerheblicher Anzahl auch Apothekergefäße hergestellt wurden.
Zu den Haushaltsgefäßen zählen vor allem ENGHALSKRÜGE (Taf. I-VI) mit sehr engem Hals (bis ca. 2 cm), die vorwiegend als Ölkrüge verwendet wurden, sowie ähnliche, bauchige Gefäße mit einem etwas weiteren Hals (bis ca. 4 cm) und einem Ausguß. Ein großer Teil dieser Gefäße besitzt im Henkel, in der Nähe des oberen Gefäßansatzes, zwei kleine Löcher, die zur besseren Haftung des Henkelansatzes beim Brand beitrugen und später zur Befestigung eines Zinndeckels dienen konnten.
Die zweite, sehr verbreitete Gefäßart bildeten die VORRATSTÖPFE (auch Rahm- oder Schmalztöpfe genannt). Es kommen zwei Formen, eine flache mit großem Durchmesser (bis ca. 28 cm) und eine hohe mit geringem Durchmesser (bis ca. 15 cm) sowie verschiedene Zwischengrößen vor (Tafel VII-IX). Sie waren durchweg mit Henkeln versehen und dienten vorwiegend zum Aufbewahren und Konservieren von Lebensmitteln.
Darüber hinaus gibt es auch KANNEN (meist als Bier- oder Weinkannen bezeichnet), die eine leicht bauchige Form, eine breite Halskrause, eine weite Mündung (8-10 cm) und in der Regel einen Ausguß aufweisen. Neben der Verwendung im Haushalt sind diese Gefäße auch in Gaststätten gebraucht worden.
Auch SCHALEN für den Hausgebrauch stellten die Haselünner Töpfer her (Taf. X). Tiefe und flache Schalen, henkellos oder mit ein oder zwei Ohren, fanden in den Haushalten unterschiedlichste Verwendung.
Daneben sind in kleineren Stückzahlen auch SONDERANFERTIGUNGEN hergestellt worden. Hierzu zählt sicher die überdimensionale, reich bemalte „Schnapsbulle" im Osnabrücker Volkskundemuseum (Taf. XI). Eine kleinere, sparsamer bemalte Flasche gleicher Art befindet sich in Privatbesitz auf einem Hof in Lengerich (Taf. XI).

Taf. I: Drei Krüge mit verschiedenen Blütendekors, jeweils Vorder- und Seitenansicht. Mitte: Stadt Lingen, Museum; oben und unten: Privatbesitz Haselünne. M. = 1:6

Alle bisher beschriebenen Gefäße sind aus dem grau brennenden, importierten Steinzeugton hergestellt, mit einer blauen Bemalung dekoriert und mit einem Stempel in Form eines „H" samt Größenangabe des Gefäßes gemarkt.

Die WASSERFLASCHEN („Pullen" oder „Kruken" genannt) waren nicht bemalt und der Stempel enthielt zumeist keine Maßangabe (Taf. IX). Heyl stellte diese Gefäße wohl nur in zwei Größen her. Sie zeigen neben dem grauen Steinzeug häufig auch einen hellen Scherben, der beim Brand rötlich-braune Flecken erhielt. Diese „Pullen" hatten einen kleinen Henkel und einen engen Hals, der mit einem Korken verschlossen wurde. Man ging mit diesen Steinzeugflaschen zu sogenannten „Mineralwasser-Anstalten" (z. B. Carl Eichler in Meppen oder I.B. Berentzen in Haselünne), um sie dort mit Tafelwasser füllen zu lassen. Den Isolationseffekt des Steinzeugs schätzte man auf dem Lande insbesondere zur Erntezeit. Eiskalt abgefüllte Getränke blieben über mehrere Stunden angenehm kühl. Nicht selten wurden diese Gefäße im Winter kurzerhand zu Wärmflaschen („Kruken") umfunktioniert. Das säurefeste Material erlaubte natürlich auch die Abfüllung von Alkoholika[33].

Neben dem grauen Steinzeug wurden in Haselünne auch Gefäße hergestellt, die nach dem Brand eine dunkelbraune oder honigbraune Oberfläche bekamen, zum Teil mit der aus dem Rheinland bekannten „Tigerfleckung". In dieser Färbung sind bislang allerdings nur BIERHUMPEN bekannt geworden (Taf. XI). Offensichtlich handelt es sich hierbei um Kopien der bekannten Duinger Humpen mit Rillendekor. Auch diese Humpen sind mit den oben beschriebenen Löchern für einen Zinndeckel und mit einem „H"-Stempel versehen.

Apothekergefäße

Die zweite große Gruppe der Heyl'schen Produktion sind die Apothekergefäße, die in Haselünne in größeren Mengen hergestellt wurden. Hierzu gehören die REIBSCHALEN (Taf. X) und verschiedene SALBENTÖPFCHEN. Letztere finden sich auf dem ehemaligen Töpfereigelände in größerer Anzahl, sind aber nicht gestempelt worden. Auch die Apothekergefäße sind aus dem grauen Westerwälder Ton hergestellt worden, unterscheiden sich aber von den Haushaltsgefäßen durch die fehlende Bemalung. Die Form dieser Gefäße ist einzig durch den Verwendungszweck bestimmt. In den Reibschalen wurden Heilmittel zer-

Taf. II: Drei Enghalskrüge (Ölkrüge), jeweils Vorder- und Seitenansicht. Oben: Fächerdekor, Kulturgeschichtliches Museum Osnabrück; Mitte und unten: Emslandmuseum Clemenswerth. M. = 1:6

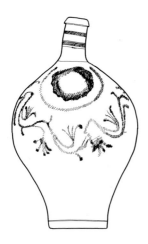 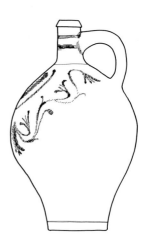

Taf. III: Drei Enghalskrüge. Oben links: Fächerdekor; unten: Blüten- und Rankendekor, Emslandmuseum Clemenswerth. M. = 1:6

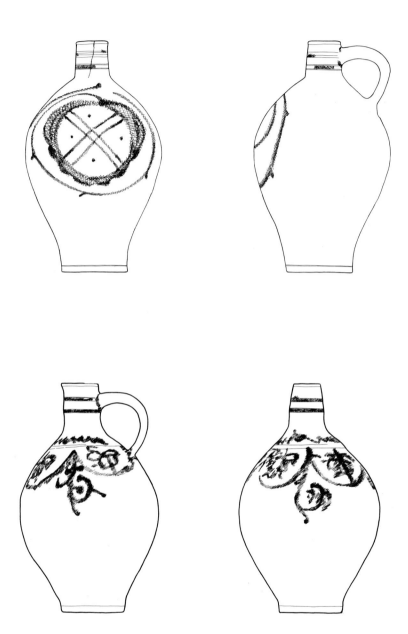

Taf. IV: Zwei Enghalskrüge, jeweils Vorder- und Seitenansicht. Oben: Blütendekor, Privatbesitz Haselünne; unten: Rankendekor, Emslandmuseum Clemenswerth. M. = 1:6

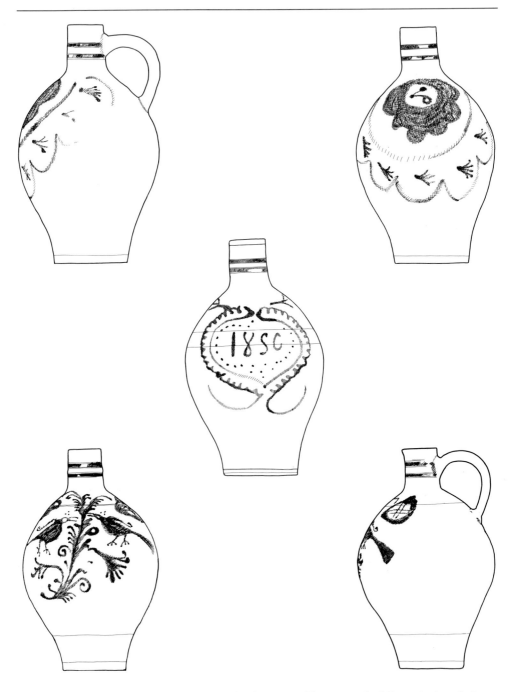

Taf. V: Drei Krüge. Oben und unten: Emslandmuseum Clemenswerth; Mitte: einziger datierter Krug mit Jahreszahl 1850, Heimatmuseum Leer. M. = 1:6

stoßen und Tinkturen angerührt. Die Salbentöpfchen, wie die Reibschalen ohne Henkel, dienten zur Aufbewahrung und zur Verpackung von Arzneien. Wegen der Säureresistenz waren diese Steinzeuggefäße für den Einsatz in Apotheken ideal.

Stempel

Während der Produktionszeit von 1835 bis 1880 verwendete die Firma Heyl zwei unterschiedliche Stempel, die den Firmennamen und den Firmensitz nennen: „A. Heyl, Haselünne" (in zwei Schriftgrößen) und „ANT. HEYL, IN HASELÜNNE". Die so gemarkten Gefäße besitzen zusätzlich das eingestempelte „H", das eine Maßangabe enthielt. Der weitaus größte Teil der Gefäße wurde allerdings ausschließlich mit einem „H" und einer Maßzahl gestempelt, wobei der Querbalken des „H" als Bruchstrich diente. Bekannt sind folgende Größenangaben: 2, 1, 1 1/2, 3/4, 1/2, 3, 4, 1/4, 6, 1/8 (Reihenfolge entsprechend der Gefäßgröße). Diese Maßzahlen sind, bis auf die Wasserflaschen und Salbentöpfe, bei sämtlichen Gefäßtypen in der angegebenen Reihenfolge verwendet worden. Angebracht waren diese Markierungen bei den Enghalskrügen und Kannen unterhalb des Henkels am unteren Gefäßrand, bei den Vorratstöpfen und Schalen am unteren Rand der Rückseite. Bei den Wasserflaschen war der Stempel dicht unter dem Henkel angebracht, der Firmenschriftzug oben auf der Vorderseite.
Von den ca. 150 erhaltenen und gestempelten Gefäßen, die zu einem Vergleich herangezogen wurden, waren etwa 80 % Enghalskrüge und Vorratstöpfe. Bei den eingestempelten Größenangaben handelt es sich um Hohlmaße. Beim Vergleich mit den im damaligen Königreich Hannover geltenden Maßen konnte allerdings keine exakte Übereinstimmung festgestellt werden. Für Krüge und Vorratstöpfe galten zudem unterschiedliche Maßeinheiten. Die Größenabfolge und die Größenverhältnisse stimmen dagegen bei den verschiedenen Gefäßtypen überein. Die Maße 2, 3, 4 und 6 scheinen Über- bzw. Zwischengrößen zu bezeichnen. Die Gefäße waren nicht geeicht, die Maßangaben beinhalten Toleranzspannen von einigen Kubikzentimetern.
Die grundsätzliche Frage, warum die Gefäße überhaupt als Produkte der Firma Heyl kenntlich gemacht wurden, ist noch unklar; ebenso die Verwendung unterschiedlicher Stempel und die Unterscheidung in besondere Firmenstempel und einfache Maßstempel. Wollte man sich von

Konkurrenzprodukten absetzen und hat deshalb einen „Qualitätsstempel" angebracht? Stammen die unterschiedlichen Stempel von verschiedenen Töpfern oder aus verschiedenen Produktionsabschnitten? Die Anzahl der erhaltenen und mit einem Schriftzug versehenen Gefäße ist leider zu gering, um hier im Zusammenhang mit den aufgemalten Dekors zu einer genaueren Differenzierung zu kommen. Es ist jedoch davon auszugehen, daß der Stempel „ANT. HEYL" erst in den letzten Produktionsjahren verwendet wurde, weil die entsprechende Abkürzung auch auf den Briefköpfen der Firma erst nach 1870 nachzuweisen ist.

Der Dekor

Der dekorativen Bemalung ist es sicherlich in den meisten Fällen zu verdanken, daß überhaupt noch so viele Gefäße der Firma Heyl erhalten sind. Nachdem nämlich Behälter aus Glas, Porzellan und Metall die Steinzeugprodukte mehr und mehr aus der Funktion als Vorratsbehälter verdrängten, zierten die blaubemalten Krüge und Töpfe schließlich die Schränke und Truhen auf den Bauernhöfen und in den Bürgerhaushalten.
Wie beispielsweise für die Töpfereien in Stadtlohn und Vreden festgestellt werden konnte, ist das Dekorieren mit dem Malhorn die ältere Art der Verzierung[34]. Dabei wurde das Horn mit einem sehr feinen, dünnen und mit Farbpigmenten versetzten Ton gefüllt. Die Arbeitskräfte, welche die Bemalung übernahmen[35], dekorierten die Gefäße entweder aus freier Hand oder mit Hilfe einer Schablone. Durch das Auftragen des „Schlickers" lag der Dekor dick und mit klarer Kontur auf der Gefäßoberfläche.
In der zweiten Hälfte des 19. Jahrhunderts setzte sich eine andere Maltechnik durch. Mit einem Pinsel aus Schweineborsten konnte die breiflüssige Kobaltmalte wesentlich schneller und dünner aufgetragen werden. Je nach Konsistenz der angerührten Masse verliefen die Konturen der mit dem Pinsel aufgetragenen Malereien aber stärker als die mit dem Malhorn aufgebrachten Muster. Vielen Gefäßen der Heyl'schen Produktion ist dieses Problem auf den ersten Blick anzusehen.
Ein Malhorndekor ist bei den erhaltenen Haselünner Erzeugnissen bisher nur in wenigen Fällen nachweisbar, etwa bei dem einzigen datierten Krug aus dem Jahre 1850 (Taf. V). Da beide Maltechniken im 19. Jahr-

Taf. VI: Zwei Enghalskrüge, jeweils Vorder- und Seitenansicht. Oben: Vogeldekor, Kulturgeschichtliches Museum Osnabrück; unten: Blütendekor, Emslandmuseum Clemenswerth. M. = 1:6

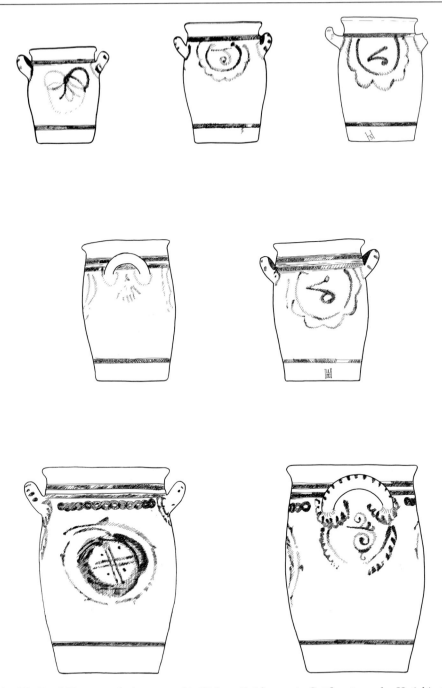

Taf. VII: Fünf Vorratstöpfe in unterschiedlichen Größen, mit Größenstempeln H 4 bis H 2, Emslandmuseum Clemenswerth. M. = 1:6

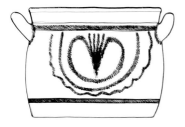 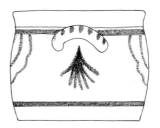

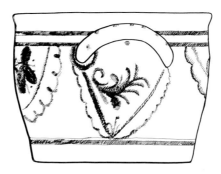

Taf. VIII: Zwei Vorratstöpfe (Schmalztöpfe), jeweils Vorder- und Seitenansicht. Oben: Privatbesitz Haselünne; unten: Emslandmuseum Clemenswerth. M. = 1:6

hundert aber über Jahrzehnte nebeneinander üblich waren, ist eine Chronologie der Heyl'schen Keramik anhand der Maltechnik nicht möglich.

Grundsätzlich sind keine Unterschiede zwischen der Bemalung von Krügen und Vorratstöpfen zu erkennen. Allerdings sind die Krüge zumeist reicher bemalt als die Vorratstöpfe, und bestimmte Motive, etwa den Vogel oder den typischen „Fächer", findet man auf den Krügen wesentlich häufiger als auf den Vorratstöpfen. Insgesamt sind die Haselünner Produkte sparsamer bemalt als die Krüge und Vorratstöpfe aus dem Westerwald.

Bei der Untersuchung der erhaltenen Gefäße wurden zwei interessante Details beobachtet. Ein Vorratstopf (Taf. VIII Mitte) zeigt neben dem eingestempelten „H" ein von Hand eingeritztes „W". Dies mag ein Hinweis auf eine Töpferin namens Wiggermann sein, die im 19. Jahrhundert in Haselünne erwähnt wird[36]. Bei einem Enghalskrug fand sich auf der Außenseite des Bodens eine vor dem Brand aufgemalte Beschriftung „No 27". Vielleicht handelt es sich um ein Mustergefäß, das als Vorlage in der Töpferei oder als Demonstrationsobjekt für fahrende Händler diente.

Typische Motive

Im Rahmen der Sachgutdokumentation des Lingener Museums wurden alle verfügbaren Gefäße aus der Töpferei Heyl fotographiert, so daß für den Vergleich der Dekore eine große Anzahl von Belegstücken greifbar ist. Dabei zeigten sich typische Zierelemente der Heyl'schen Keramik, die sich von denen anderer Steinzeugtöpfereien des 19. Jahrhunderts deutlich unterscheiden (Taf. XII). An erster Stelle sind hier der „Fächer" und die „Blüte" zu nennen. Dabei wird der „Fächer" häufig von einem Flechtband eingefaßt, während die Blüte eine breite Umrahmung und einen dünnen „Stengel" aufweist. Neben der großen „Blüte" mit einem doppelten Kreuz und vier Punkten in der Mitte kommt häufig auch eine kleinere Variante mit einem einfachen Punkt in der Mitte vor. Entsprechend dekorierte Gefäße weisen stets den „H"-Stempel auf und lassen sich somit allesamt sicher der Töpferei Heyl zuweisen. Ebenfalls charakteristisch für die Haselünner Keramik ist der „Bogenfries", eine große Halbkreislinie mit einem etwas unterhalb verlaufenden Wellenband. Dieses Motiv wurde in der Regel mit „Haken" und „Kringeln"

Taf. IX: Oben: kleiner Vorratstopf, Emslandmuseum Clemenswerth, und Salzfäßchen (?), Kulturgeschichtliches Museum Osnabrück; Mitte: Vorratstopf mit Fächerdekor, Privatbesitz Haselünne; unten: Enghalskrug, Emslandmuseum Clemenswerth. M. = 1:6

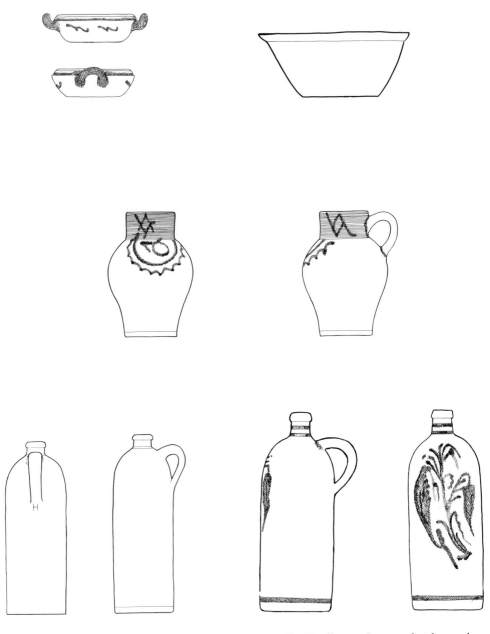

Taf. X: Oben links: flache Henkelschale, Bodenfund aus der Nordhorner Innenstadt; oben rechts: Reibschale (Apothekengefäß), Kulturgeschichtliches Museum Osnabrück; Mitte: Bier- oder Weinkanne, Privatbesitz Haselünne; unten links: Mineralwasserflasche, Privatbesitz Bawinkel; unten rechts: Flasche, Privatbesitz Lengerich. M. = 1:6

Taf. XI Oben: Bierhumpen in Art der Duinger Ware, gestempelt H 4, mit Zinndeckel von Matthias Hölscher, Quakenbrück, Stadtmuseum Quakenbrück; unten: Flasche mit Vogeldekor, gestempelt H 1½, Kulturgeschichtliches Museum Osnabrück. M. = 1:6

Taf. XII: Typische Dekors von verschiedenen Gefäßen aus der Produktion der Töpferei Heyl in Haselünne. Ohne Maßstab kombiniert. Der „Vogeldekor" war im 19. Jahrhundert in vielen Töpferorten bekannt, sowohl auf Steinzeug, als auch auf Irdenware. Nach häufigem Vergleich können allerdings zwei Formen des „Vogeldekors" herausgestellt werden, die sicher der Haselünner Werkstatt zuzuweisen sind, eine etwas gestreckte, und eine etwas aufgeblähte Form (Taf. XII). Häufig wurden die Gefäße im Heyl'schen Töpferofen so dicht aneinander gestapelt, daß die erst während des Brennvorgangs in den Ofen eingedampfte Salzglasur nicht flächendeckend aufgetragen werden konnte. Zurück blieben vielmehr zahlreiche dunkle Flecken und weißliche, unglasierte Flächen, zum Teil mit beschädigter Bemalung. Überhaupt scheint man in Haselünne große Probleme mit den Glasuren gehabt zu haben. Immer wieder findet man nämlich Stücke mit charakteristischen Mängeln: Oberflächen mit großen hellen oder grauen Flecken, aufgebackene Salzkrusten und völlig unglasierte Fehlstellen. Auch haben sich viele Gefäße, besonders Enghalskrüge, während des Brennvorgangs in ihrer Form verzogen; Folgen waren unregelmäßige Gefäßbauchungen, schiefe Gefäßschultern und schiefsitzende Halsstücke. All diese Fehler findet man bisweilen auch bei Erzeugnissen Westerwälder Manufakturen, jedoch nicht in dem großen Umfang wie bei der Haselünner Produktion. Zahlreiche Fehlbrände in Privatbesitz zeigen, daß die Fehlbrände dennoch verhandelt wurden, soweit sie trotz der Fehler ihre praktische Funktion erfüllen konnten.

Konkurrenzware

Die Haselünner Töpferei stand in Konkurrenz zu verschiedenen Produktionsstätten im Westerwald, in Stadtlohn/Vreden, vielleicht auch in Berge und sicher auch Duingen. Während sich die Duinger Ware schon optisch deutlich von der sonst üblichen graublauen Ware unterscheidet, ist über die Berger Produktion leider so wenig bekannt[37], daß ein Vergleich der Emsländischen Ware einstweilen nur mit der ähnlich dekorierten Westerwälder und Stadtlohn-Vredener Keramik möglich ist.
Deutliche Unterschiede sind zwischen den Gefäßen der Stadtlohn-Vredener und der Haselünner Ware festzustellen. Im Westmünsterland wurde Ton verarbeitet, der in der dortigen Region ansteht. Dieser ist nicht so „fett" wie jener aus dem Westerwald. Der Scherben erhielt beim Brand zumeist eine bräunliche Färbung, wie sie auch beim Steinzeug aus

A.HEYL   ANT=HEYL   H|1   H|3/4|
HASELÜNNE   III HASELÜNNE

H|1/2| H|2|≡/w   No 27

Anton Heyl in Haselünne.
Steingutfabrik & Ziegelei.

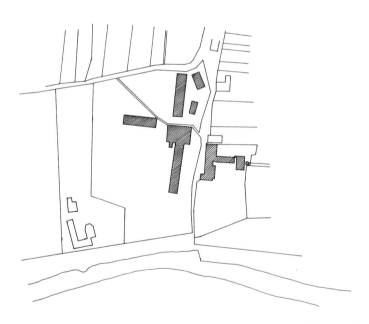

Taf. XIII: Oben: Firmenstempel und Größenstempel von verschiedenen Gefäßen aus der Töpferei Heyl. Mitte: Briefkopf von einer Rechnung der Töpferei Heyl aus dem Jahre 1871. Unten: Lageplan der Gebäude der Töpferei Heyl (schraffiert) nach dem Lageplan zum Urkataster von 1875. Am unteren Bildrand die Hase, unten links das damalige Krankenhaus

Frechen zu beobachten ist. Bei den Gefäßformen sind zwei deutliche Unterschiede zu verzeichnen:
1. Die Münsterländer Vorratstöpfe verjüngen sich nach unten hin, so daß sie auf einem engen, spitzen Fuß stehen („Spitzpötte").
2. Anders als bei den Haselünner Gefäßen befindet sich der größte Durchmesser der Bauchung von Enghalskrügen aus Stadtlohn und Vreden stets oberhalb der halben Gefäßhöhe. In der zweiten Hälfte des 19. Jahrhunderts zeigen sie zumeist einen sehr engen, konisch auslaufenden und stark profilierten Hals, wie er von Haselünner Krügen nicht bekannt ist.

Auch die Bemalung unterscheidet sich deutlich von der emsländischen Fabrikation, denn auf den Stadtlohn-Vredener Gefäßen herrschen Spiralen-, Ähren- und Schlangenlinienornamente vor. Unter dem Einfluß der Westerwälder Produktion glich man sich in Stadtlohn gegen Ende des 19. Jahrhunderts in Form und Bemalung zunehmend den Konkurrenzprodukten an.

Kaum zu unterscheiden sind die Heyl'schen Gefäße von den Erzeugnissen aus dem Westerwald, dem Gebiet um Koblenz mit dem berühmten Töpferort Höhr-Grenzhausen. Neben dem Ton und den Glasuren kamen auch die ersten Haselünner Töpfer aus diesem Gebiet. Wenn nun noch die Zeitgleichheit und die Intention einer fabrikmäßigen Fertigung in Haselünne hinzugezogen werden, so muß die Ähnlichkeit der Erzeugnisse als zwangsläufig und selbstverständlich bezeichnet werden. In der Form der einzelnen Gefäße ist beim jetzigen Forschungsstand kein grundsätzlicher Unterschied festzustellen[38]. Eine Ausnahme bilden nur die Haselünner Vorratstöpfe mit hoher Form, die häufig mit einer hohen, oder rundlich ausladenden Randlippe versehen sind und zudem häufig kleine Dellen im Rand aufweisen. Auch in der Bemalung zeigen sich einige Haselünner Sonderformen, die auf Westerwälder Gefäßen nicht vorkommen. Außerdem zeigen die Westerwälder Erzeugnisse zumeist eine aufgemalte Maßangabe, während die Haselünner Gefäße die oben beschriebenen Maßstempel besitzen.

Ende der Töpferei in Haselünne

Nachdem Anton Heyl 1864 kinderlos verstorben war, übernahmen seine Erben Josef und Johannes Heyl aus Meppen sowie der Töpfermeister Bernhard Klasen aus Haselünne gemeinsam den Betrieb[39]. Durch die

Konkurrenz neuartiger Werkstoffe, etwa Emaille und Steingut, ging die Bedeutung des Steinzeugs in der zweiten Hälfte des 19. Jahrhunderts allgemein stark zurück. Außerdem konnten andere Steinzeugzentren, vor allem Duingen, Stadtlohn und der Westerwald, wegen der dort vor Ort anstehenden Töpfererden erheblich günstiger produzieren als Heyl in Haselünne, wo der Ton von weither bezogen werden mußte. Seitdem fremdes Steinzeug mit der Eisenbahn schnell und kostengünstig in das Emsland und in das weitere traditionelle Absatzgebiet der Heyl'schen Ware in Norddeutschland transportiert werden konnte, verlor die Haselünner Steinzeugtöpferei rasch an Bedeutung. Unter dem Eindruck der verschärften Konkurrenz wurden nun in Haselünne verstärkt Baustoffe aus einheimischen Tonen, vor allem Dachziegel, produziert, die man per Schiff auf der Hase abtransportierte.

In der zweiten Hälfte der 1870er Jahre geriet die Firma Heyl offenbar in erhebliche Zahlungsschwierigkeiten. 1876 war Josef Heyl immer noch im Betrieb tätig[40], als Besitzer werden aber 1875 schon Carl Heyl und Bernhard Klasen genannt[41]. Kurze Zeit später, 1878, befand sich die Firma Heyl schon in Liquidation und ein Jahr später ging das Töpfereigelände an August Vehmeyer. Dieser betrieb dort eine Ziegelei, die er 1895 an den Bahnhof verlegte. Die Firma Heyl wurde schließlich am 25. Oktober 1881 aus dem Handelsregister gelöscht.

Anmerkungen:

1. Schon seit Jahrzehnten hat sich Alfons Webering aus Haselünne um die Erforschung der Geschichte seiner Heimatstadt verdient gemacht. Ihm sowie den beiden Museumsleitern Eckard Wagner, Clemenswerth, und Ernst-Helmut Segschneider, Osnabrück, verdanken wir zahlreiche Hinweise zu nachfolgendem Beitrag.
2. Hierzu allgemein Gisela Reineking von Bock, Steinzeug (= Kataloge des Kunstgewerbemuseums Köln 4). Köln 1971.
3. Franz Baaden, Die Töpferregion Westerwald – Ein geschichtlicher Überblick über das Kannenbäckerland und seine Ausstrahlung. In: Keramikmuseum Westerwald. Montabaur 1982.
4. Wilhelm Elling, Steinzeugtöpferei in Stadtlohn und Vreden. In: Wingolf Lehnemann (Hrsg.), Töpferei in Nordwestdeutschland. 2. Aufl., Münster 1980, S. 125–216.
5. Bereits im 18. und 19. Jahrhundert wurde münsterländisches Steinzeug in erheblichem Umfang in das Emsland importiert; dies zeigen zahlreiche Belegstücke in der Steinzeug-Dokumentation des Lingener Museums.
6. Ernst Helmut Segschneider, Steinzeug im südlichen Weser-Ems-Bezirk. In: Joachim Naumann (Hrsg.), Deutsches Steinzeug des 17. bis 20. Jahrhundert. Düsseldorf 1980, S. 34-43.
7. Alfons Webering, Die Geschichte der Stadt Haselünne. In: 700 Jahre Stadt Haselünne 1272-1972. Haselünne 1972, S. 61.
8. Anton Heyl wurde 1791 geboren und heiratete 1815 Sibylla Niehaus aus Haselünne. Er starb am 18. 9. 1864 in Emden; für die Recherche dieser Daten im Standesamt Haselünne danken wir Frau Agnes Kappen, Haselünne.
9. Staatsarchiv Osnabrück, Dep. 62 b, Nr. 3195.
10. Fr. von Reden, Das Königreich Hannover statistisch beschrieben. Hannover 1839, Bd. 1, S. 319/320.

11 Jahresbericht der Handelskammer zu Lingen für 1868. Lingen 1869, S. 11.
12 Segschneider (wie Anm. 6), S.36.
13 Staatsarchiv Osnabrück, Rep. 350 Haselünne, Nr. 288.
14 Staatsarchiv Osnabrück, Dep. 62 b, Nr. 2666.
15 Unterlagen beim Katasteramt Meppen.
16 Staatsarchiv Osnabrück, Dep. 75 b, Nr. 111.
17 Aus dieser Zeit stammt auch die Bezeichnung „Ziegeninsel" als Ableitung von „Ziegelinsel", weil viele der dort wohnenden Familien nur eine Ziege hielten.
18 In einigen Privatsammlungen in Haselünne, in verstreutem Privatbesitz im ganzen Kreisgebiet sowie in den Museen Clemenswerth, Haselünne, Meppen und Lingen.
19 Mehrere Stücke aus dem Raum Osnabrück heute im Kulturgeschichtlichen Museum Osnabrück.
20 Zahlreiche Stücke im Museumsdorf Cloppenburg, in breit gestreutem Privatbesitz und in einer Privatsammlung in Talge.
21 Nach Angaben des ehemaligen Bezirksarchäologen Zoller und einzelnen Stücken aus Privatbesitz.
22 U.a. im Stadtmuseum in Leer sowie in Privatbesitz in Leer und Emden.
23 Bodenfunde von verschiedenen Fundstellen in der Altstadt, jetzt Sammlung Maschmeyer, Nordhorn.
24 Im dortigen Schloßmuseum, freundlicher Hinweis von Eckard Wagner, Clemenswerth.
25 Freundlicher Hinweis von Eckard Wagner, Clemenswerth.
26 Jahresbericht der Handelskammer zu Lingen für 1868. Lingen 1869, S. 14. So erhielt etwa 1847 ein J.H. Vehring aus Heitel eine Hausierkonzession für „Steinerne Geschirre aus Stadtlohn und irdene Töpferwaren", 1849 ein H. Vogeler aus dem Westerwälder Töpferort Höhr für „Steingut und irdene, mit Draht besponnene Töpfe" und 1850 ein Fh. Meudt aus „Meudt im Nassauischen" für „Weiß und buntes Steingut und mit Draht umsponnene Töpfe". Von den im Jahre 1850 für die Landdrostei Osnabrück erteilten 33 Konzessionen für den Hausierhandel waren allein 16 unter anderem für Steingut, Töpferwaren oder irdenes Geschirr ausgestellt, teilweise zum Eintausch gegen Lumpen. Veröffentlichung der Konzession in den jeweiligen Jahrgängen der „Osnabrücker Anzeigen".
27 Staatsarchiv Osnabrück, Rep. 350 Haselünne, Nr. 306.
28 Archiv für Westfälische Volkskunde, Münster, Mscr. 4536. eingesandt von Bernhard Garmann, Beesten, 1971.
29 Rechnung der „Anton Heyl Fabrik von Chamotte-Steinen, Coblenzer Steingut-Waaren und Ziegelei" vom 30. 4. 1876 im Emslandmuseum Schloß Clemenswerth.
30 Ralf Busch, Duingen – Ein niedersächsischer Töpferort. Braunschweig-Göttingen 1975.
31 Staatsarchiv Osnabrück, Dep. 62 b, Nr. 3199.
32 Ein im Heimathaus Haselünne ausgestellter reich verzierter Enghalskrug mit der Aufschrift „HH 1882" (dort gedeutet als Heyl Haselünne) stammt nicht aus der Haselünner Töpferei, sondern läßt sich anhand der Form, des Dekors und der Bemalung eindeutig dem münsterländischen Töpferort Stadtlohn zuweisen.
33 Vielleicht wurden bei Heyl auch die Schnapsflaschen mit dem Stempel „Alter Münsterländer I:B: Berentzen Haselünne" hergestellt, von denen sich Bruchstücke auf der Abwurfhalde fanden. Diese Flaschen sind allerdings nicht auf der Töpferscheibe gedreht, sondern bereits maschinell gezogen.
34 Elling (wie Anm. 4).
35 Nach Heribert Fries, Von Kannen und Kannenbäcker. In: Keramikmuseum Westerwald. Montabaur 1982, waren dies in der Regel Frauen.
36 Freundlicher Hinweis von Alfons Webering.
37 Ernst Helmut Segschneider, Das alte Töpferhandwerk im Osnabrücker Land. Bramsche 1983.
38 Die Westerwälder Gebrauchsware des 19. Jahrhunderts ist bislang leider erst ganz unzureichend untersucht.
39 Staatsarchiv Osnabrück, Rep. 350 Haselünne, Nr. 316.
40 Er unterschrieb in diesem Jahr noch eine Rechnung der Töpferei Heyl.
41 Carl Heyl war ein Sohn des Regierungsrates Anton Heyl aus Meppen und dessen Frau Sophie Russell.

Bahnhöfe im Emsland

von Eggert Sass

Auf der Suche nach einem Einstieg in die Thematik habe ich meinen neunjährigen Sohn Stephan gebeten, mir ein Bahnhofsbild zu malen. Seit er eine elektrische Modelleisenbahn hat, ist er Experte auf diesem Gebiet; einen Bahnhof hat er allerdings noch nicht.
Zu meiner Überraschung hat er nicht etwa den Bahnhof von Hannover gemalt, den einzigen, den er wirklich kennt, sondern ein Ensemble aus dem, worauf es ankommt: einen Zug, einen Bahnsteig mit Dach, ein Haus mit Fahrkartenschalter und Uhr, einen Mann, der gerade eine Fahrkarte kauft und einen Zaun, der die Wegführung vorgibt (damit niemand ohne Fahrkarte wegfahren kann). Die Lokomotive sieht aus wie seine Spielzeugversion, das Haus ähnelt im Prinzip unserem Wohnhaus, der Rest ist Vorstellung.
Und eine Vorstellung davon, was ein Bahnhof ist, „hat jedes Kind" – selbst dann, wenn die dazugehörigen Gebäude noch nicht in den eigenen Erfahrungshorizont gerückt sind. Genau das macht deutlich, warum Bahnhöfe etwas so Wichtiges sind: Es sind Orte des Aufbruchs und des Ankommens, Orte des Abschieds und des Wiedersehens, Übergänge zwischen dem Bekannten und den unbekannten Teilen der Welt. Jedes Kind weiß, wie wichtig das ist. Aber unsere große Mobilität heute hat diese Bedeutung der Bahnhöfe in den Hintergrund gedrängt. Heute sind die Flughäfen die Tore zur Welt, und das Flugzeug verbindet mit dem Unbekannten. Die modernen Bahnhöfe sind lediglich Knotenpunkte im hektischen Getriebe und Geschiebe unserer Städte. So gesehen ist es nicht verwunderlich, wenn meinem Sohn zum Thema „Bahnhof" nicht der Hauptbahnhof von Hannover in den Sinn gekommen ist. Nur die

Ein Bahnhof, gemalt von Stephan, 9 Jahre alt

alten Bahnhöfe stehen noch für die ehemalige Bedeutung, und die Bahnhofsgebäude sind es, die diesen Inhalt durch die Zeit getragen haben. Aber es kommt noch etwas dazu. In der Bahnhofsarchitektur des vorigen Jahrhunderts drückt sich nicht nur die Würde der Augenblicke aus, für die Bahnhof und Bahnsteig den Rahmen geliefert haben. Vergleichbar mit unserer Elektronik- und high-tech-Gläubigkeit heute waren zum Ende des vorigen Jahrhunderts die Errungenschaften der Industrialisierung Garant für eine bessere Zukunft, für ein besseres Leben. Die Dampfmaschine, zumal die auf Rädern, war Symbol für den Stolz und die Hoffnung ihrer Zeit und der Ausbau des Schienennetzes Gradmesser für den Fortschritt der Nationen. Durch einen Bahnhof konnten sich die Städte und Dörfer, die das Glück hatten, an einem Schienenweg zu liegen, im Netzwerk der Zukunft verankern.
Jede Zeit hat ihre gebauten Hoffnungsträger. Im Mittelalter waren es die Kirchen und Kathedralen, heute sind es vielleicht die Museumsbauten, und vor gut hundert Jahren waren es für eine kurze Zeit eben u. a. die Eisenbahnarchitekturen. Deshalb sehen die alten Bahnhöfe so stolz aus,

deshalb sind sie und auch die dazugehörigen Brücken mit Details ausgestattet, die gotischen Kirchen alle Ehre machen würden. Es wäre vordergründig, wollte man die Ausdrucksstärke dieser Gebäude nur auf das Prestigedenken ihrer Erbauer zurückführen.
Mit diesen und ähnlichen Gedanken habe ich mich auf den Weg gemacht, um die Bahnhöfe von Freren, Beesten, Spelle, Emsbüren-Leschede, Elbergen und Lingen kennenzulernen.
Die drei erstgenannten liegen an der Verbindungsstrecke zwischen Rheine und Quakenbrück, wurden alle um 1880 gebaut und sind in ihrer Art und Größe vergleichbar. Diese Strecke ist heute fast stillgelegt, d. h. es fährt morgens und abends noch ein Güterzug, aber die Bahnhöfe haben ihre Funktion verloren. Leschede, Elbergen und Lingen dagegen liegen an der Hauptstrecke, die das Ruhrgebiet mit dem Seehafen Emden verbindet. Hier hat Lingen als größte Stadt der Region und ehemaliger Standort eines großen Ausbesserungswerkes seine Bedeutung als Fernverkehrsbahnhof aufrecht erhalten können. Leschede ist ein wichtiger Pendlerbahnhof geworden, und der Kleinstbahnhof von Elbergen wurde im Zuge der Rationalisierung in den Ruhestand versetzt.

Der Bahnhof von Freren

Verlassen sieht er aus und verlassen ist er, der Stolz vergangener Zeiten. Aber sowohl der Stolz als auch die vergangenen Zeiten werden durch das Gebäude noch zum Ausdruck gebracht, auch wenn rundherum im Moment alles einen verwahrlosten Eindruck macht. Hier ist schon lange kein Fahrgast mehr abgefertigt worden, und auch in Zukunft wird wohl niemand mehr von hier aus in die Welt hinaus fahren oder auch nur nach Quakenbrück. Trotzdem ist der Bahnhof immer noch ein Bahnhof. Das zweigeschossige Hauptgebäude ist symmetrisch aufgebaut und parallel zwischen Gleiskörper und Straße gelegt. Schiene und Straße wurden so voneinander abgeschirmt und bilden zwei getrennte Wirklichkeiten: die des Unterwegs-seins und die des Bleibens. Das Bahnhofsgebäude als Ort des Übergangs hat demnach auch keine Rückseite, sondern zwei Vorderseiten. Um zu beiden Seiten „Gesicht" zu zeigen, wurde mittig ein kräftiges Querhaus eingefügt. Dieses nimmt die Eingänge bzw. Ausgänge auf und beinhaltete die zentralen Funktionen des Bahnhofes, die Bahnhofshalle, die Fahrkartenausgabe und die Gepäckabfertigung. Der

Die Bahnhöfe von Freren (links) und Beesten

Baukörper entsprach also gleichermaßen den funktionellen Erfordernissen als auch dem Repräsentationsgedanken seiner Zeit.

Auf der Reiseseite ist der Bahnhof an den linearen Raum des Gleiskörpers angehängt, der sich auf beiden Seiten in der Unendlichkeit verliert. Zur Stadtseite hin bildet das Hauptgebäude mit seinen angehängten und umliegenden Lagerschuppen und Silotürmen ein großzügiges städtebauliches Ensemble. Das Gegenüber ist ein Gasthof, der trotz des großen Abstandes mit dem Bahnhof korrespondiert. Beide Häuser überragen mit ihrer Zweigeschossigkeit die sonst flacheren Gebäude des Umfeldes, der farbgleich dunkelrote Stein und die symmetrischen Fensteranordnungen leisten ein übriges – da werden die anderen Baukörper automatisch zur Rahmenarchitektur.

Am Bahnhofsgebäude selbst wird gebaut. Neue Türen und Fenster sind auf der Straßenseite bereits eingesetzt, und die Art und Anzahl der Briefkästen läßt vermuten, daß hier Wohnungen entstehen. Die Rundbögen über den Fenstern wurden z. T. neu aufgemauert, das Wort „Gepäckabfertigung", – gerade noch zu erkennen an einer Wand im Gebäudeinneren – wird bald verschwunden sein. Dennoch deutet nichts darauf hin, daß der Bahnhof seine Identität verlieren könnte. Man wird im Bahnhof wohnen.

Der Bahnhof von Beesten

Eine Station weiter liegt der Bahnhof von Beesten, ebenfalls außer Betrieb und ebenfalls immer noch ein Bahnhof. Das Bahnhofsgebäude ist kleiner als das in Freren. Nur das Querhaus und der linke Flügel sind zweigeschossig, die rechte Seite ist nur noch anderthalbgeschossig und auch weniger prächtig im Mauerwerk. Daran schließt sich ein typisches Lager- und Verladegebäude mit beiderseitigen Verladerampen für Straßen- und Schienenfahrzeuge an. Auf der linken Seite steht, ähnlich wie in Freren, ein freistehendes ehemaliges Toilettenhaus.

Die Zugänglichkeit des Komplexes ist ein wenig eingeschränkt durch einen Wachhund, der seiner Aufgabe im Radius seiner Leine lautstark gerecht wird. Ein schöner Hund, aber als Fremder und möglicher Eindringling konnte ich keine freundschaftlichen Beziehungen zu ihm aufbauen.

Städtebaulich ist der Bahnhofsvorbereich in Beesten klar gefaßt und viel knapper dimensioniert als in Freren. Gegenüber vom Bahnhof steht in paralleler Anordnung der lagerhafte Baukörper einer ehemaligen Gaststätte, an den sich nach Süden, genau wie an den Bahnhof, Lagergebäude anschließen. Dadurch entsteht ein langgestreckter Raum, dem Charakter nach mehr ein Platz als eine Straße, obwohl er durch zwei sich gegenüberstehende Gebäudezeilen gebildet wird. Den Zugang markiert die angehobene Terrasse der ehemaligen Gaststätte, den Anfang des Platzes bestimmen Bahnhof und Gaststätte, die sich gegenüberstehen wie die Hauptfiguren eines Brettspiels. Nach Süden setzen die Lagergebäude die Kulisse fort, bis der Raum durch einen mittig stehenden zweigeschossigen Siloschuppen abgeschlossen wird.

Angeregt durch die zukünftige Wohnnutzung im Bahnhof von Freren kommt es mir in den Sinn, daß hier ein sehr schöner Wohnhof entstehen könnte, vielleicht auch eine Mischnutzung. Die klare Gefäßtheit und gleichzeitig die großzügige Offenheit der Situation, die angenehmen Dimensionen und Proportionen und nicht zuletzt die zwei charaktervollen Kopfbauten böten eine Fülle von Identifikationsmerkmalen.

Der Bahnhof von Spelle

Am Ortseingang war zu lesen, daß Spelle in diesem Jahr seinen 1100sten Geburtstag feiert. Für ein Zehntel dieser Zeitspanne war es durch die Eisenbahn mit anderen Städten und Dörfern verbunden. Das mag rechnerisch nicht viel sein, aber es ist der Teil der Geschichte, zu dem wir persönliche Beziehungen haben, den wir mit Menschen in Verbindung

Baum und Haus, vielleicht sind sie sogar gleich alt. Von vorne stellt der Speller Bahnhof nach wie vor etwas dar

bringen, die wir kennen oder kannten; es war die Zeit unserer Großväter.

Fast turmartig markiert der Bahnhof von Spelle die ehemalige Haltestation für den Zugverkehr. Es ist ein Baukörper, der sich zu behaupten weiß, allein und auch ohne Zugverkehr, wenn man von den beiden Güterzügen einmal absieht, die diese Strecke morgens und abends noch befahren. Vor dem Bahnhofsgebäude besteht noch der Rest einer alten Straße, eines alten Vorplatzes, aber eingebunden in einen größeren funktionalen Zusammenhang wird es dadurch nicht. Das ehemalige Hauptgebäude, wiederum ein hochgestreckter zweigeschossiger Ziegelbau mit Sockel und Kniestock, in der Mitte betont durch das übliche Querhaus und rechtsseitig erweitert durch ein kurzes Lager- und Verladegebäude, steht ein wenig isoliert zwischen dem verlassenen Gleiskörper und einer vielbefahrenen Ausfallstraße. Es zieht sich nicht wie die Bahnhöfe von Freren und Beesten mit den Gebäuden der Umgebung zu einer Situation zusammen, es ist selbst eine. Der großräumliche Charakter wird durch die Straße bestimmt, trotzdem stellt der Bahnhof allein immer noch eine Station dar; aber eben allein. (Die Bratwurstbude mag noch so gut sein, das Gewicht einer Bahnhofsgaststätte ist etwas anderes.)

Etwas außerhalb von Emsbüren liegt der Bahnhof Leschede. Ein kleiner Bahnhof an einer großen Strecke. Die vielen Fahrräder daneben weisen ihn als Pendlerbahnhof aus

Das Gebäude selbst ist, abgesehen von den zerschlagenen Fenstern besonders auf der Gleiskörperseite und dem schadhaften Schindelbehang am Südgiebel, in einem brauchbaren Zustand. Es wäre gut, wenn sich eine Nutzung finden ließe, die der Situation und dem Gebäude angemessen ist. Das könnte ein Jugendzentrum sein, eine Treff- und Gemeinschaftseinrichtung, eine Volkshochschulstelle, eine Bücherei oder etwas Ähnliches. Der Baukörper verdient eine neue Ära, nicht nur, weil er noch brauchbar ist, sondern weil er ein jüngst zu Ende gegangenes Kapitel in der Speller Geschichte verkörpert.

Der Bahnhof von Leschede (1896)

Obwohl fast zwei Jahrzehnte später gebaut, ist auch der Bahnhof von Leschede als Baukörper mit den bereits beschriebenen vergleichbar. Allerdings tritt er etwas zurückhaltender in Erscheinung. Die erste große Welle des Eisenbahnausbaus war vorüber, der erste Stolz über das neue Verkehrsnetz ein wenig abgeklungen. Die Erfindergeneration war in den Ruhestand getreten und hatte die Fortschritte der Industrialisierung an ihre Söhne abgetreten, die nun nicht nur der Zukunft, sondern auch dem Alltag damit zu Leibe rückten. Das Funktionale trat stärker in den Vordergrund. Die Überhöhung des Gebäudes durch Sockel und Kniestock ist im Vergleich zu den Bahnhöfen von Freren, Beesten und Spelle sehr zurückgegangen, ebenso die Ausbildung von Mauerwerksornamenten. Das Querhaus ist schmal geworden, und der Eingang bzw. Durchgang durch den Bahnhof wurde rechtsseitig daneben angeordnet. Aber

nach wie vor gilt: die Breite macht etwas her, und der hohe Giebel stellt etwas dar.
Da dieser Bahnhof an der Hauptstrecke zwischen den benachbarten Städten Lingen und Rheine liegt, wird er für den Nahverkehr auch noch genutzt. Die große Menge an Fahrrädern auf dem Abstellplatz beweist, wie sehr. Der Vorplatz wurde im Zuge einer Dorferneuerung angenehm hergerichtet, so daß alles den Eindruck vermittelt, als könne es in den nächsten Jahrzehnten so bleiben, als habe die Vergangenheit hier den Übergang in die Zukunft geschafft. Im Inneren des Bahnhofs steht jetzt ein Fahrkartenautomat, aber man kann die Bahnfahrt auch noch am Schalter bezahlen und dabei ein paar Worte mit den Bahnbeamten wechseln. Die wird es hier auch weiterhin geben, denn in Leschede läuft die Schaltung der Bahnübergänge von Elbergen bis Neumehringen zusammen.

Der Bahnhof von Elbergen

Elbergen ist nur ein kleines Bauerndorf, und eigentlich ist es erstaunlich, daß hier überhaupt einmal ein Bahnhof gebaut wurde. Aber schließlich hat die Landwirtschaft auch schon bessere Zeiten gesehen als die heutige. So betrachtet, ist der kleine Bahnhof von Elbergen in doppelter Hinsicht ein Zeuge vergangener Wichtigkeiten.
Mehr ein Häuschen als ein Bahnhof, steht er zusammen mit einem Wohnhaus auf der anderen Seite der Schienen neben einem Bahnübergang in der Landschaft. Das Wachstum des Dorfes Elbergen hat ihn nicht erreicht. Auch er wurde stillgelegt, aber nicht, weil die Strecke unwirtschaftlich geworden war, sondern weil er selbst und weil Elbergen zu klein geblieben sind. Hier haben sich Bahnhof und Strecke auseinandergelebt. Die Strecke, ausgebaut und elektrifiziert, paßt in die Zeit, der Bahnhof steht verträumt daneben wie eine aufgeschlagene Bilderbuchseite. Und hier stehe ich plötzlich vor dem Bahnhofsbild meines Sohnes: Die kleine, überschaubare Situation, das gelbe Haus mit dem niedrigen Fenster zum Fahrkartenverkauf, ein Zaun, der den Weg des Fahrgastes festlegt, – nur der wartende Zug fehlt. Diese Situation kommt seiner Vorstellungswelt erstaunlich nahe. Sogar die Farbe stimmt. Zufall oder nicht, mich berührt die Frage, worin die Übereinstimmung dieser Situation mit seiner (unserer) inneren Wirklichkeit begründet liegen mag. Vielleicht ist es das Einfache, welches der Orientierung im Komplizier-

Kurz bevor man von Süden Lingen erreicht, steht neben der Strecke und auch neben dem Geschehen der kleine, verlassene Bahnhof von Elbergen

ten immer zugrunde liegen muß wie das kleine Einmaleins der großen Mathematik. Aber die bildhafte Übereinstimmung erstaunt mich doch, und ich habe den Wunsch, meinen Kindern diesen Bahnhof einmal zu zeigen.

Der Bahnhof von Lingen (1860)

Lingen ist um seinen Bahnhof herumgewachsen, und die Schienentrasse, ehemals eine Tangente der Stadt, wird heute ein gutes Stück von städtischer Bebauung eingerahmt. Um mir einen Überblick zu verschaffen von der ganzen Situation, bin ich als erstes auf die Fußgängerbrücke gestiegen, die die Gleise südlich des Bahnhofes überquert. Der Blick auf die Betriebsfläche zwischen den Hallen des ehemaligen Ausbesserungswerkes und dem gegenüberliegenden langen Bahnhofsgebäude läßt den Begriff „Bahnhof" wieder seine ursprüngliche Bedeutung annehmen: nicht ein Haus, sondern ein Hof für die Eisenbahn war anfänglich gemeint, also auch die Fläche neben der Strecke, auf der die Angelegen-

Die Fassade des Bahnhofs Lingen präsentiert sich im Abendlicht von ihrer besten Seite. Das Gebäude wurde rechtzeitig und mit geschickter Hand renoviert

heiten des Personen- und Güterverkehrs geregelt werden konnten. Das Bahnhofsgebäude kam erst etwas später hinzu, beanspruchte dann aber schnell den Begriff „Bahnhof" für sich.

Der Bahnhof von Lingen ist lang. Dadurch wirkt er lagerhaft; er steht nicht da, er liegt vor einem und beansprucht Raum. Trotzdem besteht er konzeptionell aus den gleichen Elementen wie die vorher beschriebenen Bahnhöfe: aus einem parallel zum Schienenweg angeordneten Gebäuderiegel und betonenden bzw. gliedernden Querelementen. Aufgrund seiner Länge hat er davon drei. Nicht nur die Mitte ist durch ein Querhaus betont, sondern auch die Enden werden durch etwas kleinere Querriegel verfestigt.

Anders als die bisher beschriebenen Situationen war der Bahnhof von Lingen bisher weder in seiner Bedeutung noch in seiner Funktion in Frage gestellt. Durch das riesige Ausbesserungswerk war Lingen eine Eisenbahnstadt. Aber vor kurzem wurde das Werk stillgelegt, und der Bahnhof hat jetzt soviel Zukunft, wie er Funktion hat. Da ist es gut, daß die Bahnhofsgaststätte in das Gebäude integriert ist, gut auch, daß unmittelbar vor dem Bahnhof der Busbahnhof angeordnet werden konnte und daneben noch genügend Platz für Fahrrad- und Autostellplätze, Taxihalteplätze, Telefone usw. war, durch die sich der Bahnhof mit anderen Verkehrs- und Kommunikationssystemen verzahnen konnte. Dadurch, und durch eine gelungene Aufwertung der Stadtseite im Zuge der Sanierung der Lingener Altstadt, entspricht die heutige Bedeutung des Bahnhofes an dieser Seite nach wie vor seiner Größe. Anders auf der Gleisseite. Der eine Bahnsteig wirkt vor den vielen Gleisen wie ein Überbleibsel aus größeren Tagen, aber der kleine, bescheidene Eingang in das Bahnhofsgebäude läßt vermuten, daß der Reiseverkehr auch früher nicht viel umfangreicher war.

Nachgedanken

Die kleinen Bahnhöfe werden zum großen Teil nicht mehr gebraucht, jedenfalls nicht als Bahnhof. Das heißt, wenn eine Kommune „ihren" stillgelegten Bahnhof nicht zufällig anders zu nutzen weiß, dann werden die Gebäude bald nicht mehr existieren. Und vielleicht ist das bei aller Wertschätzung der Geschichte auch gut so, vielleicht liegt der größte Wert der verschwindenden Substanz darin, daß man sich noch einmal intensiv mit ihr auseinandersetzt.
Eine besondere Qualität der Bahnhofsarchitekturen aus der Zeit vor dem Ersten Weltkrieg liegt zweifellos darin, daß man sie immer als Bahnhof erkennt. Dieses hohe Maß an Identität hat unsere Gegenwartsarchitektur scheinbar nicht, obwohl es an gutem Bemühen nicht fehlt. Aber hatten die alten Bahnhöfe es auch schon, als sie noch jung waren? Heute stehen sie uns als baulicher Ausdruck einer vergangenen Fortschrittsgläubigkeit gegenüber; wir erkennen sie, weil wir ihre Geschichte kennen. Einen solchen Zugang kann es zur Gegenwartsarchitektur niemals geben, jedenfalls nicht zu den wichtigen Bauwerken, in denen sich unsere jetzige Zukunftssuche ausdrückt. Wenn moderne Architekturen aussehen wie gigantische Schreibmaschinen und Computer, wie es Prince Charles in einer Fernsehreportage über die moderne Architektur in England jüngst kritisierte, – und dafür viel Beifall erntete, – dann liegt für spätere Generationen darin möglicherweise die gleiche Qualität, die wir heute den alten Bahnhöfen zusprechen. Deshalb wird an ihnen die Frage nach der heutigen Repräsentativarchitektur interessant. Was sind die „Bahnhöfe" unserer jetzigen Gesellschaftsentwicklung? Welche

unserer heutigen Bauten werden in 100 Jahren so viel Respekt erheischen wie es jetzt die alten Bahnhöfe tun, und warum?
Hier müssen wir die Antwort der Geschichte abwarten, denn dies ist keine Frage der Baukunst allein. Im Moment jedenfalls sind es die alten Bahnhöfe, die wir pflegen und lieben können zur Rückbindung in unseren historischen Nahbereich.

Oktober

von Karl Seemann

Der rauhe Wind
hat seine Zäsuren
eingesenkt:

Zäune, Bäume und Felder
berühren das späte Rund
der Sonne.

Warum nun noch
weitere Fragen stellen,
wo es bald anfängt
zu frieren?

Der Sommer schwamm
längst im Abend
unter den Brücken davon.

Rückkehr in die Heimat
Ehemalige jüdische Bürger im Emsland oder
Gedanken zum Thema Heimat nach „Auschwitz"

von Uwe Eissing

Als im Jahre 1935 die „Geschichte der Juden in Deutschland" erscheint, beendet Ismar Elbogen seine sehr gut lesbare und jüdische Identität verteidigende Darstellung mit den Worten: „Wieder einmal stehen die deutschen Juden vor der Frage der Bewährung, wieder ergeht an sie der Prophetenruf ‚Ihr seid meine Zeugen, spricht der Ewige'. Es ist an ihnen, mit dem alten Wort der Bereitschaft zu antworten: ‚Hier bin ich!"
Dreißig Jahre später überarbeitet die junge Historikerin Eleonore Sterling den alten Text. Es gilt nicht nur, sozial- und politikwissenschaftliche Forschungsansätze zu berücksichtigen, die apologetische Sprache wird zurückgenommen, aber für die von Elbogen wie selbstverständlich gesprochenen traditionellen Worte ist nur noch im Vorwort der Neuausgabe Platz: „Was wenige Jahre später geschah, konnte der liberal-bürgerlich, humanitär denkende Historiker nicht ahnen. Die Verfolgung nahm ein Ausmaß an, welches die über 1600jährige Geschichte der Juden in Deutschland noch niemals verzeichnet hatte. Die jüdische Glaubensgemeinschaft in Deutschland ist untergegangen."
Als ich im Frühjahr 1985 mit den Nachforschungen zur Geschichte der jüdischen Gemeinde in Papenburg und Aschendorf begann, da war das Thema für mich ein interessanter sozialgeschichtlicher Teilaspekt, binnen eines halben Jahres zu erledigen. Fünf Jahre später liegen ein Gedenkbuch und eine vierhundertseitige Dissertation vor, hat die Stadt Papenburg im September 1989 Überlebende und Nachkommen der ehemaligen jüdischen Gemeinde eingeladen und wird zum Jahresende mit

den Memoiren des ehemaligen Bürgermeisters der Stadt Papenburg, Richard Janssen, ein weiteres Kapitel zum Verständnis des Unfaßlichen erschlossen. Kann die Vernichtung der Juden begreifbar werden? – Der Historiker Dan Diner hat in der aktuellen Diskussion über die Modernität der Vernichtung die These vertreten, „Auschwitz" sei ein Zivilisationsbruch, vergleichbar der Reformation oder der Französischen Revolution. Jedoch entziehe sich die von der Vernichtung der Juden ausgehende Veränderung dem Selbstverständnis einer säkular und rational gegründeten Zivilisation.

Der Woche der Begegnung ging das Gedenkbuch zur Geschichte und zum Schicksal der jüdischen Gemeinde voran. Stadtdirektor Dr. Schenk hatte das Buch an alle Überlebenden der jüdischen Gemeinde verschickt. In den zahlreichen Dankschreiben ist immer wieder die Frage der Heimat angesprochen. Viele Begebenheiten aus den 30er Jahren sind den Überlebenden bekannt, aber die Anfänge der jüdischen Gemeinde im 18. und 19. Jahrhundert nicht. Die Geschichte jeder einzelnen Familie ist dokumentiert, und genau das gibt ein Stück Heimat zurück, macht sie transportabel.

Die Dokumentation der Vorfahren ihrer Familie gebe ihr feste Wurzeln, schrieb Erika Garfunkel: „Obwohl man mir meine Staatsbürgerschaft grundlos und mit Gewalt weggenommen hat und mich, wie ein abgerissenes Blatt auf jeden Wind angewiesen, in eine fremde Welt geschickt hat, wird doch ein Teil von mir immer in Papenburg sein. Ich bin durch viele Generationen an meinen Geburtsort verknüpft." Professor Chaim Rabin aus Jerusalem würdigt den Aspekt des Gedenkens. Er dankt dem Stadtdirektor für sein Bemühen, den Juden in Papenburg ein Denkmal zu errichten, „nicht aus Steinen, sondern durch Suche und Veröffentlichung von Tatsachen".

Ebenfalls aus Jerusalem meldet sich Cilla Hes, Ehefrau des Papenburgers David Hes, zu Wort und zeigt offen ihre Überraschung: „Ich hätte mir das nie vorgestellt, daß mein sel. guter Mann nie vergessen in seiner Heimatstadt sein wird". Und in einem früheren Brief schreibt sie noch deutlicher: „Wer hätte das je gedacht, daß man die jüdische Bevölkerung in diesem kleinen Städtchen Papenburg nie vergessen würde. Mein sel. Mann hätte das sicher nicht vermutet".

Das Buch hat etwas mit Wurzeln und Identität zu tun. Ein Teil Geschichte, von dem die Überlebenden abgerissen waren, wurde zurückgegeben, wieder angeknüpft. „Meine Roots-Erfahrungen" nennt das Marcelo van Dam in Los Angeles. Es ist der Sohn von Minna Mindus, der im Herbst 1985 Papenburg besuchte und den nicht geringsten Anstoß für den Entwurf des Buches gab.

Als aber im März 1989 die Dankschreiben mit einer Einladung nach Papenburg beantwortet werden, sind die ersten Reaktionen zögernder. Am 8. September 1989 treffen im Verlaufe des Vormittags 16 Personen aus Nord- und Südamerika auf dem Flughafen Amsterdam, Schiphol, ein. Sie alle sind Gäste der Stadt Papenburg, Überlebende der ehemaligen jüdischen Gemeinde und deren Familienangehörige. Die Begegnung mit der Geburts- und Heimatstadt ist nicht unproblematisch. Nicht alle, die eingeladen wurden, sind gekommen, denn die gemeinsame Rückkehr in die alte Heimat ist nicht möglich, ohne auch bestimmten schlimmen Erinnerungen wieder zu begegnen. Umgekehrt ist auch in der Papenburger Bevölkerung am Vorabend der Einladung die Stimmung durchaus gemischt. Aber dann läuft nach dem Empfang im Rathaus „alles wie am Schnürchen". Die vielen guten Erinnerungen treten in den Vordergrund, und der Schmuck der Blumenschau steht noch in den Straßen. Die Stadt am Kanal ist so schön geworden. Auch hat der Besuch gezeigt, daß die Begegnung wieder möglich ist.

Am Montag steht auf dem Tagungsprogramm eine Stadtrundfahrt. Nach der Anspannung des Empfanges im Rathaus ist eine große Erleichterung spürbar. Während der Fahrt durch Papenburg und Umgebung erklingen Heimatlieder – die gute alte Heimat. Jiddische Musik am Abend, Besuche in Bourtange und Clemenswerth und der Abend der Begegnung am Dienstag prägen das Wiedersehen mit der Heimat. Hermann Wagener hat an diesem Abend aus seinem Archiv ein Foto des Elternhauses von Julius Hes (Chile) hervorgeholt, viele Nachbarn und Schulfreunde sind erschienen und Erika Garfunkel lernt ihr Kindermädchen wieder kennen. Die Gäste nehmen von diesem Abend das Gefühl mit, daß die Namen ihrer Familien den Papenburgern noch sehr gut in Erinnerung sind. Wäre „Heimat" das alleinige Ziel der Woche der Begegnung gewesen, dann hätte am Mittwoch die Rückreise einsetzen müssen.

Der Mittwoch ist im Programm der Woche zum Tag des Gedenkens geworden. Der Besuch in den Schulen bietet Möglichkeiten nachzufragen, wie und was die jüngere Generation über die Zeit des Nationalsozialismus denkt. Erika Garfunkel hat sich auf den Besuch im Gymnasium vorbereitet: eine große Nachfahrentafel der jüdischen Familien in

Papenburg, in die alle Opfer der Vernichtung rot eingetragen sind. Zwei Generationen der Großfamilie Hes sind bis auf wenige Überlebende umgekommen. „Dieses konkrete Beispiel einer einzigen Familie hat uns erschreckender und anschaulicher klargemacht, was damals geschehen ist, als wenn wir im Unterricht die abstrakt klingende Zahl von sechs Millionen ermordeter Juden hören", sagt eine Schülerin später. Was diese Vernichtung nicht nur der Familienangehörigen, sondern einer ganzen Kultur – einer Welt, bedeutet, wird in den Gedenkstunden auf dem Friedhof und bei der Einweihung des Gedenksteines mit den Namen der Opfer spürbar.

Auf dem Friedhof spricht Kantor Emil Levy von den Klageliedern des Jeremias, der Tragödie des jüdischen Volkes und der Zeit der Diaspora. Aber die Kette der Erinnerung sei nicht zerrissen. Nathan Cohen spricht von den Pfaden der Tradition, die es zu wahren gilt. Heimat hat in diesem Moment seinen religiösen Sinn. Heimat ist Zion. Heimat ist das vielleicht nie Erreichbare, denn der Mensch in dieser Welt bleibt sich selbst ein Fremder. Wenn er viel erreichen will, dann kann er versuchen, die Brücke der Menschlichkeit „widerzuhalten". Aber die gute Welt ist nicht realisierbar, weil das Böse als Herausforderung gegenwärtig bleibt. Als wir am Abend des Mittwoch über die Vernichtung, ihre Ursachen und Folgen nachdenken, beschließt Nathan Cohen, der Orthodoxe aus New York, unsere Diskussion mit zwei Liedern. Sie handeln von der Vertreibung und Zerstörung der jüdischen Gemeinde Mainz während des ersten Kreuzzuges in der letzten Maiwoche des Jahres 1096. Innerhalb der religiösen Tradition wird auch die nationalsozialistische Vernichtung begreifbar als ein Opfer – ein Holocaust. Kann aber unser aufgeklärtes Selbstverständnis sich mit einem archaischen Deutungsmuster zufrieden geben?

Es gibt in der Woche der Begegnung noch einen anderen, vielleicht moderneren Zugang zur Bewältigung der Vergangenheit. Als Erika Garfunkel beim Empfang im Rathaus ihre Begegnung mit der einstigen Heimat beschreibt, da spricht sie vom Zeugnis gegen die Unwahrheit: „Wir sind nicht gekommen, über das, was vor 50 Jahren passiert ist, zu weinen. Unsere Tränen können die Toten nicht erwecken und können, was sie gelitten haben, nicht erleichtern. Wir sind nicht gekommen, um zu klagen. Wir sind gekommen, um Zeugen zu sein und die jetzige Generation auf Wachsamkeit aufmerksam zu machen, so daß ein Wiederholen so schmachvoller Taten in der Zukunft nicht wieder vorkommen kann." Die Geschichte dürfe nicht vergessen werden, aber diese Mahnung zielt nicht auf das schon fast rituelle „Nie wieder!", sondern meint den Auftrag, hier und jetzt mutig und kritisch jedem Unrecht nachzugehen.

Am Gedenkstein hat Marcelo van Dam die bedrückenden Zahlen der Opfer des Krieges und Vernichtung in Erinnerung gerufen. Landesrabbiner Henry G. Brandt nimmt in seiner Rede das Bild des Schreckens wieder auf, um doch zugleich ein Fragezeichen zu setzen. Er könne seine Anerkennung für die Vorbereitung der Woche der Begegnung und die Errichtung des Gedenksteines aussprechen, aber er bringe es nicht übers Herz zu danken. Denn Dank zeige man für etwas Gutes, aber uns allen wäre wohler, wenn wir den Stein gar nicht errichten müßten. Die Mahnung muß lebendig bleiben. Auf der Fahrt in die Stadt hat Herr Polak dem Rabbiner Papenburg als „die schönste Stadt Deutschlands" gezeigt. Daraus wird in der Rede eine Frage: „Seid Ihr die schönste Stadt Deutschlands? Ich meine innerlich, in Eurem Herzen, in Eurer Einstellung, in Eurer Menschlichkeit. Denn das zeichnet eine Stadt wirklich aus, wie Menschen miteinander umgehen. Und das war ja das Höllische der damaligen Zeit, daß man das Angesicht Gottes im Ebenbild des Anderen nicht gesehen hat." Die Vernichtung im fernen Polen sei nur die eine Seite und Schuld könne auch im Kleinen beginnen, wenn der Nachbar sich allein gelassen fand oder abgeholt wurde.

50 Jahre nach dem Nationalsozialismus gibt es einen breiten Konsens des Antifaschismus und Antirassismus. Wer in einer öffentlichen Rede heute daran erinnern wollte, daß wir in Deutschland Hitler einmal als quasi Messias begrüßt haben, könnte sich binnen weniger Stunden seines politischen Amtes verlustig finden. Wer wollte sich nicht freuen, über solch ein erfolgreiches Umdenken? Und doch – auch hier waren in der Woche der Begegnung sehr feine Stimmen hörbar. Julius Hes aus Chile sprach in der Diskussion am Mittwoch von anständigen Menschen auch in unanständiger Zeit. Er war es auch, der nach dem ehemaligen Bürgermeister Richard Janssen fragte. Erika Garfunkel hatte während der Woche immer wieder die Frage gestellt: „Wie habt Ihr die Zeit verbracht?" Aber niemand war Nazi gewesen. An zwei Mitglieder der Hitlerjugend konnte sie sich noch persönlich erinnern, aber der eine war von zu Hause weggelaufen und der andere vom Auto überfahren worden: „Und also gibt es keine weiteren Nazis mehr, an die man sich erinnern kann." Daß sich niemand an die Vergangenheit erinnern könne, sei eine

Gefahr, denn dann bleibe die Gefahr einer Diskriminierung erhalten. Die Scham vor der Vergangenheit sei falsch: „Und ich kann ganz einfach verstehen, wenn ich in derselben Lage gewesen wäre, hätte ich auch mitgemacht, weil, ich war sehr begeistert von dem Bund deutscher Mädchen und der Hitlerjugend".

Bei den Gesängen und der Ansprache des Kantors Emil Levy auf dem jüdischen Friedhof fiel mir ein Kirchenlied ein, das mich immer sehr bewegt hat: „Wir sind nur Gast auf Erden und wandern ohne Ruh mit mancherlei Beschwerden der ewigen Heimat zu". Erst die europäische Aufklärung hatte die jenseitige Heilserwartung der jüdisch-christlichen Vorstellungswelt in eine diesseitige Perspektive der bestmöglichsten aller Welten verwandelt. Vielleicht liegt die von „Auschwitz" ausgehende Krise unserer zivilisatorischen Identität darin, daß „Heimat" danach nur noch bedingt möglich ist.

Die Emsländischen Freilichtspiele e.V. Meppen

von Erhard Müller

Das könnte der richtige Mann sein, sagte sich Stadtdirektor Dr. Hans Kraneburg, als Dr. Carl Knapstein am 1. Oktober 1949 als junger Oberstudiendirektor die „Regie" im Meppener Gymnasium übernahm. Knapstein hatte in Osnabrück dem Kulturausschuß angehört und nebenberuflich eine Laienspielgruppe geleitet, die in der Bezirkshauptstadt hohes Ansehen genoß. Ihre Aufführungen fanden im Hof des ausgebrannten Schlosses statt. Das Dritte Reich und der Krieg hatten auch im Emsland ein kulturelles Vakuum hinterlassen. Ödland gab es hier nicht nur in Form von Heide und Moor, sondern sehr groß war auch der Anteil kulturellen Brachlandes. Zwar war eine Lücke bereits 1945 durch das „Emsland-Theater" geschlossen worden, das Generalintendant a.D. Karl-Edin Büscher 1945 – etwa gleichzeitig mit den Städtischen Bühnen Nordhorn und einem Theater in Ibbenbüren – gegründet hatte, aber die Währungsreform bedeutete 1948 für diese Neugründungen das Ende.
Die Idee, im Zentrum des Emslandes eine Freilichtbühne ins Leben zu rufen, war nicht neu, aber seitdem die Menschen wieder den Wert des Geldes zu schätzen wußten, war klar, daß sich eine solche Bühne wirtschaftlich genauso wenig tragen konnte wie das „Emsland-Theater". Es mußte eine neue Form, eine neue Basis gefunden werden: eine ideelle Basis.
Dr. Knapstein kam zur rechten Zeit nach Meppen. Ehe er sich's versah und ehe er sich überhaupt richtig in Meppen eingelebt hatte, war er neben seiner Tätigkeit als Schulleiter in eine zusätzliche Aufgabe eingebunden. Man könnte sagen: Halb zog es ihn, halb schoben sie ihn .... Unterstützt von starkem Rückenwind der Stadt wurden die „Emsländischen Freilichtspiele e.V. Meppen" am 26. November 1950 im Hotel

„Germania" gegründet. Wie erwartet, wurde Dr. Carl Knapstein 1. Vorsitzender. Schon am 15. Februar 1951 führte er im Esterfelder Forst zusammen mit Bürgermeister Sagemüller den ersten Spatenstich aus und bereits zu Pfingsten, am 14. Mai, bezauberte in der ersten Aufführung das „Fräulein Augustin vom Markt" als „Käthchen von Heilbronn" die Zuschauer.
Doch zunächst noch ein Blick in die Vorgeschichte:

Meppen – eine „Festspielstadt"?

Am 27. August 1947 schrieb Karl-Edin Büscher, ein Freilichtbühnenspezialist, an das Herzog-Arenbergische Forstamt, der Plan für den Bau einer Freilichtbühne sei wieder aufgegriffen worden. Das „Emsland-Theater", dessen Intendant er war, beabsichtige, „im Einvernehmen und mit stärkster Unterstützung der Stadt" eine Freilichtbühne mit 4000 bis 5000 Plätzen zu errichten. Ein Vertrag sei bereits formuliert, als Standort ein Grundstück hinter dem Stadion, in der Nähe des Schlageter-Denkmals, in Aussicht genommen. Am 27. Februar 1948 erhielt Büscher die Nachricht, der Rat der Stadt sei grundsätzlich mit seinem Vorschlag einverstanden. Einen Monat später verschickte er ein Werbeblatt mit dem Titel „Meppen wird Festspielstadt". Nicht nur für Schauspiele, Opern, Operetten und Konzerte sollte die neue Bühne einen idealen Rahmen abgeben, sondern auch für Boxkämpfe, turnerische Vorführungen, Massenkundgebungen usw. Am 4. Mai 1948 empfahl der Kulturausschuß dem Rat der Stadt, sich am Bau einer Freilichtbühne mit 25 000 Reichsmark zu beteiligen, „vorausgesetzt, daß das erforderliche Material zur Verfügung steht".
Nach dem 20. Juni 1948, dem Tag der Währungsreform, sah jedoch schlagartig alles anders aus. Zwar stand die Stadt dem Projekt Freilichtbühne weiterhin wohlwollend gegenüber, doch sah sie sich nicht mehr in der Lage für eine finanzielle Beteiligung. Da half auch – nach einer Unterredung mit Vertretern der Verwaltung am 20. Juli 1948 – die Beschwörung Büschers nichts: „Wenn Meppen kein Interesse hat, sehe ich kein Hindernis, meine Kräfte der besagten anderen Stelle zur Verfügung zu stellen". Mit der „besagten anderen Stelle" war die Stadt Lingen gemeint, die sich angeblich ebenfalls mit dem Gedanken trug, eine Freilichtbühne einzurichten.

Unterstützung erhielt Büscher vom Meppener Wirteverein, der sich noch am 10. September 1948 engagiert für seine Pläne einsetzte und auch bereit erklärte, Geschäftsanteile zu übernehmen. Appelle an den Hölting-Bürgerschützenverein, an die Kolpingfamilie, den Musikverein, an Geschäftsleute und Firmen, ihren Beitrag zu leisten, damit Meppen Festspielstadt werde – „Eine Festspielstadt bringt Fremdenverkehr, und Fremdenverkehr bringt allen Vorteile", lautete der Slogan –, verhallten jedoch ungehört.

Theater – ein Wagnis

Danach wurde es still um Theater- und Freilichtbühnenpläne. Zunächst schien jede Initiative erlahmt. Noch im Dezember 1949 beantwortete die Stadt eine Anfrage des Deutschen Städtebundes nach Planungen und Absichten im Bereich von Theater und Freilichtspiel mit dem Hinweis: „Die Erfahrungen nach der Währungsreform haben gezeigt, daß die Durchführung von Theatervorstellungen in der Stadt ein Wagnis sind und sehr schlecht besucht werden und deshalb zu einem finanziellen Mißerfolg führen. Es ist daher zwecklos, in dieser Hinsicht etwas zu unternehmen". Auch eine Beteiligung an der „Ostfriesischen Landesbühne", die damals – ebenso wie die „Niedersächsische Landesbühne Wilhelmshaven" – in Meppen Gastspiele gab, wurde „wegen finanzieller Probleme" abgelehnt.
Die Situation änderte sich, als Dr. Knapstein die Zügel in die Hand nahm und eine Schar von Idealisten um sich versammelte. Er hatte das Glück, daß sich noch einige Schauspieler des „Emsland-Theaters" in Meppen aufhielten, u. a. Generalintendant a. D. Karl-Edin Büscher, dessen Schwiegereltern in der Kreisstadt wohnten, ferner Johannes Schreiber, dem die Freilichtbühne später insgesamt 28 Inszenierungen verdankte, und nicht zuletzt Hannes Dreher, ein Bühnenbildner von besonderem Format. Zu dem Elan, der das Werk beflügelte, trug auch die Tatsache bei, daß die Freilichtbühne Bentheim im Jahre 1949 rund 60000 Besucher zählte, darunter viele aus dem Emsland und aus Ostfriesland, die bedauerten, daß es eine solche Einrichtung nicht in ihrer Region gab. Der Rat der Stadt Meppen unterstützte das Vorhaben, übte sich aber in Zurückhaltung, wenn von Geld die Rede war. Im vorbereitenden Ausschuß meldeten zum Beispiel die Ratsherren Hewusch und Wernemann Bedenken gegen die ersten Planungen an. Das konnte kaum überra-

„Käthchen von Heilbronn" – die erste Inszenierung der Emsländischen Freilichtspiele, Meppen (1951)

schen, denn die Situation war eindeutig: kein Geld, keine Spieler, keine Bühne.

Schon fast ein Wunder

Doch nach der Gründung des Vereins wurde – was vorher Außenstehende nicht für möglich gehalten hatten – ein atemberaubendes Tempo vorgelegt. Ein neuer idealer Standort war im Esterfelder Forst gefunden worden, den die Herzoglich-Arenbergische Verwaltung zu großzügigen Bedingungen zur Verfügung stellte. Den wenigsten Besuchern der Freilichtbühne dürfte bekannt sein, daß die „hohle Gasse", die sie hinter dem Eingangstor durchschreiten, früher einmal ein Schießstand war. Die Böschung, auf der die Freitreppe zur Bühne emporführt, bildete den Kugelfang.

Etwa 15 000 DM sollte allein der Bau der Bühne kosten, eines Amphitheaters nach griechischem Vorbild, das Architekt Anton Nass in den Wald zauberte, ohne zu stark in die Natur einzugreifen. Auch der Orchestergraben war schon von Anfang an eingeplant. Eine kleine Drehbühne, die später noch hinzukam, erwies sich jedoch bald als überflüssige und unpassende Spielerei.

Da die Bühne in der Rekordzeit von drei Monaten fertiggestellt werden mußte, herrschte auf dem Gelände zeitweilig das totale Chaos, das den Intendanten, der die Proben für das „Käthchen" schon möglichst früh an Ort und Stelle ansetzen wollte, zur Verzweiflung trieb. „In 14 Tagen soll Premiere sein", schrieb Büscher am 30. April 1951 an den Vorstand der Emsländischen Freilichtspiele. Er lehne „mit dem heutigen Tage die künstlerische Verantwortung ab", denn noch nie habe er „einen solchen Wirrwarr" erlebt. Es wäre ratsam, „wenn weniger Menschen diktieren würden". Wenn das Werk bis Pfingsten vollendet werden könne, müsse schon ein Wunder geschehen. Dr. Knapstein erläuterte in seinem Antwortschreiben ruhig und sachlich die Probleme und die Schwierigkeiten, empfahl dem Intendanten, sich um seine Aufgaben als unter Vertrag stehender Spielleiter zu kümmern und schloß: „Herren des Vorstandes, denen ich Ihren Brief zeigte, sind mit mir der Ansicht, daß wir uns in Zukunft Schreiben dieser Art und dieses Tones verbitten müssen".

Natürliche Barrieren

Der Vorstand hatte genug eigene Sorgen. Ein wesentlicher Teil der Finanzierung mußte über Anteilscheine zu je 50 DM von Firmen, Unternehmern, Geschäftsleuten usw. erfolgen. Dafür waren regelrechte Bettelgänge erforderlich. An Vergabe von Bauarbeiten an Firmen, außer bei Notstandsarbeiten, war nicht zu denken. Der Bau mußte deshalb mit allen erdenklichen Behelfsmitteln und viel Eigenleistung in sehr kurzer Zeit vorangetrieben werden. Arbeitskräfte und Material wurden kostenlos und gegen langfristige Zahlungsbedingungen erbeten. Und vielen Mitgliedern der Spielschar kam in diesen Wochen und Monaten erst richtig zum Bewußtsein, welche handwerklichen Talente in ihnen schlummerten. Der große Helfer, nicht nur in der Aufbauphase, sondern auch später, war der Städtische Bauhof mit seinem Vorarbeiter Heinrich Korte. Wahrscheinlich gäbe es die Freilichtbühne Meppen nicht, wenn der Bauhof sich nicht so oft als Retter in höchster Not bewährt hätte. Es

gab Ratsherren, die diese Hilfen mißtrauisch verfolgten und schließlich auf genauer Rechnungslegung – Jahr für Jahr – bestanden. Die Unterlagen ergaben, daß dem üblichen städtischen Zuschuß von 1500 DM ein Mehrfaches an Hilfen des Bauhofs gegenüberstanden.
Aber der Anfang war auch in anderer Hinsicht nicht leicht. Die meisten Mitwirkenden hatten noch nie auf einer Bühne gestanden. Breite Schichten der Bevölkerung mußten erst mit dem Theater vertraut gemacht werden. Im Mai 1961 hieß es in einer Zeitungsnotiz: „Wenn die Freilichtbühne ihren Platz in Meppen behaupten will, muß die Meppener Bevölkerung regere aktive Anteilnahme an den Spielen zeigen. Insbesondere die Jugend soll nicht abwartend abseits stehen, sondern helfen". Bei einer im Dezember 1950 gestarteten Umfrage hatten sich noch 250 der 2000 Befragten gegen eine Freilichtbühne ausgesprochen. Es dauerte etwa zehn Jahre, bis die Bühne von der Bevölkerung richtig akzeptiert und – wie es gelegentlich heißt – ins Herz geschlossen wurde. Der Präsident der Emsländischen Landschaft, Dr. Josef Stecker, nannte in seiner Ansprache aus Anlaß des 40jährigen Bestehens der Bühne im Jahre 1990 die Dinge beim Namen: „Im ärmsten Landstrich unseres Vaterlandes, dem Emsland, waren damals die natürlichen Barrieren gegenüber dem aktiven und passiven Kunstgenuß besonders hoch."– Die Freilichtbühne Meppen hat dazu beigetragen, diese Barrieren abzutragen. 90 Stücke wurden in den 40 Jahren inszeniert und zusätzlich viele Opern-, Operetten- und sonstige Gastspiele auf der Waldbühne ermöglicht. Die Bühne hat breite Schichten der Bevölkerung mit dem Theater vertraut gemacht und damit auch wesentliche Vorarbeit für die Gründung der Theatergemeinde Meppen geleistet.
Im Laufe der vier Jahrzehnte gab es Phasen, in denen Vorstand und Laienspieler schon fast verzagen wollten: wenn eine Vorstellung nach der anderen verregnete, die Zuschauerränge sich trotz intensiver Werbung nur spärlich füllten, wenn dringende Arbeiten nicht ausgeführt werden konnten, weil die Kasse leer war. Aber schließlich zeigte sich immer wieder ein Licht am Horizont. Das Entscheidende war: Inzwischen hatte sich eine Gemeinschaft gebildet, die mit Idealismus bei der Sache war, die fest zusammenhielt und auch zu Opfern bereit war.
Was Gemeinschaft bedeutete, zeigte sich u. a. auch bei einem Zwischenfall im Jahre 1957. Adolf Wüstefeld, der in Anzengrubers „Meineidbauer" die Hauptrolle spielte, stürzte bei der Generalprobe in den Orchestergraben und zog sich beim Aufprall auf den Zementboden

erhebliche Verletzungen zu. Trotzdem stand er am nächsten Tage bei der Premiere auf der Bühne. Doch nicht genug der physischen Schmerzen; die Verhandlung mit der Versicherung wurde anschließend auch noch zu einer psychischen Tortur. Nach langwierigen Auseinandersetzungen mit der Versicherungsagentur erklärte sich die Freilichtbühne bereit, selbst für einen wesentlichen Teil der Kosten – es handelte sich um fast 10 000 DM – aufzukommen. Und das, obwohl es in der Kasse düster aussah.

Eine breite Palette

Karl-Edin Büscher leitete nur zwei Jahre die Spielschar. Als er wegen Problemen in seiner Privatsphäre ausscheiden mußte, wurde der 1. Vorsitzende der Bühne auch noch zum Regisseur. Dr. Knapstein inszenierte 1953 „Das große Welttheater" von Calderon. Die Aufführungen dieses Stückes, für das Walter Kolbe die Musik schrieb, waren der erste ganz große Erfolg, der bis Osnabrück ausstrahlte, wo ein Gastspiel im Theater am Domhof sehr gute Kritiken fand. „Drei Voraussetzungen waren erfüllt", hieß es in einer Besprechung, „das Vorhandensein eines Bühnenbildners großen Formats, eines Könners in der Leitung von Laienspielern und eine dem Spiel mit Leib und Seele verschriebene Gemeinschaft". Bekannte Bürger wie Wilhelm Warren und Anton Timpe standen damals mit auf der Bühne.
In den folgenden Jahren verbreiterte sich die Palette des Angebots vom Schauspiel über Oper, Operette bis zu plattdeutschen Stücken und Märchenspielen, von der „Passion"(1987), dem bisherigen Höhepunkt der Aufführungen und der bisher stärksten Inszenierung, bis zur „Pension Schöller" und „Charleys Tante", vom „Land des Lächelns" bis zum „Wiewerupstand in't Dörp", vom „Sommernachtstraum" bis zum „Tapferen Schneiderlein". Der Spielplan umfaßte Nachdenkliches, Religiöses, Klassisches, Volkstümliches, Musikalisches, Kinder- und Jugendtheater. Kurz: Der Wechsel machte die Freilichtbühne attraktiv. Mit plattdeutschen Stücken waren neben August Hinrichs, Karl Bunje und anderen „Plattschrievers" auch emsländische Heimatdichter auf der Freilichtbühne vertreten: Maria Mönch-Tegeder mit der „Treckerkomödie" und „Mau Mau in Moordörp", Bernhard Uphus mit „De dröge Jan" und „De Doktorbuur".

„Max und Moritz" (1985)

Einen Rekordbesuch von 25 137 Zuschauern verzeichnete das „Dschungelbuch" im Jahre 1989. Mogli und die Tiere des Urwaldes wurden aber auch bei Gastspielen in Georgsmarienhütte und Paderborn begeistert aufgenommen. Das „Tapfere Schneiderlein" stattete 1980 einer Bundeswehreinheit in Decimomannu auf Sardinien einen Besuch ab. Durch „Tage der offenen Tür", die alle zwei Jahre stattfinden, sind die Freilichtspiele zu einer „Bühne zum Anfassen und Begreifen" geworden. Ein Förderverein trägt dazu bei, die finanzielle Grundlage der Bühne zu stärken. Er zählt etwa 60 Mitglieder, sowohl Einzelpersonen als auch Firmen. 1990 gab die Freilichtbühne erstmalig eine Kassette heraus, auf der sich der „Zauberer von Oos" mit Musik, Gesang und begleitendem Text vorstellt.

Neuer Schwung nach einem Tief

Mitte der siebziger Jahre gab es eine Schwächephase, ein Tief. Der Siegeszug des Fernsehens zeigte Wirkung. Im Vorstand wurde ernsthaft die Frage diskutiert: Hat es Zweck, überhaupt noch weiterzumachen? Aber als das 25jährige Bestehen der Bühne groß gefeiert wurde und Lobeshymnen erklangen, waren Lethargie und Resignation schnell verflogen, nicht zuletzt, weil inzwischen die öffentlichen Helfer wach geworden waren. Stadt, Kreis und Land stellten höhere Zuschüsse in Aussicht. Ein Fünfjahresplan wurde aufgelegt, ein Investitionsprogramm aufgestellt und ein Berufsregisseur verpflichtet. Johannes Schreiber war 1968 zur Wasser- und Schiffahrtsverwaltung nach Münster abgewandert. Danach hatte es in der Spielleitung einen ständigen Wechsel gegeben. Seit 1975 führt Peter Jahreis von den Städtischen Bühnen Münster Regie. Ein Glücksfall für die Bühne im Esterfelder Forst, wie sich schon nach kurzer Zeit zeigte. Jahreis leitet die Spielschar nicht nur mit behutsamer, aber sicherer Hand, er schreibt für die Märchenspiele die Texte, arbeitet die Stücke für die Bühne um und dirigiert, denn auch die Musik gehört zu seinem Metier.

Für die musikalischen Arrangements der letzten Jahre zeichnete Adolf Thelen (Bremen-Brinkum) verantwortlich. Vorher war es Walter Kolbe, der zu einer Reihe von Stücken Lieder und Musik komponierte. Auch Fritz Helmkamp trug – vor allem mit seinen Chören – zum Gelingen vieler Aufführungen bei. Kein Zufall dürfte es sein, daß die Musik bei den Inszenierungen der letzten Jahre immer größere Bedeutung erlangt hat. Ernst Neuhäuser, seit 1984 1. Vorsitzender der Emsländischen Freilichtspiele, ist schließlich Direktor der Musikschule des Emslandes und kann somit viele Register ziehen. Beim Musical „Anatevka" trat 1990 ein 60 Mitglieder starker Chor auf. Viele Musikfreunde hoffen, daß er keine musikalische „Eintags- bzw. Einjahresfliege" bleibt.

Dem Städtischen Musikverein ist es zu verdanken, daß auf der Freilichtbühne zusätzlich eine Reihe von Opern, Operetten und Oratorien aufgeführt wurde. Es gab Bestrebungen, Freilichtspiele und Musikverein zu fusionieren. Geplant war ein „kooperativer Beitritt". Im März 1952 war ein Vertrag über Zusammenarbeit Gegenstand von Verhandlungen, die sich jedoch wieder zerschlugen. Schon im Dezember 1951 hatte Dr. Knapstein mit Nachdruck vor einer zu engen Verbindung gewarnt. „Ohne die Zusammenarbeit sparen wir uns viel Ärger und Verdruß", hieß es in einer seiner Stellungnahmen. In der Tat litt das Verhältnis Freilichtbühne – Musikverein unter Spannungen. In einem Schreiben vom 22. Juli 1953 warf der Vorstand der Freilichtspiele dem Musikverein vor, daß seine Vorstandsmitglieder Aufführungen der Freilichtbühne nicht nur nicht besuchen, sondern „auch noch Gegenpropaganda betreiben". Auch die Tatsache, daß Musikdirektor Schäfer-Sandhage von sich aus „bei jedem, der es hören wolle, den Wert der Aufführungen der Laienspiele herabsetzt", könne nicht als erfreuliches Vorzeichen für eine engere ersprießliche Zusammenarbeit gewertet werden. – Die Fülle musikalischer Veranstaltungen auf der Freilichtbühne im Verlauf der vier Jahrzehnte dürfte jedoch ein Beweis dafür sein, daß gelegentliche Meinungsverschiedenheiten im Interesse der Sache beigelegt werden konnten.

Die Bühne als „Lehrstelle" und Sprungbrett

Für einige Mitarbeiter und Mitspieler war die Freilichtbühne Meppen „Lehrstelle" und Sprungbrett. Hermann Lause, jetzt Schauspieler in Hamburg, hat hier seine ersten Bühnenerfahrungen gesammelt. Das gleiche gilt für den Pantomimen Michael Aufenfehn, jetzt Folkwangschule Essen. Klaus Pierwoss war lange Jahre Intendant am Schauspielhaus in Köln und wechselte im Herbst 1990 zum Maxim-Gorki-Theater nach Ost-Berlin. Hannes Dreher, ein Spezialist für Projektmalerei, der – assistiert von Ferdi Symens – die ersten großartigen Bühnenbilder für die Freilichtbühne und später auch für die Aula schuf, wurde an die Staatsoper in Hamburg verpflichtet. Wieland Wagner holte ihn nach Bayreuth. Die nächste Station war München. In Meppen ist Hermann Becker mit bühnenbildnerischer Meisterschaft in seine Fußstapfen getreten.
Im Laufe der Jahre haben sich an der Bühne viele Talente entfaltet, die sich mit Berufsschauspielern messen können. Erinnert sei nur an den leider sehr früh verstorbenen Wilhelm Schöning. Die Spielschar zählt inzwischen 120 Mitglieder, nicht zu vergessen die vielen Helfer hinter der Bühne, die unentbehrlich sind, wenn alles seinen geordneten Gang gehen soll.
Was bekommen, was verdienen alle diese Leute? wird oft gefragt. Die Antwort gab einmal Johannes Heidemann in einem Leserbrief in der „Meppener Tagespost": Kontakt mit Menschen, Zufriedenheit über eine freiwillig erbrachte Leistung, Selbstvertrauen und noch vieles andere mehr – nur kein Geld. Das müßten die Spieler gelegentlich noch mitbringen. Geboten werden kleine Abwechslungen, die auch dazu dienen, die Gemeinschaft weiter zu festigen: ein Kohlessen bei Röckers Karl in Helte, Theaterfahrten, Ausflüge, kleine Feiern. Die Familien

sind mit eingebunden. Für sie gibt es während der Aufführungen in der „Klause" hinter der Bühne Kaffee und Kuchen.

Aus Helfern wurden Partner

Im Jahre 1990, bei der Feier aus Anlaß des 40jährigen Bestehens der Bühne, waren die Sorgen der Gründerzeit vergessen. Vergilbt sind die Unterlagen, aus denen hervorgeht, daß die Bühne über eine sehr lange Zeit hinweg jährlich bei der Stadt um einen Zuschuß von 1500 DM betteln mußte und zum Beispiel im Jahre 1958 die Frage aufgeworfen wurde, ob es nicht an der Zeit sei, daß sich die Freilichtbühne aus eigenen Einnahmen finanziere, damit sich der städtische Zuschuß erübrige. – Die Eintrittspreise lagen bei 2.–, 1,50 und 1.– DM; für Kinder bei 0,80 DM. Zum Vergleich das Jahr 1990: 14,– DM bei „Anatevka".
Stadt und Kreis sind zu Partnern der Bühne geworden, die als Kulturträger aus dem Emsland nicht mehr wegzudenken ist. Bürgermeister und Stadtdirektor stehen auf der Anwesenheitsliste jeder Generalversammlung. Besondere Hilfe, die größere Investitionen ermöglichte, wurde den Emsländischen Freilichtspielen nach 1977 durch das kulturelle Infrastrukturprogramm zuteil. Über die Vergabe der Mittel aus diesem regionalen Sonderprogramm des Landes Niedersachsen entscheidet jeweils die „Emsländische Landschaft". 1977 brachte der Vorstand der Bühne – Vorsitzender war Bernd Hoveling – den Mut auf, für das Programm zur Verbesserung der kulturellen Infrastruktur Maßnahmen im Werte von 485000 DM anzumelden. Höhere Zuschüsse und eine sparsame Geschäftsführung ermöglichten in den vergangenen zehn Jahren Investitionen im Werte von 1,5 Millionen DM. Ein Teil dieser Gelder diente der technischen Ausstattung der Bühne.

Scheinwerfer aus Konservendosen

Elektrischen Strom gab es 1950/51 nur in der Innenstadt, nicht im Esterfelder Forst. Die Stromversorgung für die zum Teil aus Konservendosen angefertigten Scheinwerfer erfolgte durch Notstromaggregate, die – um den Lärm der Motoren von der Bühne fernzuhalten – in der Nähe der Gaststätte Winkler (heute Parkhotel) aufgestellt wurden. Die technische Zentrale war ein offener Stand und nur durch ein Wellblechdach gegen Regen geschützt. Ein großer Fortschritt war im Jahre 1959 der Bau des Beleuchtungsstandes, der in den achtziger Jahren so modernisiert

Erinnerungen an das „Stedtel" im zaristischen Rußland: „Anatevka" (1990)

wurde, daß er auf den Bühnen des Verbandes Deutscher Freilichtbühnen seinesgleichen sucht. Eine elektronische Lichtsteueranlage mit programmierbarer Szeneneinstellung für jede Beleuchtungsstimmung, Verfolgungs- und Profilscheinwerfer, eine drahtlose Mikrophon- bzw. Mikroportanlage, eine Induktionsschleife unter den Sitzreihen des gesamten Zuschauerraumes als Service für Benutzer von Hörgeräten, ein Hallgenerator für besondere akustische Effekte – sind das Reich von Reinhard Büring, der hier schaltet, waltet und über Lautsprecher begrüßend und informierend Kontakt mit den Zuschauern hält.

Zu den aus dem kulturellen Strukturprogramm geförderten Investitionen der vergangenen 13 Jahre gehören auch die Neugestaltung des Eingangsbereichs mit Kassenschalter, Kiosk und Toiletten sowie Verbesserungen auf den Zuschauerrängen. 700 der insgesamt 1600 Sitzplätze bestehen jetzt aus Kunststoff-Sitzschalen. Holzbänke wurden durch Kunststoffbänke ersetzt. Rollstuhlfahrern stehen „Logenplätze" zur Verfügung, die über einen sanft ansteigenden Weg zu erreichen sind. Den Abschluß der Umbau- und Erneuerungsmaßnahmen bildete der

Bau des Garderobengebäudes, das allein 500 000 DM erforderte. Die Finanzierung mußte über drei Jahre gestreckt werden. Eigenleistung der Bühne: 50 000 DM. Das Gebäude enthält alle Nebenräume, die zu einem modernen Theater gehören: Garderoben für Männer und Frauen, Räume für Schneider, Maler, Bühnentechnik und Requisiten, Küche, Duschräume, Toiletten, ein Zimmer für Besprechungen, Lagerräume usw. Für Baumaßnahmen zeichnet seit Jahrzehnten „Bühnenarchitekt" Hans-Wilhelm Acquistapace verantwortlich. Vorsitzender des Bauausschusses ist Hermann Kemper, der Leiter des Stadtplanungsamtes. Nicht vergessen werden darf noch ein weiterer treuer Freund der Bühne, vor dessen Überraschungen nicht nur die Zuschauer, sondern gelegentlich auch die Regisseure nicht sicher sind: der Pyrotechniker Dr. Hans Knöchel, der mit bunten Feuerwerkseffekten die Szene belebt.
In den siebziger Jahren wurde mit einiger Sorge beobachtet, daß die Wohnbebauung immer näher an die Freilichtbühne heranrückte. Hinzu kamen im Jahr 1972 schwere Sturmschäden, von denen auch die Bühne nicht verschont blieb. Aber die Lücken haben sich durch neuen Bewuchs schnell wieder geschlossen. Und auch durch die Nähe der Bebauung hat die Bühne nichts von ihrem Charakter und ihrem Reiz als Naturbühne eingebüßt.

Die große Sorge: das Wetter

Dafür bereitet die Natur auf andere Weise Sorgen. Es heißt, der Erfolg einer Freilichtbühne hänge erstens von guten Schauspielern und zweitens vom Wetter ab. Man sollte die Reihenfolge umkehren, denn das Wetter kann die Arbeit eines ganzen Jahres zunichte machen. Auf dem Plakat der ersten Aufführung im Jahre 1951 hieß es: „Die Bühne bietet Schutz gegen Sonne und Wind". Mögliche kalte Duschen verschwieg des Verfassers Höflichkeit. 1989 fiel die Premiere des „Hauptmanns von Köpenick" wegen Regenwetters aus. Die zweite Vorstellung mußte wegen Nässe abgebrochen werden. Die dritte fand zwar statt, aber für die Laienspieler und ihre Gäste wurde sie zu einem Bad im Freien. Die Operette „Das Land des Lächelns" sollte dem Jubiläum „1150 Jahre Stadt Meppen" besonderen Glanz verleihen. Die Aufführung mußte wegen Dauerregens um eine Woche verschoben werden. Lortzings „Waffenschmied" wurde im Volksmund zum „Wasserschmied", und auch der „Richter von Zalamea" ist 1960 fast „ertrunken". Eine Überdachung des Zuschauerraumes ist nie ernsthaft in Erwägung gezogen worden. Sie würde die Atmosphäre der Naturbühne zerstören. Deshalb wird auch in jüngster Zeit nur über Unterstellmöglichkeiten für die Zuschauer bei plötzlich einsetzenden Schauern nachgedacht.

Aus dem „Nähkästchen"

Die Stadt Meppen zeigte sich keineswegs immer großzügig gegenüber der Freilichtbühne. Am 23. Juni 1954 flatterte dem Vorstand eine Rechnung über „für die Freilichtbühne geführte Telefongespräche" auf den Tisch: 1,40 DM für ein Gespräch mit dem Stadttheater Oldenburg, 6,80 und 2,30 DM für Gespräche mit einem Kostümverleih in Dortmund. Am 7. August 1968 stellte die Stadt der Bühne für die „Beförderung von Theaterkostümen" 22,00 DM in Rechnung.
Noch pingeliger gab sich der Schulrat des Kreises Nienburg-Weser in den fünfziger Jahren. Einer Bitte der Freilichtbühne um Übersendung eines Verzeichnisses der Schulen seines Bezirks, so schrieb er, könne er nur nach Überweisung von 2.– DM (in Worten: zwei Mark) für die Erstattung von Unkosten nachkommen.
Am 12. Juli 1951 schickte die Firma Krapp der Stadt eine Mahnung über 2 775,19 DM. Es handelte sich um Lieferungen für die Freilichtbühne. Steuerzahlungen würden so lange eingestellt, bis das Konto ausgeglichen sei. Die Antwort der Stadt: Die Emsländischen Freilichtspiele seien ein eingetragener Verein und damit selbständig. Für ihre Schulden könne nicht die Stadt haftbar gemacht werden. Zum Thema Steuer hieß es in dem Antwortschreiben lakonisch, der Stadt lägen Rechnungen der Firma vor, „deren Höhe völlig zur Verrechnung mit den der Stadt zustehenden Steuern" ausreiche.
Im April 1956 machte der damalige Rechnungsführer der Freilichtspiele, Justus Heil, seinem Ärger über die Bürokratie Luft. Da die Freilichtbühne in diesem Jahr nicht mit roten Zahlen abgerechnet hatte, verlangte die Bezirksregierung Osnabrück den Zuschuß in Höhe von 3 000 DM wieder zurück. „Das Wiehern des Amtsschimmels verfolgt mich seit Tagen in meinen Träumen und allmählich geht mir der Hut hoch", schrieb er an den Vorstand. „Es scheint mir leichter, 3 000 DM groschenweise zusammenzubetteln als sie noch einmal vom Herrn Kultusminister loszueisen...".

Einen unerwarteten Lacherfolg erzielte der Ritter vom Strahl in Kleists „Käthchen von Heilbronn". Im Zweikampf mit seinem Gegner verfing sich eines Tages seine gepanzerte Faust samt Schwertgriff im Helmband. Alle Befreiungsversuche mißlangen. So konnte der tapfere Ritter sein Schwert nur hochhalten, während sein Gegner kräftig auf ihn einhieb. Offenbar strengte dieser sich dabei aber so stark an, daß er einen Schwächeanfall erlitt und – wie es im Drehbuch stand – tot zu Boden fiel. Dem Ritter gelang es zwar nicht, das Schwert freizubekommen, dafür riß er sich aber schließlich den Helm vom Kopf – und konnte nun freien Blickes feststellen, daß er auch ohne einen Schwertstreich durch ein gnädiges Geschick den Sieg errungen hatte. Das Publikum soll vor Begeisterung „gewiehert" haben.
Das Operetten-Theater Rhein-Ruhr bot im Juni 1951 den Emsländischen Freilichtspielen ein Gastspiel mit der Operette „Leichte Kavallerie" an. Voraussetzung war, daß die Freilichtbühne „30 berittene Herren und 10 bis 15 Damen" stelle. –Die Bühne hatte damals andere Sorgen.

Lob und Anerkennung

Anerkennung ist den Emsländischen Freilichtspielen nicht versagt geblieben. Experten nannten die Bühne eine der schönsten in Norddeutschland, „schöner als die Zoppoter Waldbühne". Den Laienspielern wurde bescheinigt, sie hätten den Beweis erbracht, daß „die Emsländer doch den Drang zu Höherem" hätten. Meppen sei durch die Bühne zu einer „kleinen Musenstadt" geworden; die Freilichtbühne habe der Kulturarbeit zusätzliche Impulse gegeben. Dr. Sondergeld, der Präsident des Bundes Deutscher Amateurtheater, rühmte ihre „vorbildliche und wegweisende Theaterarbeit vor allem im Kinder- und Jugendbereich". Dr. Johann Tönjes Cassens, bis 1990 Niedersächsischer Minister für Wissenschaft und Kunst, schwärmte: „Das ist die schönste Freilichtbühne, die ich gesehen habe". Beim Verfassungsfest in Bonn waren Mitglieder der Freilichtbühne Meppen, die mit „höfischen Szenen" die Verbindung zu Clemens August herstellten, zusammen mit Vertretern des Theaterpädagogischen Zentrums Lingen, der Waldbühne Ahmsen und der Musikschule des Emslandes würdige und vom „Landesvater" mit einem besonderen Lob bedachte Vertreter Niedersachsens.
Eine besondere Anerkennung stellte jedoch der Kulturpreis des Landkreises Emsland dar, der 1989 den Emsländischen Freilichtspielen Mep-

pen und der Waldbühne Ahmsen verliehen wurde. Mit ihren Aufführungen und ihrer langjährigen Arbeit, so heißt es in der Begründung für die Auszeichnung, hätten die Bühnen „ein beachtliches Niveau erreicht und somit eine besondere Bedeutung für das kulturelle Leben in der Region erlangt". Sie hätten „besondere Leistungen auf dem kulturellen Sektor erbracht und sich einen Namen verschafft, der weit über die Grenzen des Emslandes bekannt ist".

Der erste Vorstand

Dr. Carl Knapstein (1. Vorsitzender)
August Ledor, Josef Hagspihl, Wilhelm Dütemeyer, Leo Piekenbrock, Wilhelm Warren u. a.

Der Vorstand im Jahre 1990

Ernst Neuhäuser (1. Vorsitzender)
Reinhard Büring (2. Vorsitzender)
Hermann Kemper (1. Geschäftsführer)
Heinz Schöttmer (2. Geschäftsführer)
Hermann Wöbker (Kassenwart)
Nothard Kaßburg (1. Spielscharführer)

Die Vorsitzenden

Dr. Carl Knapstein (1950–1954)
Baurat W. Scherpe (1954–1955)
Franz Holling (1955–1976)
Bernd Hoveling (1976–1984)
Ernst Neuhäuser (seit 1984)

Die Geschäftsführer

August Ledor (1950–1955)
Heinz Schürmann (1955–1985)
Hermann Kemper (seit 1985)

Regisseure und Spielleiter

1951/52: Karl-Edin Büscher
1953/54 und 1966: Dr. Carl Knapstein
1955–1958 und 1969/70: Kurt Heinz Welke
1959–1968: Johannes Schreiber
1969–1974: Theo Leidinger, Peter Kotulla, Wilhelm Schöning, Bernd Hoveling, Fritz Helmkamp u. a.
Seit 1975: Peter Jahreis (Münster)

Plattdeutsche Aufführungen inszenierten Kurt Müller-Reitzner (Bremerhaven), Rudolf Plent (Oldenburg), Peter Renz (Oldenburg) u. a.
Überschneidungen in den Jahreszahlen ergeben sich, weil in den meisten Jahren zwei oder drei Stücke aufgeführt und von verschiedenen Spielleitern inszeniert wurden.

Einstudierungen seit der Gründung

1951 „Käthchen von Heilbronn" von H. Kleist
„Die zärtlichen Verwandten"

1952 „Andreas Hofer" von Karl Immermann

1953 „Das große Welttheater" von Calderon
„Reineke Fuchs" von Hermann Griebel
„Die Treckerkomödie" von Maria Mönch-Tegeder

1954 „Der Nibelungen Not" von Max Mell
„Mau Mau in Moordörp" von Maria Mönch-Tegeder

1955 „Ein Sommernachtstraum" von Shakespeare

1956 „Der Hauptmann von Köpenick" von Carl Zuckmayer
„De dröge Jan" von Bernhard Uphus

1957 „Der Meineidbauer" von Anzengruber
„Charleys Tante" von Brandon Thomas

1958 „Lumpacivagabundus" von Nestroy
„Wenn de Hahn kreiht" von August Hinrichs

1959 „Die Räuber" von Schiller
„För de Katt" von August Hinrichs

1960 „Der Richter von Zalamea" von Calderon
„Don Gil von den grünen Hosen" von T. de Molina
„Krach um Jolanthe" von August Hinrichs

1961 „Was ihr wollt" von Shakespeare
„De Doktorbuur" von Bernhard Uphus

1962 „Donna Diana" von Moreto
„Besöök ut de Stadt" von Friedrich Lange

1963 „Rübezahl" von Siegfried Färber
„De Deerns ut'n Dorpkroog" von Friedrich Lange

1964 „De polit'sche Buck" von Jens Exler
„Die Freier" von Eichendorff

1965 „Patsy" von Barry Conners, übers. u. bearb. Ch. Rode
„Junge Deern up'n Hoff" von Friedrich Lange

1966 „Jedermann" von Hugo von Hoffmannsthal
„Rut mit de Deern" von Friedrich Lange

1967 „Das Wirtshaus im Spessart" von Paul Wanner
„De Jungfernkrieg" von Karl Bunje

1968 „Der eingebildete Kranke" von Moliere
„Spektakel üm Roswitha" (Blinnekoh) von Karl Bunje

1969 „Die lustigen Weiber von Kyritz" von H. Wilken und O. Justinus, Neufassung von Hannes Tannert

1970 „Das tapfere Schneiderlein", Märchenspiel nach Gebr. Grimm von Anja Topas
„Charleys Tante" von Brandon Thomas
„De Verdreihden Wiewer" von Erhard Asmus

1971 „Schneeweißchen und Rosenrot" nach Gebr. Grimm
„De swatte Hannibal" von Karl Bunje

1972 „Der gestiefelte Kater" von Kaulla
„Arsen und Spitzenhäubchen" von Kesseling

1973 „Pünktchen und Anton" von Erich Kästner
„Wenn de Hahn kreiht" von August Hinrichs

1974 „Der Froschkönig" von Josef Karl Grund

1975 „Schinderhannes" von Carl Zuckmayer
„Zwerg Nase", Singspiel nach Wilhelm Hauff
„Kärmes in't Dörp" von W. Brüggemann
„Der Vogelhändler" von Carl Zeller

1976 „Dornröschen" von Helmut Münchhausen
„De vergnögde Tankstelle" von Hermann Homann

1977 „Die Bremer Stadtmusikanten" von Dieter Geske
„Wiewerupstand in't Dörp" von Max König
„Schwarzwaldmädel" von Leon Jessel

1978 „Till Eulenspiegel" von Heinz Wunderlich
„Well häff, däi häff" von Erhard Asmus

1979 „Rumpelstilzchen" von Robert Bürkner
„För de Katt" von August Hinrichs

1980 „Das tapfere Schneiderlein" von Peter Jahreis
„Petrus giff Urlaub" von Fritz Wempner

1981 „Der Räuber Hotzenplotz" von O. Preußler
„Dat Verlägenheitskint" von J.P. Asmussen
„Maske in Blau" von Fred Raymond

1982 „Neues vom Räuber Hotzenplotz" von O. Preußler
„De Schelm von Möhlenbrouk" von Erhard Asmus
„Pension Schöller" von Laufs/Jacoby

1983 „Aufstand im Gemüsebeet" von David Wood
„Wenn de Hahn kreiht" von August Hinrichs
„Pension Schöller" von Laufs/Jacoby

1984 „Aladdin und die Wunderlampe" von Peter Jahreis
„De Etappenhase" von Karl Bunje
„Das Land des Lächelns" von Franz Lehár

1985 „Max und Moritz" von Peter Jahreis nach W. Busch
„Die deutschen Kleinstädter" von August Kotzebue

1986 „Der gestiefelte Kater" von Peter Jahreis
„Angst vör't Flaigen?" von Hans Gnant

1987 „Die Bremer Stadtmusikanten" von Peter Jahreis
„Golgatha – Die Passion", zusammengestellt und bearbeitet von Peter Jahreis

1988 „Die Wawuschels mit den grünen Haaren" von B.A. Mertz
„Das Wirtshaus im Spessart" von Curt Hanno Gutbrod

1989 „Das Dschungelbuch" von Peter Jahreis
„Der Hauptmann von Köpenick" von Carl Zuckmayer

1990 „Der Zauberer von Oos" von Peter Jahreis
„Anatevka" von Joseph Stein

Heini will in de Schaule –
Eine Erinnerung an Alt-Aschendorf

von Heinrich Jungeblut

Dat ist nu all lange Joahr'n her. Mauder harr acht Kinner, un Heini was dat jüngste. He was ers nägen Moante old, doar hoalde use läiwe Heer sien' Vaoder tau sick nao boaben. Mauder satt nu alleen. Dat öllste Wicht was füfteihn Jaohre, un Heini kunn nich is loopen. Use Mauder mott een bannig grooten Glowen hatt häb'n, anners harr se dat bis to ehren frauen Doot sicher nich dörhoall'n kunnt. Un elker Sönndag naomiddag, wenn een van ehr Kinner Kommunionunnerricht harr, dann nam se sick de Tied, gung nao'n Karkhoff hen un bäde den Krüßweg.
Aober ick wull jao van Heini vertellen. Am mäisten was he mit sien Brauer Bernd tauhope, de was dree Jaohr öller as he. De beiden verstunnen sick hellerbest. Eenmaol häff Heini sien Brauer aober doch target. He wull dat goarnich, aober de Grooten harr'n üm dat Läid biebrocht, un so sung he dann:
„Bernd, Bernd Bauner, locke diene Hauhner, tüt, tüt, tüt, Eier in den Püt." Doar wörde Bernd vergrellt, un Heini hörde up Stäe mit dat Singen up.
Dat was nu in de Ostertied, un Bernd möß dat erste Maol nao de I-Männkes. Heini was d'r nich achterkaomen. Üm fählde Bernd morgens tau't Späolen. Mauder segg üm, dat Bernd in de Schaule was. Man doar gung't löß. Heini plärrde un plärrde, he kreeg goar kien Enne: „Ick will ook inne Schaule. Ick will nao Bernd. Ick will ook nao de Schaule." Tauerst möß Mauder joa lachen. Aober dann wörde ehr dat doch tauväl. Se röp ehre jüngste Dochter. Acht Jaohr old was dat Wichtken. „Lenao, nimm den Jungen un gaoh' mit üm nao buten, dat he Ruhe giff." Lenao

paßde dat joa gaornich, aober wat schull se maoken. Mauders Woort güng alltied vör.

Se namm Heini bi de Hand un trook mit üm löß. Tauerst up de Straote, dann an Göken Bur vörbi un an Raomaokers. Dann gung't in de lüttke Straoten nao de Karken hen. Lenao was immer noch verbeestert, un se trook em mit Gewolt. Mit siene lüttken Bäinkes kunn Heini baold nich mithollen, aober seggen dö he nix. Se quammen an dat Hus van Biesingers Tanten vörbi un dann an'n Marktplatz. Een Dag vörher was Väihmarket wäsen, un de Päole mit de Stangen, woran dat Väih bunnen wörde, stunnen doar noch. Annertied harr Heini sick mit Bernd an de Stangen hochtrocken un dann hen un her swengelt. „Turnen" nömde Bernd dat, un dat mök alltied heller Spaoß. Heini keek wat schäif, aober Lenao was immer noch vergrellt un trook üm wieder. Un dann stunnen de beiden dicht bi Olle Rein an de Müre van' Karkplatz. De was nich allto hoch, un boabenup was'n isern Strankett. Lenao packde Heini ünner de Arms un börde üm nao boaben up de Müren. Nu kunn he joa gaut kieken. Vör üm den grooten, olden Torn van St. Amandus, rechter Hand dat gewoltige Krüß un liek vörut an anner Kante van'n Karkplatz een lang, läig Hus. „Dat is de Schaule", segg Lenao, „dat Hus doar mit de fief grooten Finsters. Un kiek is, doar, den grooten Keerl, dat is de Schaulmester. O je, o je, nu gripp he nao'n Stock. Un nu, kiek doch is! Nu kriegg eenen van de Bussen wat achtervör. Of dat wal use Bernd is?" Heini keek un keek, he sach nix, he sach ook nich dat liederlik Oogenplinkern van sien Süster. „Wullt du nu noch' nao de Schaule?" fragg Lenao üm. Heini schüddelde sien Kopp un kleide ganz alleen van de Müre runner. Den heelen Weg nao Huse kunn Heini nix mehr seggen. He brukde sien' lüttken Kopp tau't Naodenken – tau't Naodenken öwer de Schaule.

Klönaobend

von Josef G. Schmidt

Säi seeten tauhope än't aopene Füer,
de Handwerkers, Hürlüü un Buern.
Van Spauk un van Weergaohn protede man,
wi Kinner dön lustern un luern.

Dor ächter dät Öiwer, wor nu steiht dät Krüß,
– so wäit Naobers Jan tau vertellen –
dor danzde de Düwel mit Käen änt Bäin,
un sööp mit de Höllen-Gesellen.

Zigeuners un Bädelkers tröcken dör't Land;
säi stöhlen, verhexden de Blaogen.
Harms Opa sien Vaoder här't twäide Gesicht,
konn Hexen un Düwels utjaogen.

De Husschlächter Hinnerk, ick häbb üm noch kennt;
– dät Prümken dick ächter de Kusen –
süng Hollandske Läier van Hexen un Spauk.
Wat kregen wi Kinner dät Grusen.

De Piepe säi qualmde, de Breidelstock göng
wenn buten de Snäiflocken flögen.
Eere Döinkes un Läier de ludden so mooi.
Wat wät' wi dorvan off säi lögen.

* Worterklärungen: Weergaohn = Wiedererscheinen eines Verstorbenen;
Öiwer = Wallhecke; Käen = Ketten; Breidelstock = Stricknadel;
Kusen = Backenzähne; Ludden = Lauteten

Schuten Bur laett sük berichten

von Heinrich Book

De aolde Schute was all siet'n paar Maonte aent ssüken. Erst sääen de Lüü: "Och, schösste man seein, häi gröünt der noch wall wär däör, häi is eeine ut'n Wuttelende un nettso taar as'n Üllerk. Wenn häi man erst up't Hennliggen kump, daenn kaennt noch wall aale gout gaan."
Mann, as et hedde: Jan-Beernd haeff Schiercheit maoket un sük mit sienen Naber verdraogen, doo troueden de Meeisten daet Spill nich mehr. Sowat dee Jan-Beernd nich van Wallstand.
Greeitenklaos Wessel, sien aolden Frönd siet de Kommisstied, haer üm aenspraoken un sük van sien leeipe Kläör gehörig versettet. Tou Mreeike, wat sien Menske was, haer häi seggt: "Weeiste wat Mreeike, Schuten Jan Beernd, däi ist fäör de Müüse".
"Keerl, Wessel, wo kaennst du sowat van'n aenstaendigen Christenmensken seggen?" "Jao wisse, da haeste raecht Mreeike, man daet haeff mie leeip tou laaten un lääwen deit häi so nich mehr lange, daenn steck häi ampaat de Klaoen up, daet schösste Tied seein un belääwen."
Gouensdaechmaan in de Gäärkaomere sää Pestor Fröhlke tou Kösters Willem: "Naa de Froumisse mout Schuten Bur berichtet weeren. Bichtet haeff häi gistern all." "Jao, is gout Pestor, ik will mie da naa haemmen", sää aolde Köster. As de Misse daan was, trück de Köster sienen witten Röckel aower, stickede de Keersse in daet lüttke Schienfaett aen, namm de lüttke Schelle van de Boort un günk in'n Tooren. Da look häi dreeimal aen daet Klockentau, daet de gaenze Tooren bääwede. Mitdess treet de Pestor in't Witte uk jüüst ut daet Petäölken van de Kaerke. Häi droog in'n Bursa daet Sakrament väör sük up de Bast. So stappeden de beiden in de Mande tougaenge.

As de Lüüe in't Daerp hördon, daet dreeimal aen de Klocke trocken woort, sääen säi: „Et ist dreeimal klöppet wooren, da waett well verseein, daet schöll de aolde Schute wall wään, daenn is et nu so laote mit ümm". Säi quammen ut ähre Huusdäören, keeken de Straate naa un seegen de beiden all van wieden aenkaomen. Mit de Naaberlüüe, däi all up de Straate weeren, knäiden säi sük daal, as de Pestor un de Köster bie ähr verbiequammen. De Köster pingelde mit siene lüttke Schelle sien best – man mösste baolde Not haemmen, daet de Kläöpels der utstoowen, – so lange, bis sük aale gehöörig sänget haeren. Daet Veeih woort van de Straate offbenzelt, däi Foorlüüe steegen van'n Wagen off, bunnen de Pääre up, hüllen sük biet Hennknäien aen de Wagentuten faeste un sängenden sük.

Bie Schuten in Huuse weeren däi rooen Steeiner in de grote Käöke mooi blank schrubbet wooren, üm de Taofel tou un üm de Kaokmaschine was mit witten Sand bunte Verzierung maoket un däi Käökenfenster glümmeden et ut. Up de groote Taofel stünd'n hölten Krüss mit tweei Keerssen dakägen un'n Paar schlafende Jünger daraechter. In de eeine Kante van de Käöke väör de groote Glaasenkäste kneeide de Familge, un in de aenner Kante van de Käöke de Naabers. In de Kaomer bie den Kraenken was'n Thuiner Schwester, däi alles mooi praat maoket haer. Säi kunn uk däi latiensken Aentwoorten so gau herseggen, daet de Köster ähr grell toukeek, weil häi nich nettso drock damit touraechte wass. Daet deeipe Aamhaolen van de Kraenken kunn man bis in de Käöke hören un daet Ticken van de Standklocke datüsken leet Benaudigkeit bie de Familge un de Naabers hochkaomen.

As daet Bään un de Zeremonien touende weeren, puussede de Köster de Keerssen in sien Schienfaet un up de Taofel ut un beide Heerens trücken ähre witten Röckels ut. Nu quammen aale Naabers wäär toubeeine un ehe säi weggüngen, treet de Pestor noch ämkes in de Kaomere naa Schuten Bur hen un sää: „So, Schuten Vahder, nu mööt ieh gau toubäätern un wenn de Sünne höger kump, daenn kaom ieh wäär tou Beeine." Doo riskede sük de aolde Schute etwas aowerende in sien Leddekant un sää: „O watt, Heer, sittet dach nicht tou daomeln. Nu is et gout wään un ik weeit genau war et hengeit." Daet was den Pestor richtig in't Läävent trocken un häi sää unnerwechens kien Woort. Däi Köster günkt etwas sliepsteerts kägen üm aenn. Bie Schouster Benten keek de Bessmouder aechter de Gardienen her däört Fenster un sää: „Däi beiden Heerens kaomt in't Schwate wärümme, wenn säi't Witte noch aenhaeren, was et all toulaote wään. Däi Schute is noch aent Lääwen un kaenn nu in Ruhe upstappen na Günnsiet hen."

As de beiden bie'n Kaerkhoff aenquammen, brochte de Köster däi Rökkels un daet aennere Gerai hen de Gäärkaomere un de Pestor günk liekut up de Pastraat aen. In de Husdäöre stünd siene Hushöllerske, Fräulein Gedrut, all tou wachten. Säi möök de Däöre wagenwiet loss, trück Pestor sienen Sessel mooi passent aen'n Aobent, stellde üm siene Pantoffeln hen, brochte üm siene lange Piepe, däi all klaor stoppet was, stickede'n Fidibus aenn un sää: „So, Heeroom, nu mööt ieh trecken!" „Ik mout aber uk alles", brummelde de Pestor sük in'n Baort un fünk vergnöügt aent tou paffken.

Oaltwiewersommer

von Friemann

Nu bünt däi Sommerdage wer verfloagen,
däi Nächte werdet lang un immer länger,
un all däi bunten, muntren Sommersänger
häff et wer noah denn Süden hennverschloagen.

Däi Näbel trecket nu dör natte Gründe,
schwatt ligget däi geplöigten Stoppelfelder,
verfärwen daiht dat Loof in use Wälder,
van däi Plantanen fallt däi dröge Rinde.

Gau wasset ouk däi kläinen, flotten Füllen,
van Heidehonnig göif et goude Trachten,
väl gäle riepe Druwen dout all wachten,
ümm alle lossen Fäter uptoufüllen.

Oaltwiewersommer brängt noch moije Dage,
däi Sünne staiht nu Noahmiddags ganz läge,
fräi kiekt de Oogen dann dör Buschk un Häge,
bold kümp dornoah de Allersälenklage.

So gaiht dütt Joahr ouk wer tou'n Ende,
kümp use Läbensherwst bünt wie bescheiden,
wie danket Gott för alle Freud un Leiden
un gäwet uß getrost in siene Hände.

Theo Kröger zum Gedenken

von Josef Stecker

Am 26. 11. 1989 ist unser Heimatfreund Theodor Kröger verstorben, für alle, die ihn kannten und mit ihm zusammenarbeiteten, ein herber Verlust. Sein ganzes Leben hat er in seinem geliebten Sögel auf dem hohen Hümmling verbracht. Am 10. 3. 1917 als Sohn eines Tischlermeisters geboren, nach der Schulzeit am 1. 12. 1934 bei der Gemeindeverwaltung eingetreten, hat er dort als Lehrling, Angestellter und von 1947 bis zu seiner Pensionierung am 30. 4. 1982 als Gemeindedirektor und ab 1971 auch als Samtgemeindedirektor gewirkt. Eine ungewöhnliche Laufbahn also, deren Glanz so richtig aufleuchtete, als bei seinem Ausscheiden aus dem aktiven Dienst gesagt wurde, was er in fast vierzig Jahren für seine geliebte Heimat Sögel und darüber hinaus für den Hümmling und das Emsland geleistet hat. Gewerbe und Landwirtschaft, Sport und Schule, Sozialarbeit und Wohnungsbau, Heimat- und Kulturpflege fanden gleichermaßen in ihm einen unermüdlichen und kenntnisreichen Förderer. Und wenn man sich fragt, wie denn ein solcher Lebens- und Berufsweg möglich war, dann muß man zurückgehen in seine Jugendzeit, als ihn Pastor Georg Wolters entdeckte und über die katholische Sturmschar auf den Weg in das öffentliche Leben brachte. Wolters war ein außergewöhnlicher Mann, der neben seiner Seelsorge im politischen Leben des Emslandes vieles angestoßen und bewegt hat. Vor allem in der Förde-

rung begabter junger Menschen sah er für unsere arme Heimat eine große Aufgabe. Theo Kröger gehörte zu diesen jungen Menschen. Er gewann in der engen Zusammenarbeit mit Wolters Maßstäbe für seine Arbeit, die ihn zu den außergewöhnlichen Leistungen befähigten. Diesen Maßstäben ist er treu geblieben, solange er lebte. Aus seiner tiefen Verwurzelung in der Geschichte unserer Heimat erspürte er den richtigen Weg zur Lösung der Aufgaben der Gegenwart und Zukunft. Deshalb war ihm auch die außerordentliche Bedeutung des Schlosses Clemenswerth für Sögel, den Hümmling und das Emsland klar, und er betrieb den Ankauf des Schlosses durch den Landkreis, sorgte sich dann aber auch immer persönlich um die Pflege der Schloßanlage. Auch bei der Gründung des Emsländischen Heimatbundes und über viele Jahre in dessen Vorstand ebenso wie bei der Einrichtung des Emslandmuseums im Schloß wirkte er mit. Immer war sein Rat den Heimatfreunden willkommen. Sie werden Theo Kröger stets ein ehrendes Andenken bewahren.

Ein Jahr der Jubiläen

von Werner Franke

„Jetzt sind wir elfhundert Jahre alt" – mit solchen und ähnlichen Aussprüchen wurde im Laufe des Jahres 1990 in zehn Gemeinden des Emslandes an die erste urkundliche Erwähnung des Ortes erinnert, die im

Abgabenregister des Klosters Werden/Ruhr enthalten ist. Gefeiert wurde in vierzehn Gemeinden:
- Ahlde
- Elbergen
- Heitel
- Herzlake
- Langen
- Lünne
- Spelle
- Bexten/Holsten
- Handrup
- Herbrum
- Hummeldorf
- Listrup
- Schapen
- Wettrup

Dabei tat es der Festesfreude in Herzlake keinen Abbruch, nur auf eine um einhundert Jahre kürzere – urkundlich verbriefte – Geschichte zurückblicken zu können. Im Gegenteil: das „tausendjährige" Fest gab es eben nur hier, mit Pomp und Paukenschlag. Und in Herbrum schließlich ist es sogar eine Kaiserurkunde aus dem Jahre 890, die Anlaß für eine große Jubiläumsfeier bot.

Jener Mönch, ich nehme an, er war einer, denn wer konnte um 890 schon schreiben, mag er nun Clemens, Notker, Beringar oder Gozbert geheißen haben, wäre sicher höchst erstaunt gewesen ob des allgemeinen Jubels: immerhin hatte er eine „Steuerliste" aufgestellt, für die Betroffenen nicht unbedingt ein Anlaß zur Freude. Jener Clemens, um ihm einen Namen zu geben, faßte allerdings nur zusammen, was ihm als verbriefte Rechte des Klosters bekannt war: die fünf oder zehn Scheffel Roggen bei dem einen, dazu sechs Dinar, zehn Scheffel Roggen und eine Kanne Honig bei dem anderen, dazu zwei Schafe. Diese Lieferungen, die dem Kloster zustanden, waren ihm zum Teil wohl zu seiner Gründung, zum Teil später verliehen worden. Manche mag es auch kaufweise erworben haben. Und wenn es auch die Bürokratie unserer Tage noch nicht gab – Wichtiges wurde schriftlich festgehalten und in Briefen mitgeteilt, in lateinischer Sprache „verbrieft".

Irgendwann ist dann wohl auch ein Bote aufgebrochen zu den Betroffenen, um sie an ihre Abgaben zu erinnern und wohl auch auf den verpachteten Höfen nach dem Rechten zu sehen, ein Kontrolleur, ein Vertrauensmann des Klosters, sicher ein Mönch, schreibkundig und geschickt – und mutig. Wer um diese Zeit reiste, zog durch ein zwar weitgehend befriedetes Land, aber Rechtsbrüche, Verstöße gegen den verkündeten „Gottesfrieden" kamen vor. Herberge allerdings fand der Abgesandte des Klosters auf den Höfen, die zu seiner Aufnahme verpflichtet waren, und die höchstens eine Tageswanderung auseinander lagen. Jener

Mönch Beringar, wenn er so hieß, Abgesandter des Klosters Werden, mag vor elfhundert Jahren durch dieses Land gezogen sein, um die Besitzungen des Klosters zu besichtigen und pünktliche Ablieferung und Zahlung an den Haupthof des Klosters in Schapen anzumahnen. Die Verständigung geschah in der uns heute kaum noch zugänglichen Sprache des Altsächsischen. Nun wäre reizvoll – es gehört aber nicht zum Thema – an dieser Stelle zu spekulieren, wie ein solcher Besuch abgelaufen ist, den Beringar zu begleiten auf sandigen Wegen durch dichte Mischwälder von Eichen, Erlen, Birken, Kiefern und Haselbüschen, vorbei an Rodungen und Roggenfeldern, zwischen deren Halmen Mäuse und Hamster ihre Pfade getrippelt hatten, ihm beim Mahl zuzusehen – in Listrup gab es Lachs, in Spelle Aal, dazu Brei von Roggen oder Haferschrot, gesüßt mit etwas Honig, und braunes Bier von wildem Hopfen; doch vor der Mahlzeit hatte er noch ein Kind getauft, gerade vier Tage alt, im warmen Licht des Frühlingstages mit Wasser und den Worten wie sie nun schon seit hundert Jahren im Sachsenland üblich waren:

Forsachistu diobole? – Ec forsacho diobole.
End allum diobol-gelde? – End ec forsacho allum diobol-gelde.
End allum dioboles uuercum? – End ec forsacho allum dioboles uuercum and uuordum, Thuner ende Uuoden ende Saxnote, ende allum them unholdum the hira genotas sint.*

Erinnerungen an diese Zeiten ein wenig wachzuhalten, daran, daß auch damals hier Menschen lebten, an Flüßen, zwischen Wäldern und Mooren, und wie sie sich durch die Jahrhunderte schlugen im harten Alltag, das klang in vielen Veranstaltungen, in Festakten und bei Gottesdiensten, auf Kommersabenden und bei den Umzügen an. Spelle hatte den Anfang gemacht, mit einer Feierstunde sozusagen das emsländische Jubeljahr am Dreikönigstag eröffnet, Elbergen machte im wolkenlosen Mai den Anfang mit Kommersabend im Festzelt und Festumzug durchs Dorf. Hier und bei allen folgenden Umzügen wurde deutlich, welch unendliche Mühe sich die vielen Mitwirkenden in den Dörfern gegeben hatten, Geschichte in lebenden Bildern darzustellen. Wagen und Gruppen, geschmückt oder nicht, alles war mit großem Eifer und Ernst vorbereitet und wurde, wohl ein wenig verbrämt mit feinem Humor, nun in den Stunden des Festtages gezeigt. Und die Zuschauer – die Dörfer waren in diesen Tagen gedrängt voll – waren beeindruckt und begeistert ob der Vielzahl der Ideen.

Schlichte – und kostbare – Trachten waren seit Jahren geschneidert und gestickt worden, der alte Lanzbulldog, einst der Stolz des Bauern, donnerte durchs Dorf, Gespanne klapperten auf glattem Aspalt und es fehlte auch die Gruppe der Werdener Mönche nicht.

Diese Bilder werden allen Beteiligten, Aktiven, Organisatoren und Zuschauern noch lange in Erinnerung bleiben. Bei den morgendlichen Festakten und an den Kommersabenden traf man sich, viele Redner ließen Geschichte bis zur Gegenwart aufleben, Chöre, Orchester, Volkstanz- und Trachtengruppen traten auf, mancher mag überrascht festgestellt haben, das hier Tausende von Bürgern, Männer, Frauen, Jugendliche und auch die Kinder begeistert mitmachten. Siebzig Wagen und Gruppen, in Herzlake sogar neunzig, aufzubauen und auszustatten, das bedurfte nicht nur sorgfäliger Vorarbeiten, sondern auch viel handwerklichen Geschicks und vieler fleißiger Hände.

Wo Licht ist, ist auch Schatten. Man sollte sich wohl überlegen, Festakte und Kommersabende zusammen zu veranstalten. Die gesellige Stimmung in einem abendlichen Festzelt ist nun mal nicht die einer festlichen Aula, in der man andächtig einem Vortrag über die eigene Dorfgeschichte lauscht oder den Grußworten der Ehrengäste. An einem Kommersabend unterhält man sich eben, man spricht miteinander, trifft alte Freunde nach Jahren wieder.

Zu den Ortsjubiläen ist in vielen Dörfern eine Ortschronik erschienen. Viel ist dazu zusammengetragen worden. Bei den Beteiligten mag die Erkenntnis gekommen sein, daß zwei oder drei Jahre kaum ausreichen, das weitgespannte Pensum zu erarbeiten und es schließlich in die der Lesbarkeit wegen knappen Form zu bringen. Es sind beachtliche Werke herausgegeben worden, zuletzt mit schneller Maschine noch gedruckt und gebunden und jeweils rechtzeitig ausgeliefert. Für viele werden diese Bücher Fundgruben sein, Hinweise auch auf die eigene Familiengeschichte.

Es ist wohl angemessen, an dieser Stelle ein Dankeschön all jenen zu sagen, die am Gelingen der festlichen Tage beteiligt waren.

*Widersagst du dem Teufel? – Ich widersage dem Teufel.
Und allem Götzendienst? – Und ich widersage allem Götzendienst.
Und allen Werken des Teufels? – Und ich widersage allen Werken und Worten des Teufels, auch dem Donar, Wodan und Saxnot, und allen Geistern, die zu ihrer Genossenschaft gehören.
(Übersetzung: Dr. Hans Taubken, Münster)

Szenen eines Jubiläumsjahres:
(Lünne, 1 – Spelle, 2, 3 – Schapen, 4 – Listrup, 5 – Herzlake, 6, 7 – Listrup, 8 – Elbergen, 9 – Listrup, 10 – Wettrup, 11 – Hummeldorf, 12 – Wettrup, 13)

1

2

3

4

5

6

7

8

9

10

11

12

13

Ein Jahrzehnt Familienforschung – „Emsländische Landschaft" unterstützt die Genealogie

von Willy Friedrich

„Familienforschung darf sich nicht auf die Zusammenstellung von Stammbäumen beschränken, sie muß vielmehr dazu beitragen, das gesamte Geschichtsbild zu erweitern...!"
Dieser Ausspruch stammt von Dr. August Schröder, dem früheren Landesarchivar in Münster und Vorsitzenden der Westfälischen Gesellschaft für Genealogie und Familienforschung, der vor einem Jahrzehnt bei der Gründung des Arbeitskreises Familienforschung der Emsländischen Landschaft für die Landkreise Emsland und Grafschaft Bentheim Pate stand.
Inzwischen ist aus diesem Arbeitskreis eine allseits anerkannte, aktive und erfolgreich tätige Gemeinschaft geworden. Sie konzentriert ihre genealogischen Forschungen nicht nur auf die „Landschaft", sondern auch auf die niederländischen sowie auf die ostfriesischen und westfälischen Nachbarregionen.
Nicht zuletzt ist es dem Vorsitzenden des Arbeitskreises, Pastor i.R. Jan Ringena, Neuenhaus, zu verdanken, daß die Beteiligten mittlerweile das Anfangsstadium der genealogischen Forschung weit hinter sich gelassen haben.
Mit Schwung und Akribie gehen sie ans Werk, um dem Ursprung ihrer Familien und der in der Regel weitverzweigten Ahnenreihen, der Vorfahren und Nachkommen „auf die Spur zu kommen". Daß ihnen dies gelingt, verdanken sie nicht zuletzt auch ihrem Vorsitzenden Jan Ringena. Dank seiner Pionierarbeit hat er sich den Ruf eines Experten erworben. Ringena war es, der die Kirchenbücher der evangelisch-refor-

mierten Gemeinden – über die Verfilmung der Eintragungen – breiteren Bevölkerungskreisen zugänglich gemacht hat. Verfilmte Kirchenbücher aus den evangelisch-reformierten Gemeinden sind mehr oder weniger vollständig ab etwa 1720 vorhanden. Ab 1874 haben die Standesämter die Registrierung der familiären Daten übernommen.

Die evangelisch-altreformierten Kirchengemeinden der Grafschaft Bentheim haben mit regelmäßigen Aufzeichnungen 1834 begonnen. Relativ jung hingegen sind die Register der evangelisch-lutherischen Gemeinden, die z. B. in der Stadt Bentheim seit 1907 geführt werden, während die evangelisch-reformierte Gemeinde Bentheim schon ab 1594 Taufregister besitzt. Um Einblick in die Kirchenregister der katholischen Gemeinden ist der Arbeitskreis bemüht. Hier müssen die Familienforscher weitgehend die bischöflichen Archive in Osnabrück, Münster oder Utrecht bzw. die örtlichen Kirchengemeinden ansprechen.

Nicht minder interessantes Quellenmaterial findet sich in den Staatsarchiven in Osnabrück und Münster, in Aurich, Zwolle, Assen, Utrecht und im fürstlichen Archiv in Burgsteinfurt.

Trotz all dieser Informationsmöglichkeiten geraten Familienforscher oftmals an einen toten Punkt. In vielen Fällen hilft der Gedankenaustausch oder eine Suchanzeige in einer familiengeschichtlichen Zeitschrift weiter. Aus dieser Perspektive muß man auch die in regelmäßigen Zeitabständen erscheinenden Mitteilungsblätter des Arbeitskreises betrachten, die zu einer wahren Fundgrube geworden sind.

In der Fachstelle in Meppen können Interessenten montags bis freitags von 8.30 bis 12.00 Uhr und von 14.00 bis 17.00 Uhr vorsprechen. Sie werden dort von der Fachstellenleiterin, Frau Robben, und von den Mitarbeitern des Emsländischen Heimatbundes betreut.

Genealogie, das ist in der Regel ein „Stück Geschichtsforschung von unten". Nicht nur hierzulande, sondern auch in den Niederlanden, Belgien, in den USA und Kanada hat die Familienforschung einen hohen Stellenwert. Das wird aus den stetigen Nachfragen bei der Fachstelle in Meppen deutlich.

BÜCHERECKE

Die Arenberger. Geschichte einer europäischen Dynastie. Band 2: Die Arenberger in Westfalen und im Emsland. Herausgegeben von Franz-Josef Heyen und Hans-Joachim Behr. (Veröffentlichungen der Landesarchivverwaltung Rheinland-Pfalz, Reihe Arenberg) Koblenz 1990, 283 S., 60,– DM

War Meppen wirklich „Hauptstadt", „Landeshauptstadt"? Gemeint ist hier der Zeitraum von 1803 bis 1810. Und gefragt wird damit auch, ob das alte fürstbischöfliche Amt Meppen in diesem Zeitraum tatsächlich ein „neues Fürstentum" und „selbständiges Ländchen" war, dessen „Selbständigkeit" 1810 aufgehoben wurde.
Alle diese Feststellungen finden sich in der stadtgeschichtlichen Literatur über Meppen, angefangen bei dem „Abriß einer Stadtgeschichte" (1951) über die „Festschrift zur 600-Jahrfeier" (1960) bis zu dem Jubiläumsbuch „Meppen in alter und neuer Zeit, 834–1984" (1983), und da besonders ausführlich und sehr definitiv. Aber sie finden sich auch in der regionalgeschichtlichen Literatur, und zwar schon im Jahre 1838 (Diepenbrock). Und wenn Begriffe einen Sinn haben, dann wird damit behauptet, daß das nördliche Emsland in der Zeit von 1803 bis 1810 eine staatsrechtlich souveräne Einheit bildete.
Zweifelhaft ist das auf jeden Fall, wahrscheinlich sogar unhaltbar. Zu dieser Erkenntnis muß man kommen, wenn man das soeben erschienene Buch „Die Arenberger in Westfalen und im Emsland" zur Hand nimmt, das hier kurz vorgestellt werden soll. Alle vierzehn Autoren sind ausgewiesene Fachleute, die man z. T. auch aus anderen Publikationen kennt. Daß Meppen hier in der heimatgeschichtlichen Literatur „Landeshauptstadt" genannt wird in einem „selbständigen Ländchen", wissen sie offensichtlich nicht. Darum stellen sie sich natürlich auch nicht dem hier oben angesprochenen Problem. Für sie ist völlig klar, daß das nicht so ist. Die vier Autoren, die sich – unter verschiedener thematischer Zielsetzung – mit dem staatsrechtlichen Status des alten Herzogtums Arenberg „in Westfalen und im Emsland" beschäftigen, sprechen immer von den zunächst zwei, dann drei Landesteilen, die dazugehören: Recklinghausen, Dülmen und Meppen. Regierungssitz und Landeshauptstadt war Recklinghausen. Dort war auch die „oberste Gerichtsinstanz für alle drei Provinzen".
Weiter kann hier darauf nicht eingegangen werden. Vorzustellen ist nun zunächst der Beitrag, der für die emsländische Geschichte von 1803 bis 1875 besonders ergiebig ist: „Die Standesherrschaft des Herzogs von Arenberg im Königreich Hannover". Historiographisch gesehen hat dieser Aufsatz zum Teil „Neuigkeitswert". Er beseitigt die Grauzone von 1803 bis 1810, beseitigt den „weißen Fleck" der Zeit von 1813 bis 1826 und beschäftigt sich ausgiebig mit der bisher unbekannten, höchst dubiosen Rolle, die der sonst vielgelobte Rentkammerdirektor Anton Heyl gespielt hat; das alte Haus ist ja einbezogen in die Architektur der neuen Volksbank in Meppen. Hier werden also heimatgeschichtliche Lücken geschlossen. Allerdings läßt der Verfasser selbst auch eine Lücke. Da es in seinem Beitrag weithin um den sehr anschaulich geschilderten Streit wegen der standesherrlichen Rechte des Herzogs geht, ist es verwunderlich, daß

hier Ludwig Windthorst nicht einmal erwähnt wird. Als Justizminister und als einflußreicher Parlamentarier hat er damit ja einiges zu tun gehabt. Der Briefwechsel mit dem Herzog befindet sich im arenbergischen Archiv, 1912 ist er teilweise auch im Druck erschienen („Stimmen aus Maria Laach"). Besonders ergiebig für dieses ganze Problem sind die ausführlichen Debatten im Preußischen Abgeordnetenhaus (zum Beispiel: Sten. Berichte des Preuß. Abgeordnetenhauses, Bd. I, 1869, S. 334ff.).
Direkt auf das Emsland bezieht sich auch der Beitrag von Eckard Wagner, „Das Jagdschloß Clemenswerth im Besitz der Herzöge von Arenberg". Detailverliebt und gerade darum nuancenreich wirkt diese Darstellung, die einen daran erinnert, daß es die Arenberger waren, die dieses architektonische Kleinod über mehr als 150 Jahre erhalten haben. Im Jahre 1987 war aus gegebenem Anlaß so viel die Rede von dem Erbauer, dem Kurfürsten Clemens August (1700 bis 1761), daß man die Arenberger darüber ganz aus dem Auge verloren hat. Das Schloß gehörte zu der „Entschädigung", welche die Arenberger erhielten, nachdem sie im Jahre 1803 ihren gesamten linksrheinischen Besitz verloren hatten.
Ausführlich und unter Verwendung bildkräftiger Quellentexte unterrichtet darüber der Beitrag „Die Entschädigung der Herzöge von Arenberg in Nordwestdeutschland". Zu dieser Entschädigung gehörte auch viel Grundbesitz hier im Emsland, den das herzogliche Haus im Laufe der Zeit dann noch stark vermehrte. Damit beschäftigt sich der Aufsatz „Die Herzöge von Arenberg und die Landeskultur". In diesem Beitrag wird sichtbar, was alles die Arenberger weit über ihre eigenen Flächen hinaus für die Landeskultur – vor allem für den Wald – hier im Emsland getan haben.
Ausschließlich mit dem Emsland beschäftigt sich dann noch der Beitrag „Das münstersche Amt Emsland". Eigentlich paßt der aber überhaupt nicht in die durch den Buchtitel gesetzte Konzeption. Er behandelt nämlich die Zeit von 1252 bis 1803. Mit den Arenbergern hat das nichts zu tun. Trotzdem ist man dankbar dafür. Gut 500 Jahre emsländische Geschichte im Zeitraffer! Herausgekommen ist dabei wirklich eine transparente Ereignisgeschichte und nicht nur eine mühsam in Sprache gefaßte Zahlenchronik.
Vorgestellt sind in dieser Rezension nur die ausdrücklich auf das Emsland bezogenen Beiträge. Davon ist in den anderen Beiträgen aber auch häufig die Rede, ganz besonders ausgiebig in der Kurzbiographie, welche Prinz Jean von Arenberg geschrieben hat über seinen Vorfahren, den Herzog Prosper Louis von Arenberg. Der ist übrigens Ehrenbürger der Stadt Meppen, sein Porträt hängt im alten Rathaus.
Die Drucklegung dieses schönen Buches wurde finanziert durch die Arenberg-Stiftung. Das mag beim einen oder anderen den Verdacht aufkommen lassen, es handele sich hier um eine Art von Hofberichterstattung für das herzogliche Haus, auf Hochglanz retuschierte Vergangenheit sozusagen. So einseitig ist die Betrachtungsweise aber gerade nicht. Kein Duft von Weihrauch! Dargestellt sind das Wirken und die Wirkung der Herzöge von Arenberg hier in unserer Region, in der sie ja wahrhaftig keine Randfiguren der Geschichte waren. In allen Beiträgen spürt man strenge, freilich auch engagierte Sachlichkeit. Es gibt auch kritische Zwischentöne, die in dem Beitrag über die Standesherrschaft sogar zu massiver Kritik werden. Für die emsländische Geschichte ist das ein wichtiges Buch. Und was die Arenberger betrifft: Eigentlich kann man sich nur wundern, daß dieses dreibändige Werk, dessen zweiter Band hier

besprochen ist, nicht schon längst erschienen ist. Gut ist das Druckbild, gut ist die Bebilderung, gut ist die ganze Ausstattung. Das Format ist ziemlich unhandlich.

Josef Hamacher

Horst-Rüdiger Jarck: Urkundenbuch der Stadt Osnabrück 1301–1400 (Osnabrücker Urkundenbuch, Bd. 6). Osnabrück 1989, 1 278 S., 198,– DM

Die von 1892 bis 1902 erschienenen 4 Bände des Osnabrücker Urkundenbuchs enthalten alle damals bekannten Urkunden, die den Sprengel des ehemaligen Regierungsbezirks Osnabrück betrafen, und darüber hinaus wichtige Urkunden des noch umfassenderen Bistumssprengels bis einschließlich 1300. Die zunehmende Dichte der urkundlichen Überlieferung erzwang jedoch für die folgenden Jahrhunderte eine Abkehr von der ursprünglichen Konzeption; man ging über zu Fondseditionen einzelner Bestände. Ein Ergebnis dieser Umorientierung ist das vorliegende Urkundenbuch der Stadt Osnabrück 1301–1400 mit seinen 1 278 im Vollabdruck wiedergegebenen Urkunden und anderen Schriftstücken.

Naturgemäß bezieht sich der überwiegende Teil des edierten Materials auf die Stadt Osnabrück und ihre Bürger; nur insofern deren Interessen und Aktivitäten das Gebiet des heutigen Landkreises Emsland tangierten, enthält der Band Nachrichten zur Geschichte des Emslandes. Es sind dies einmal die relativ zahlreichen Geleitsbriefe zum Besuch der Märkte in Lingen, Meppen, Haselünne und Haren, die von den Grafen von Tecklenburg bzw. den münsterischen Drosten im Emsland für Osnabrücker Kaufleute ausgestellt wurden. Ein anderer Komplex sind die Fehden zwischen der Stadt Osnabrück und den Grafen von Tecklenburg. Aus diesem Bereich stammt ein Sühnebrief, den das Kloster Wietmarschen 1339 der Stadt Osnabrück ausstellt wegen des Schadens an dem ihm gehörenden Sudermanns Erbe in Bramsche „super Huvevelt" (im Register fälschlich als Bramsche , Lkr. Osnabrück, identifiziert). Er steht wohl im Zusammenhang mit der in Stüve's Geschichte des Hochstifts Osnabrück (I, S. 188) erwähnten Fehde, bei der „die ganze Gemeinde von Osnabrück" auszog gegen Rudolph von Langen und „raubte durch Lingen bis gegen Bramsche an der Ems". Ebenfalls 1339 läßt das Kloster Wietmarschen den Freibrief für Ecbert de Valderen und seine Familie vor dem Richter in Lingen beurkunden, nachdem der bisherige Eigenbehörige des Klosters auf alle Rechte am Erbe Helmeriking in der Bauerschaft Langen, Kirchspiel Lengerich „up der Wallaghe", verzichtet hatte (im Register als Lengerich, Lkr. Osnabrück, ausgewiesen). An das städtische Hospitalwesen erinnert ein Gütertausch, bei dem Graf Nikolaus von Tecklenburg ein Allodialerbe in Freren erwirbt, während das von ihm dagegen gegebene Erbe im Kirchspiel Belm von dem neuen Besitzer an das Leprosenhaus vor dem Hasetor in Osnabrück verkauft wurde.

Ungeachtet des relativ geringen Ertrags für die emsländische Lokalforschung beweist das Urkundenbuch der Stadt Osnabrück einmal mehr die Notwendigkeit und den Nutzen von Urkundenveröffentlichungen. Man muß den Bearbeitern und Herausgebern dafür dankbar sein, daß sie trotz der Menge des Materials am Vollabdruck festgehalten haben. Allen, die an der Erstellung des voluminösen Bandes mitgearbeitet haben, gebührt für die mustergültige Edition Lob und Anerkennung.

Ludwig Remling

Klemens-August Recker: „... meinem Volke und meinem Herrgott dienen ...". Das Gymnasium Carolinum zwischen partieller Kontinuität und Resistenz in der NS-Zeit. Ein Beitrag zur Bildungsgeschichte der Stadt und des Bistums Osnabrück zwischen 1848 und 1945. (Osnabrücker Geschichtsquellen und Forschungen; 29) Osnabrück 1989, 344 S., 28,– DM

Wir haben es hier mit einer sorgfältigen wissenschaftlichen Untersuchung über die Einflußnahme der nationalsozialistischen Machthaber auf das Schulwesen in Osnabrück während des Dritten Reiches, dargestellt am Beispiel des Gymnasium Carolinum, zu tun. Um die Reaktionen in Lehrerkollegium und Schülerschaft erklären und beurteilen zu können, gibt der Verfasser zunächst eine Analyse der Tradition der Schule seit dem 19. Jahrhundert. Nach 1933 entwickelt das Carolinum als katholische Traditionsschule nach einer anfänglichen Hinwendung des Schulleiters und einzelner Lehrer Gegenkräfte, die eine Durchdringung des Unterrichts mit nationalsozialistischem Gedankengut weitgehend verhindern. Von Bischof Berning, Protektor der Schule, gewinnt der Leser ein – vielleicht – neues Bild hinsichtlich seiner Einstellung zum Dritten Reich. Liest man das Buch im Kontext zu Berichten über vier Jahrzehnte Schulwesen und Indoktrination in der DDR, so erhält es eine bestürzende Aktualität. Für den emsländischen Leser läßt es die Frage nach der Situation der emsländischen Schulen im Dritten Reich entstehen und mag so auch Anregung bieten für ähnlich qualifizierte Untersuchungen.

Werner Franke

Hans-Christoph Hoffmann: Osnabrück, Oldenburg und das westliche Niedersachsen. Kultur, Geschichte, Landschaft zwischen Weser und Ems. DuMont Buchverlag Köln, 1990 (Kunstreiseführer in der Reihe DuMont Dokumente), 399 S. mit 130 Bildtafeln, Fotos, sowie 143 Zeichnungen und Plänen, 39,80 DM

Was sich da als eine große Kultur-Rundreise zwischen Teutoburger Wald, Wiehengebirge und Bentheimer Bergen im Süden, den Mooren im Westen, den Marschen im Norden und der Weser im Osten darstellt, ist kaum als geschichtlich und geographisch einheitlicher Raum anzusprechen. Die Gemeinsamkeiten zwischen den zwei geistlichen Territorien – dem Hochstift Osnabrück und dem Niederstift Münster – und den Grafschaften Bentheim, Oldenburg, Hoya und Diepholz liegen geschichtlich in der alten Zugehörigkeit zum Westfälischen Reichskreis, ansonsten gingen diese Territorien gerade in der Neuzeit ihre eigenen Wege. Der Autor – Architekt, Kunsthistoriker und seit 20 Jahren Leiter des Landesamtes für Denkmalpflege der Hansestadt Bremen – setzt seine Akzente denn auch nicht so sehr bei der Darstellung der Geschichte dieses Raumes, der ihm aber allgemein „von westfälischer Kunst, Kultur und Lebensart" geprägt erscheint.

Der Stadt Osnabrück und dem Osnabrücker Land, dem Artland, der Grafschaft Bentheim, dem hannoverschen Emsland (Lingen und Meppen), dem Hümmling und dem Oldenburger Münsterland sowie den Grafschaften Oldenburg und Hoya/Diepholz gelten so die kunst- und kulturgeschichtlichen Einzeluntersuchungen, in denen nicht nur den städtischen Lebensräumen mit ihren prägenden Architekturen, sondern auch den ländlichen Bereichen mit ihren bäuerlichen Denkmälern – von den reichen Höfen im Artland bis zu den Mühlen im Emsland – mit bemerkenswerter Lokal- und Detailkenntnis nachgegangen worden ist. Bei allem kulturgeschichtlichen Übergewicht der beiden Städte Osnabrück und Oldenburg bleiben für die Grafschaft Bentheim und das Emsland immerhin doch fast volle 30 Seiten mit Hinweisen auf Reiseziele zwischen Bentheim und Nordhorn, Lingen, Haselünne, Meppen und Papenburg. Der Schloßanlage Clemenswerth auf dem Hümmling gilt ein kleiner und schöner Exkurs – und auch der Hüvener Mühle, deren Farbfoto die Umschlagrückseite dieses Buches ziert.

Die von dieser Buchreihe bekannten „gelben Seiten" als praktische Reise-Informationen, ein Personen- und Ortsregister sowie eine Auswahl an weiterführender Literatur runden ab, sind zugleich aber auch Anstoß, durch eigenes Erlebnis oder durch nachfolgende Selbststudien die Kunstdenkmäler im westlichen Niedersachsen noch eingehender kennenzulernen. Für das Emsland, seine Kunststätten und Eigenheiten scheint dieses Buch wiederum eine gute Werbung zu sein.   Eckard Wagner

Ludwig Remling (Hrsg.): Aus der Geschichte Lingens und des Lingener Landes. Festgabe für Walter Tenfelde zum 70. Geburtstag. (Materialien zur Lingener Geschichte, Bd. 2), Lingen (Ems) 1989, 72 S., 1 Faltbl., 14,– DM

Es war sicher ein guter Gedanke, unseren Heimatfreund Walter Tenfelde zu dessen 70. Geburtstag mit einem Schriftband in der Reihe „Materialien zur Lingener Geschichte" zu ehren. Man braucht nur das Verzeichnis der insgesamt 80 Schriften Tenfeldes, das Josef Grave in seinem Beitrag zusammengestellt hat, durchzusehen, um zu erkennen, welche Verdienste sich Tenfelde um die Heimatpflege und Heimatgeschichte erworben hat. Dabei werden die Beiträge in besonderer Weise der heimatgeschichtlichen Arbeitsmethode des Jubilars dadurch gerecht, daß sie an die archivalischen Quellen herangehen und deren Bedeutung für die Lingener Geschichte vorstellen. Das gilt sowohl für die Aufsätze von Ludwig Remling, die sich mit alten Plänen zur Festung Lingen und Zeitungsberichten des Lingener Magistrats aus dem 18. Jahrhundert befassen, wie auch für den Beitrag von Andreas Eiynck, der anhand von Wappensteinen wichtige Stationen der Geschichte des Lingener Landes aufzeigt. Mit der Darstellung des Werdegangs einer Lingener Posthalterfamilie im 19. Jahrhundert zeigt Hilde Pawlowski auf, welche bedeutenden Erkenntnisse die Heimatforschung aus den alten Vormundschaftsakten unserer Amtsgerichte gewinnen kann. Der Aufsatz könnte Anregung für andere Heimatfreunde sein. Hans Taubken behandelt mit der ihm eigenen Gründlichkeit zwei Begriffe aus dem alten Lingener Landrecht, die über Jahrhunderte die Erbgänge der emsländischen Bevölkerung beeinflußt haben. Als Erleichterung der Heimatforschung ist wohl der Nachdruck einer Beschreibung der Grafschaften Tecklenburg und Lingen gedacht, die in einem „Westphälischen Magazin zur Geographie, Historie und Statistik" aus dem Jahre 1788 erschienen ist. Abgerundet wird der Band durch eine Darstellung des Auf und Ab in der neueren Geschichte der Lingener Heimatvereine, die Werner Franke – zum Teil als Zeitzeuge – bringt.   Josef Stecker

Speller Schriften. Herausgeber: Helmut H. Boyer, Spelle.
Band. 1: Das Holzgericht zu Spelle. Ein Spiel von Heinz Hartmann †, bearbeitet und erweitert von Helmut H. Boyer. Spelle 1989, 92 S., 6,– DM
Band 2: Die Mönche von Werden. Ein Spiel aus der Zeit vor 1100 Jahren, von Helmut H. Boyer. Spelle 1990, 92 S., 7,50 DM

Mit den Vorbereitungen zum 1100-jährigen Ortsjubiläum tauchte die Frage auf, in welcher Form eine Veröffentlichung über Spelle herausgegeben werden sollte. Man einigte sich auf eine Festschrift, die inzwischen erschienen ist. Darüber hinaus begann der o.g. Verfasser – bekannt durch zahlreiche regionalgeschichtliche Veröffentlichungen – mit der Veröffentlichungsreihe „Speller Schriften". Die ersten Bände bilden einen Beitrag zum Jubiläumsjahr. Sie sollten darüber hinaus das aufnehmen, was vielleicht nicht in dem o.g. neuen Ortsbuch berücksichtigt werden konnte.

Im 1. Band steht ein Hörspiel im Mittelpunkt, daß der WDR 1965 und 1974 in der Geschichtsreihe des Schulfunks sendete. Der Sender und die Witwe des Autors Hartmann gaben ihre Zustimmung, das Hörspiel zu einem aufführbaren Stück umzuändern. Regieanweisungen wurden ergänzt, längere Dialoge aufgeteilt. In den Vorbemerkungen finden sich umfangreiche Erklärungen zu Ausdrücken im Text und zu heimatgeschichtlichen Zusammenhängen sowie Literaturhinweise. Das Spiel selbst ist übersichtlich angeordnet, was sicher Spielern und Spielleitern entgegenkommen wird. Der Band wird abgerundet durch einen überarbeiteten Beitrag aus dem Jahrbuch des Emsländischen Heimatbundes Bd. 13/1966 „Aus der Geschichte Spelles" zum Thema. Es folgt der Abdruck des ältesten Protokolls des Speller Höltings von 1465 (nach: Pipers histor.-juridisch. Beschreibung des Marcken-Rechtes in Westfalen, Halle 1763, S. 157–166) und die Abschrift aus dem „Extract uth het Snatboek dero Graffschap Lingen" (1500) „Streit zwischen Spelle und Altenrheine um die Grenzen ihrer Mark". Da Holzgerichte, Höltings, eine weitverbreitete Einrichtung des Mittelalters, z.T. bis ins vorletzte Jahrhundert hinein, waren, wird dieser Band auch sicher für viele Heimatfreunde aus anderen Gemeinden interessant sein, zumal sich das Spiel entsprechend den lokalen Gegebenheiten leicht abändern läßt.

Im 2. Band wird das Thema der zahlreichen Ortsjubiläen (zwischen Steinfurt und Oldenburg insgesamt 46!) aufgegriffen. Das Heft will Heimatfreunden und Mitbürgern das geschichtliche Ereignis und die Hintergründe der Zeit vor mehr als 1100 Jahren durch ein Spiel nahebringen. Das Vorwort schrieb der auch im Emsland bekannte Benediktinerpater Dr. Basilius Senger, Gerleve, †. Umfangreiche Erklärungen zu den nachfolgenden Fußnoten im Text gehen dem Spiel voraus. Die Personennamen wurden den Werdener Heberegistern, Urkunden und Akten entnommen und können vielleicht für manche Spieler fremd wirken. Die vier Akte sind mit ausführlichen Regieanleitungen versehen und übersichtlich gestaltet. Manchem mag die Handlung (ein Findelkind findet seine Heimat und eine Frau) vielleicht zu einfach sein. Aber dem Verfasser kam es darauf an, den Stoff sachlich anzugehen. Ob die etwas altertümlich anmutende Sprache der Reime von Theaterspielern begrüßt wird, ist fraglich. Ein Verzeichnis über benutzte und für Interessierte hilfreiche Literatur und die Liste der Orts- und Personennamen aus dem Werdener Heberegister von 890 schließen diesen Band ab. Beide Bände enthalten einige Abbildungen, Fotos, alte Stiche und u.a. nachempfundene Zeichnungen von Ferdinand Pawlowski, Lingen-Bramsche.   Ewald Risau

Walter Tenfelde: Urkunden und sonstige schriftliche Quellen zur Geschichte des Kirchspiels Emsbüren. Lingen (Ems) 1990, 646 S.

Nach jahrelangem Bemühen ist es jetzt gelungen, diesen von Walter Tenfelde in zäher Kleinarbeit zusammengetragenen Quellenband im Druck vorzustellen. 4685 Nummern umfaßt die Sammlung von kurzgefaßten Inhaltsangaben aller aufgespürten Urkunden und Schriftstücke, die sich auf die Geschichte Emsbürens und seiner Teilgemeinden beziehen.

Dem Vorwort des Autors folgt ein kurzer Beitrag über das urkundlich belegte Alter des Kirchspiels Emsbüren mit der fotografischen Wiedergabe einer Seite aus dem Werdener Heberegister.

Das eigentliche Urkundenbuch ist in drei Abschnitte unterteilt, deren erster die „Urkunden in Privatbesitz" (Nr. 1 bis 1706) beschreibt. Der zweite Abschnitt erfaßt mit fortlaufender Numerierung „Urkunden aus öffentlichen und privaten Archiven" (Nr. 1707 bis 4644), während der dritte „Einzelfunde, Nachträge und Tabellen" bringt. Warum der Urkundenbestand der kath. Kirchengemeinde Emsbüren im I. Abschnitt und nicht wie der anderer Pfarrgemeinden auch unter II rangiert, wird nicht erläutert. Unklar bleibt auch der Standort für die Protokolle der Notare Nadorff, die nach der Signatur im Pfarrarchiv Emsbüren – sie schließen mit 1.1 bis 1.4 daran an – zu suchen sind, während im Vorwort (S. 10) Notariatsprotokolle als Bestände des Staatsarchivs Osnabrück ausgenommen werden. Doch gilt letzteres wohl nur für die des Notars van Werde im Abschnitt II.

Die besondere Leistung und das große Verdienst Walter Tenfeldes liegen in der Erfassung des auf Bauernhöfen und in Bürgerhäusern verwahrten Schriftgutes. Als Gliederungsprinzip für die Sammlung dient der Standort, wobei zuerst die Gemeinde, dann die Besitzerfamilie genannt wird. In zwölf der vierzehn Mitgliedsgemeinden hat der Verfasser Urkunden aufspüren können, die sich auf 81 Familien verteilen. Während sich bei neun Familien jeweils nur ein einziges Dokument erhalten hat, überrascht es, wie umfangreich der Urkundenbestand so manchen Haushalts ist, der häufig Dutzende, nicht selten über fünfzig umfaßt; in einem Fall zähle ich gar 96! Innerhalb eines jeden Einzelbestandes sind die Schriftstücke chronologisch geordnet. Sie umfassen fünf Jahrhunderte, reichen vom Auszug aus einem Markenbuch aus dem Jahre 1400 bis zu einem Hofübergabevertrag von 1908.

Die Regesten sind zumeist sehr knapp gehalten, nennen in der Regel wie üblich Datum, Aussteller und Anlaß der Beurkundung, sie verzichten aber auf die Nennung von Zeugen. Angegeben ist bei Pergamenturkunden ihre Größe, bei mangelhafter Erhaltung auch ihr Zustand. Anhängende oder aufgedrückte Siegel werden vermerkt.

Der zweite, mit 2 938 fortlaufenden Nummern der weitaus umfangreichste Abschnitt des Buches enthält nicht nur, wie in seiner Überschrift angegeben, Urkunden, sondern auch einen Großteil Akten, so die Nr. 1721 - 1851, 1865, 1880, um einige zu nennen, in denen Geschehnisse häufig über viele Jahrzehnte behandelt sind. Erfaßt wird das in kirchlichen Archiven, in den Staatsarchiven Münster und Osnabrück, in Adelsarchiven und im Stadtarchiv Rheine vorhandene Schriftgut, das auf Emsbüren und sein Umland Bezug nimmt. Fast zweieinhalb Tausend Regesten lieferten allein die Notariatsprotokolle des B.G. van Werde aus den Jahren 1808 bis 1847.

Der dritte Abschnitt des Buches bringt Einzelfunde aus der Literatur, Nachträge zu

Familienpapieren (auf die sinnvollerweise schon im I. Abschnitt bei den Gemeinden, aus denen sie stammen, verwiesen wird) und Tabellen, in denen Richter, Gografen, Vögte und Notare in Emsbüren sowie Geistliche, Bürgermeister und Vorsteher auch der Teilgemeinden mit der Angabe ihres urkundlich belegten Wirkens zusammengestellt sind. Auf sechs Seiten werden Siegelnachzeichnungen, Signets, Stempel und Hausmarken abgebildet. Ein 58 Seiten langes Namensverzeichnis erschließt den Inhalt des Buches. Auf der letzten Seite (S. 647) stellt Walter Tenfelde seine seit 1947 veröffentlichten Arbeiten in der Reihenfolge ihres Erscheinens vor. Heinrich Voort

Hanns Fettweis: Die Wappen der Städte, Gemeinden und Altkreise des Emslandes. Lingen (Ems) 1989, 95 S., 19,80 DM

Ein schmaler Band, aber von gewichtigem Inhalt, sauber gedruckt mit 38 ganzseitigen, farbigen Wappen, denen die Wappenbeschreibungen und -erklärungen samt den Daten der Verleihung oder Genehmigung und den Namen der entwerfenden Heraldiker gegenüberstehen.

Neun Seiten sind einer knappen, verständlich geschriebenen Einführung in die Wappenkunst und ihre besondere, historisch begründete Eigenart sowie den rechtlichen Grundlagen für die Führung von Gemeinde- und Kreiswappen gewidmet, dann folgen elf Stadtwappen, 19 Wappen von Gemeinden und zwei Samtgemeinden. Ihnen schließen sich die drei alten Landkreiswappen des Emslandes und drei historische Territorialwappen an (Niedergrafschaft Lingen, Fürstbistum – nicht Niederstift – Münster und Herzogtum Arenberg-Meppen). Den 15 älteren, großenteils mittelalterlichen Territorial- und Stadtwappen stehen 23 Neuschöpfungen aus den letzten Jahrzehnten gegenüber. Ihre künstlerische und heraldische Qualität ist recht unterschiedlich – dies geht nicht nur auf das Konto der entwerfenden Heraldiker –, doch belegen sie im Ganzen die erfreuliche Belebung des kommunalen Wappenwesens seit der Nachkriegszeit und damit das wachsende Bewußtsein für historische Werte und Bezüge in den Gemeinden. Der Buchtitel ist ein wenig irreführend oder ungenau; denn der Band enthält auch Stadt- und Gemeindewappen aus dem Landkreis Grafschaft Bentheim. Bei den historischen Wappen würde man gern die der Grafen von Bentheim, der Grafen von Calvelage-Ravensberg und der ehemaligen Reichsabtei Corvey sehen, die für beide Landkreise von besonderer Bedeutung sind, wenn auch die Zugehörigkeit von weiten Teilen des Landkreises Emsland zum Besitz der Abtei Corvey und der Grafen von Calvelage vom 9. Jahrhundert bis 1252 weit zurückliegt. Man vermißt auch die beiden gültigen Wappen der Landkreise Emsland und Grafschaft Bentheim, ebenso die Wappen von drei Samtgemeinden und sechs emsländischen Gemeinden (Dörpen, Lathen, Nordhümmling sowie Bockhorst, Esterwegen, Heede, Herzlake, Oberlangen und Sustrum), die bis 1988 angenommen und genehmigt wurden. Sie sollten zu gegebener Zeit mit den anderen, die zur Zeit entstehen oder das Genehmigungsverfahren durchlaufen, wenn alle Gemeinden und Samtgemeinden mit Wappen versehen sind, in einem Wappenbuch veröffentlicht werden.

Bis dahin wünscht man sich mit dem Autor, daß „dieses Wappenbuch als Gruß an alle Freunde des Wappenwesens und der Heimatforschung" hinausgeht, weite Verbreitung findet und dazu beiträgt, daß „weitere Kommunal-Wappen als Verbindendes zur Bevölkerung entstehen".

Ulf-Dietrich Korn

Staatseigene Siedlungsgebiete im Emsland. Vorgeschichte – Hintergründe – Ablauf des Landerwerbs 1925–1942. Eine Dokumentensammlung, zusammengestellt und erläutert von Margret Schute. Als Manuskript hrsg. vom Emsland-Moormuseum Groß Hesepe. Groß Hesepe 1990, 678 S., 60,– DM

Das Jahr 1990 hat uns vielfältig an die große Emslanderschließung in den vergangenen Jahrzehnten erinnert: Am 5. Mai jährte sich zum vierzigsten Mal der Tag, an dem der Deutsche Bundestag den grundlegenden Beschluß faßte. Im vorigen Jahrbuch (Bd. 36, S. 18) haben wir den politischen Weg zu diesem Ereignis aufgezeigt. Mit dem Ende des Jahres 1990 hat die Emsland GmbH ihre Tätigkeit beendet, weil das Ziel ihrer Arbeit, nämlich dem Emsland ein hohes Maß an Chancengleichheit für die weitere Entwicklung zu sichern, erreicht ist. In diesen Rahmen paßt es ausgezeichnet, daß Margret Schute im Auftrage des Emsland-Moormuseums Groß Hesepe eine Dokumentensammlung über die staatseigenen Siedlungsgebiete im Emsland vorlegt. Es war ja der entscheidende Grund für das schnelle Einsteigen des Bundes im Emsland, daß sich hier etwa 25 000 ha Ödland in Staatsbesitz befanden, die nach einer vorliegenden Grundkonzeption für die Gesamterschließung des Raumes eingesetzt werden sollten und nun ein Ventil für den Druck der vielen Flüchtlingslandwirte sein konnten. Die Verfasserin begnügt sich dabei nicht mit der Aneinanderreihung von Dokumenten, die sie zumeist aus einem umfangreichen Aktenbestand des Amtes für Agrarstruktur in Meppen ausgewählt hat, sondern sie leitet die Arbeit mit einem sehr guten Überblick über die Geschichte der inneren Kolonisation, insbesondere der Besiedlung der Moore in jüngerer Zeit ein. Das erleichtert dem Benutzer den Einblick in die gesellschaftlichen und politischen Zusammenhänge. Es wird dabei sichtbar, wie stark in der Weimarer Zeit der demokratische Wille war, notfalls auch durch Zwang zu einer gerechteren Verteilung des landwirtschaftlich nutzbaren Bodens zu kommen. Männer wie der spätere Bundespräsident Dr. Lübke, Regierungspräsident Dr. Sonnenschein und der Heuerlingsvertreter Heinrich Kuhr-Biene setzten in diesem Bereich ein Stück christlicher Soziallehre in die Praxis um.

Im übrigen sind die Urkunden, Protokolle und Zeitungsausschnitte eine Fundgrube für alle, die sich für die wirtschaftlichen, bevölkerungspolitischen und sozialen Verhältnisse in den Dörfern des Emslandes der zwanziger und dreißiger Jahre interessieren. Schade ist nur, daß das gewählte Reproverfahren keine bessere Qualität der Bilder zugelassen hat.

Josef Stecker

[K.-H. Richard]: Rückblick auf die Entwicklung der maschinellen Brenntorfsoden-Gewinnung. Groß-Hesepe 1990, 78 S., 25,– DM

Der Autor dieses Buches, den man ohne Übertreibung als den besten Kenner der Abtorfungsmaschinen in der Welt bezeichnen darf, beschreibt, nachdem er sein ganzes Berufsleben den Abtorfungsmaschinen gewidmet hat, die Entwicklung der maschinellen Brenntorfsoden-Gewinnung seit 1842.

Wer selbst Schwarztorf zur Brenntorfgewinnung von Hand gestochen hat, versteht am ehesten, weshalb schon mit dem Beginn des Industriezeitalters Menschen versucht haben, mit Maschinen körperliche Arbeit zu erleichtern.

So begann Borowsky in Stettin 1842 folgerichtig mit einer Stechmaschine zur Schwarztorfgewinnung. 1864 folgte eine erste einfache Zerreiß- und Knetmaschine nach dem v. Weber'schen Prinzip, die einem stehenden Fleischwolf ähnlich war. Danach nahm die Entwicklung einen schnellen Verlauf mit Eimerketten, Mischwerk und Ablegern von den noch heute bekannten Baggern der Fa. Strenge, Ocholt, bis zu den Großmaschinen der Fa. Klasmann in Geeste-Groß Hesepe. Torf wurde vor allem in Notzeiten als Brenntorf benötigt. Deshalb hat die maschinelle Entwicklung auch nach dem Ersten und Zweiten Weltkrieg starke Impulse erhalten. Heute wird Schwarztorf nicht mehr als Brenntorf eingesetzt. Sein Bedarf ergibt sich aus der großen Nachfrage nach Aktivkohle, für die Schwarztorf benötigt wird. Aktivkohle ist unentbehrlich für Reinigungsaufgaben in der Industrie und der Wasseraufbereitung. Es ist ein großes Verdienst des Autors, ein Stück Technikgeschichte aufgearbeitet zu haben, die fast vergessen worden wäre.

Dieses, mit vielen Fotos und Zeichnungen ausgestattete Buch von K.-H. Richard, das vom Emsland-Moormuseum in Geeste-Groß Hesepe herausgegeben wurde, wird allen Interessierten an Moor und Torf eine wertvolle Hilfe sein, Einblick in die Entwicklung der maschinellen Sodentorf-Gewinnung zu gewinnen.   Gerd Hugenberg

Hans-Altmeppen-Többen: Aschendorf/Ems. Erfolge und Schicksale einer Stadt. Eine Stadtchronik. Werlte [1990], 567 S., 44,80 DM

Es ist ein schwieriges Unterfangen, Geschichte, die – weil noch bei vielen Lebenden in guter Erinnerung – noch nicht Geschichte ist, für die Nachwelt niederzuschreiben, zumal, wenn man als Autor gleichzeitig Zeitzeuge ist. Hans Altmeppen-Többen, ehemaliger Verwaltungschef der Stadt Aschendorf, hat sich dieser selbstgestellten Aufgabe unterzogen. „Aschendorf/Ems, Erfolge und Schicksale einer Stadt" hat er sein Buch betitelt und ist bei seiner Arbeit – offenbar gewollt – nicht mit der Distanz eines analytisch recherchierenden Chronisten vorgegangen. Der Verwaltungsfachmann mit 40 Jahre langer Praxis und „Tatzeuge" des Zusammenschlusses der ehemaligen Kreisstadt mit dem benachbarten Papenburg, ergreift Partei und wertet. Der Stadtdirektor a.D. geht in seiner „Stadtchronik" u. a. auf die Entwicklung des nördlichen Emslandes, auf die „Wassernot" und den Deichbau, auf Bauern, Bürger und Beamte, Lehnswesen und Vollerben, Halberben, Brinksitzer, Pferdekötter und Heuerleute ein, beleuchtet kirchliches Leben und Vereinsgeschichte und vor allem Erfolge und Schicksale „seiner" Stadt über viele Jahrhunderte bis in die Gegenwart hinein. Auf 567 Seiten mit vielen Bildern, Grafiken und Karten, exakt geordnet, leicht zu durchschauen: der Verwaltungsmann „blickt durch". Dieses dokumentiert spannend Heimatgeschichte!

Willy Rave

Paul Heine: Über 575 Jahre Pfarrgemeinde Baccum. Ein Beitrag zur Geschichte des Kirchspiels. Herausgegeben von der Kirchengemeinde St. Antonius Lingen/Baccum. Baccum 1989, 203 S., 15,- DM

Auf über 200 Seiten zeichnet Paul Heine, der Vorsitzende des Heimatvereins Baccum, ein facettenreiches Bild des alltäglichen und sakralen Lebens seiner Heimatgemeinde in früherer Zeit. Die vielen behandelten Themen sind im Textteil aneinandergereiht und aus Baccumer Sicht dargestellt. Neben der Beschäftigung mit der frühen Ortsgeschichte und der Entwicklung der Pfarrgemeinde beleuchtet der Verfasser verschiedene Probleme, mit denen sich Bauern und Heuerleute im 18. und 19. Jahrhundert abgeben mußten. Der erste Abschnitt des Buches schließt mit der Aufstellung der Höfe in Ramsel, Baccum und Münnigbüren um 1550 und 1619 sowie nach der Markenteilung mit Angabe der Erbesqualität und Größe. Die wechselvolle Geschichte der katholischen Pfarre zur Zeit der Glaubenskriege bis ins 19. Jahrhundert ist weitgehend in Anlehnung an das Standardwerk „Geschichte der Grafschaft Lingen" von B.A. Goldschmidt entwickelt worden. Viel Aufmerksamkeit schenkt Heine der spannungsvollen Geschichte der katholischen und reformierten Gemeinde seines Heimatdorfes. Der Textteil schließt mit einer detaillierten Bestandsaufnahme der Gebäude und Einrichtungen der katholischen Pfarrgemeinde mit jeweils kurzem geschichtlichen Abriß. Im anschließenden Bildanhang sind die im Kirchspiel Baccum befindlichen Klausen und Hofkreuze abgebildet.
Heinz Janzen

Wilhelm Menke: Pünten- und Schiffsbau in Haren an der Ems. Vergangenheit und Gegenwart. (Landeskundliche Beiträge und Berichte.) Hrsg.: Heimat- und Verkehrsverein Haren (Ems). Haren 1990, 155 S., 25,- DM

Mit der Herausgabe dieses Bandes weist sich der Heimat- und Verkehrsverein Haren wieder einmal als einer der wichtigsten Vereine im Emsland aus. Dies ist besonders deshalb erfreulich, weil ja die Geschichte des Ortes Haren durch dessen herausragende Bedeutung für die Emsschiffahrt gleichzeitig ein wesentliches Kapitel der Geschichte des Emslandes selbst beschreibt. In dem vorliegenden Band legt der Verfasser den Schwerpunkt auf die Geschichte des Schiffsbaus und verfolgt den Weg der einzelnen Werft- und Schiffsausbaubetriebe. Die Quellenlage ist nicht reichhaltig. Deshalb erweist sich für deren Auswertung die genaue Orts- und Sachkenntis des Verfassers als besonders nützlich. Mit großer Gründlichkeit wird auch die Entwicklung des Harener Hafens behandelt. Dabei wird die große Bedeutung des „Neuen Hafens" für die Schiffahrt, den Schiffsbau, aber auch für die städtebauliche Entwicklung des Ortes Haren sichtbar. Der Bau dieses Hafens im Jahre 1959 im Rahmen der großen Emslanderschließung zeigt musterhaft, daß der Emslandplan nicht nur der Landwirtschaft, sondern auch der Gesamtstruktur des Emslandes entscheidende Impulse gegeben hat. Besondere Beachtung verdient noch, daß der Verfasser durch die Darstellung der aktuellen Lage der Schiffahrt und des Schiffsbaus in Haren seiner Arbeit den Charakter einer Dokumentation gegeben hat.
Josef Stecker

60 Jahre Heimat- und Verkehrsverein Haren (Ems). 1929–1989. Hrsg. Heimat- und Verkehrsverein Haren (Ems), Haren 1989, 159 S., 24,80 DM
Der Heimat- und Verkehrsverein Haren gehört nicht nur zu den wenigen emsländischen Heimatvereinen, deren Gründung bereits in der Zeit der Weimarer Republik erfolgte, er hat sich auch – insbesondere in den letzten beiden Jahrzehnten – zu einem der größten und aktivsten Ortsheimatvereine des Emslandes etabliert. So kann es nicht verwundern, daß sich der Vorstand entschloß, anläßlich des 60jährigen Bestehens in einer großformatigen Festschrift Ursprünge, Entwicklung, Aktivitäten und zukünftige Vorhaben des Vereins vorzustellen.
In einem umfangreichen Beitrag bilanziert Bernhard Gievert die Aktivitäten des Heimatvereins und erinnert an zahlreiche Persönlichkeiten, die sich um die Heimatarbeit in Haren verdient gemacht haben. Es folgen zehn Beiträge über den Aufbau des Mühlen- und des Schiffahrtsmuseums sowie die Aktivitäten der verschiedenen Arbeitskreise. Hinzuweisen ist schließlich auf die Arbeit von Bernhard Gievert zur Geschichte der Familie von Hebel und Johann Kötters Bericht über das Harener Handwerk in den Jahren 1945–1948, als der Ort zugunsten polnischer Zivilisten evakuiert war; Karin Goldschweer stellt Haren in Geschichte und Geschichten vor, Konrad Köster informiert in seinem Bildbeitrag über den Wandel des Ortsbildes.
Zweifellos gebührt den Mitarbeitern dieser umfangreichen Festschrift Dank und Anerkennung. Allerdings darf auf einige kritische Anmerkungen nicht verzichtet werden. Nahezu zwangsläufig ergeben sich zahlreiche Wiederholungen, wenn Geschichte und Gegenwart eines Ortsheimatvereins in elf Beiträgen von zehn Autoren auf annähernd 100 Seiten vorgestellt werden; hier hätte sich eine erheblich gekürzte Darstellung empfohlen. Auch wird leider mehrfach deutlich, daß die Festschrift unter allzu großem Zeitdruck entstanden ist und notwendige redaktionelle Korrekturen nicht mehr durchgeführt werden konnten.
Josef Grave

Carl Knapstein: Die Propstei zu Meppen. Ein geschichtlicher Überblick aus Anlaß ihres zwölfhundertjährigen Bestehens. Meppen (Eigenverlag der Propsteigemeinde) 1990, 36 S., 5,– DM
Zehn Jahre nach dem ersten Erscheinen liegt nun die zweite, erweiterte Auflage dieses in Form, Texten und Fotos sehr einprägsamen Kirchenführers vor, der auf 28 Seiten die Geschichte der St. Vitus-Kirche von ihren Anfängen als Corveyer Missionszelle bis heute ausbreitet. Es folgen kurze Abhandlungen über die einzelnen nachweisbaren Architektur- und Bauphasen und Darstellungen der Kunstwerke, deren neuestes – die Bronzetür im romanischen Nordtor, auch „Pilgertor" genannt, von dem bekannten Bildhauer Heinrich-Gerhard Bücker geschaffen – wie auch die 1981 eingeleitete und inzwischen abgeschlossene Restaurierung nun Anlaß für die erweiterte Auflage der Broschüre waren.
Eckard Wagner

Uwe Eissing: Woche der Begegnung. Zum Besuch jüdischer Bürger in Papenburg und Aschendorf. Papenburg 1989, 144 S., 23,80 DM
In vielen Städten und Gemeinden Deutschlands, die ehemalige jüdische Mitbürger für einige Tage in die alte Heimat einluden, hat dieser Besuch starke Resonanz in den Medien gefunden. Selten jedoch hat sich jemand die Mühe gemacht, Vorbereitungen und Durchführung dieser Besuche so ausführlich und einfühlsam nachzuvollziehen wie Uwe Eissing in diesem Buch.
Der Verfasser, der 1987 das Werk „Die jüdische Gemeinde Papenburg-Aschendorf im Spiegel der Zeit. Ein Gedenkbuch" veröffentlichte (vgl. „Jb. d. Emsl. Heimatbundes", Bd. 35, S. 372) und damit die „Woche der Begegnung" in Papenburg vom 10.–15. 9. 1987 beförderte, schildert ohne falsche Rücksichtnahme die Schwierigkeiten, Ängste und Besorgnisse, die diesem Besuch von 17 Frauen und Männern aus Südamerika und den USA vorausgingen. Eissing berichtet, wie schwer sich die Papenburger bis in die jüngste Vergangenheit taten, sich ihrer ehemaligen jüdischen Gemeinde zu erinnern. Noch wenige Monate vor dem Besuch sei „die Stimmung reserviert" gewesen. Daß er dann doch zu einem „großartigen Erfolg" (Vorwort) wurde, ist nicht zuletzt dem Autor und seinem Arbeitskreis „Woche der Begegnung" zu verdanken.
Das Buch beschreibt nicht nur den Ablauf der Woche, die Veranstaltungen und Reden; viel wichtiger erscheint Rezensent der duchlaufende, mit den Geschehnissen verwobene Kommentar des Autors, der die besondere psychische Verfassung der Gäste, aber auch der Gastgeber deutlich macht. Nicht Völkerverständigung sollte der Kern der „Woche der Begegnung" sein, sondern Trauerarbeit. Um dieses Ziel zu erreichen, muß man sprechen, miteinander und auch mit sich selbst; muß die qualvolle Vergangenheit wieder lebendig machen und seinen Empfindungen freien Raum lassen. Das vielleicht eindrucksvollste und zugleich bedrückendste Beispiel hierfür ist die Schilderung der Leidenszeit, die Ilse Polak im Gespräch mit weiteren jüdischen Gästen über ihr Leben in Konzentrationslagern gibt.
Es wäre zu wünschen, daß möglichst viele an der Geschichte der jüdischen Bevölkerung interessierte Menschen sich mit den in diesem Buch entwickelten Gedanken vertraut machen und auseinandersetzen. Wenn auch Geschichte nicht änderbar ist – Erkenntnis und Verstehen sollten es sein.
Holger Lemmermann

Georg Völlering: Meine verlorenen Jahre. Erinnerungen – nicht nur an Rußland. Messingen 1989, 244 S., 25,– DM
Georg Völlering hat 40 Jahre gebraucht, um sich Erinnerungen an die Kriegsjahre seiner Jugend von der Seele zu schreiben, Erinnerungen an Kriegsdienst und Kriegsgefangenschaft. Die Schilderung des Kriegsgeschehens aus der Sicht des einfachen Soldaten verzichtet auf romanhafte Effekte, aber auch so ist der Inhalt – unterstützt von zahlreichen Fotos – dramatisch genug, um das Buch zu einer spannenden Lektüre werden zu lassen. Es ist die einfache, unverfälschte und wohl nicht durch einen Lektor veränderte Sprache, die ein dichtes Verhältnis zwischen Autor und Leser herstellt. So läßt man sich erzählen von dem Mann, der das alles erlebt hat, vom einfachen Leben auf dem Lande der Vorkriegszeit, den ersten Kriegstagen und den Jahren des Schreckens, die für den Autor erst am 28. April 1948 mit der Heimkehr enden sollten.
Werner Franke

Dieter Simon: Pastor Bernhard Muke. Ein Original unter den emsländischen Priestern. Aschendorf 1989, 100 S., 24,80 DM
Es ist eigentlich verwunderlich, daß erst jetzt ein Buch über einen Mann erscheint, dessen Name im Emsland nicht nur der älteren Generation geläufig, sondern auch vielen jüngeren Menschen bekannt ist. „Nach einigem Zögern", umfangreichen Recherchen, langem Sammeln und Sichten hat es der Aschendorfer Realschullehrer Dieter Simon „gewagt", ein Buch über das „Original unter den emsländischen Priestern" zu schreiben. Das genau 100 Seiten umfassende „Wagnis" – das sei vorweg gesagt – stellt klar, daß Pastor Muke weit mehr war als nur ein bekannter „Kreissündenvergeber".
Pastor Bernhard Muke erblickte im Jahre 1874 in Meppen das Licht der Welt. Nach seiner Weihe war er Domvikar in Osnabrück, Kaplan in Glane, Steinbild, Oberlangen und Haselünne und Pastor in der Hümmlinggemeinde Esterwegen, bevor er 1922 zum Pfarrer von St. Amandus Aschendorf berufen wurde. Insgesamt 29 Jahre hat er in der ehemaligen Kreisstadt gewirkt.
Zahlreiche Anekdoten, die sich an die Person des Seelenhirten Bernhard Muke knüpfen, machen noch heute die Runde, wobei – so Buchautor Dieter Simon – offen bleiben muß, ob sie alle tatsächlich von ihm stammen oder ihm nur angedichtet wurden. Dieter Simon hat Anekdoten gesammelt, sie auf Wahrheitsgehalt hin überprüft, alle zweifelhaften Wiedergaben oder sehr persönlichen Begebenheiten fallengelassen und eher auffällige originelle Züge des Geistlichen in seine Schrift aufgenommen. Dabei hat er nicht „Döntken an Döntken" aneinandergereiht, sondern sie so in Darstellungen eingeflochten, daß auch ein Stück Geschichte – Emsländische Kirchengeschichte – beleuchtet wird.
Beispiel: Das vierte Kapitel „Fest- und Feiertage". Da werden u. a. die großartigen Fronleichnamsprozessionen vergangener Jahre beschrieben oder ein Bischofsbesuch, das „Einschreiten" der Nazis gegen „Umzüge jeglicher Art" und das Weihnachtsfest des Jahres 1932, das vielen Aschendorfern in „ständiger Erinnerung" bleiben sollte.
Zeitgeschichte spiegelt der Abschnitt „In Amt und Würden" wider: Pastor Muke nahm neben seiner seelsorglichen Tätigkeit eine Vielzahl von Ämtern wahr. Ihre Darstellung erhellt das Umfeld des Pfarrhauses in den Jahren von 1922 bis 1951. Dieter Simon zeichnet „Pastor Muke in seiner Zeit" auf der Kanzel, im Beichtstuhl und im Pastorat, in seiner Gemeinde und in Notzeiten. Dabei kommen immer wieder Zeitzeugen zu Wort. Die „Zeit Pfarrer Mukes" vor Augen, hat der Autor sich auch den Vorkommnissen zugewandt, die aus heutiger Sicht als „schier unmöglich" bezeichnet würden. Daß er einem verstorbenen evangelischen Mädchen die Beerdigung auf dem katholischen Friedhof verweigerte, tat seinem Ansehen keinen Abbruch, war doch das Festhalten an solchen überkommenen und heute längst überholten kirchlichen Rechtsnormen damals keine Seltenheit und bei vielen älteren Geistlichen fester Bestandteil ihrer Gewissenspflicht. Allein dieses Beispiel zeigt, daß es Zeit wurde, ein Buch über Pastor Muke zu schreiben, will man „das Original originalgetreu erhalten". Dieter Simon hat es – mit Erfolg – gewagt, ohne das „Original" gehört und erlebt zu haben und ohne der von Pastor Muke so meisterhaft beherrschten plattdeutschen Sprache mächtig zu sein, ein originalgetreues Bild zu zeichnen.
Willy Rave

Josef G. Schmidt: Platt proten is in. Heiteres und Besinnliches zum Nachdenken, Vortragen und Singen in plattdeutscher Sprache. Meppen 1989, 240 S., 29,50 DM
Der Autor schreibt in seinem Vorwort, dieser erste Band (ein weiterer dürfte also in Aussicht sein) solle mit Gedichten, Sprüchen und Liedern allen Freunden der plattdeutschen Sprache bei vielen Anlässen Freude bereiten. Diese Gelegenheiten, bei denen die alte Muttersprache – nach den Worten des Verfassers ein „Kulturgut von hohem Wert", das zu pflegen sei – dem gerecht werden kann, ergeben sich aus dem jahreszeitlichen Ablauf des Lebens in ländlicher Region. Frühling, Sommer, Herbst und Winter mit ihren Erscheinungen (Osterfeuer, Schwalbennest, junger Hase, Holunder, Pfingstblumen, Glatteis, Schneemann u. a.) sind ebenso einbezogen wie die weltlichen Feste (Kirmes, Karneval, Schützenfest) oder kirchlichen Feiern (Dreikönige, Fronleichnam, Advent, Weihnachten – letzterem ist auch das einzige Prosastück des Buches gewidmet).

Das individuelle Leben spiegelt sich in einzelnen Texten wider; das Brauchtum von früher bis heute wird lebendig. „Seine Gedichte und Lieder, die das grüne Emsland, seine Menschen und seine weiten Wald- und Heidelandschaften besingen, sind aus seiner Liebe zu der zugleich herben und verlockenden Natur seiner Heimat erwachsen", schreibt Dr. Marron C. Fort in seiner Einleitung. Dies wird besonders deutlich, wenn Schmidt die Ortschaften der näheren Umgebung, Haselünne, Herzlake, Dohren, Meppen, anspricht.

Vermerkt sei auch, daß dem Verfasser das Plattdeutsche als Mittel seiner Aussage sehr zustatten kommt; und nach dem bisher Gesagten sollte es nicht überraschen, daß der Grundton der Texte weithin heiter und lebensfroh ist.

Zweifellos ist der Weg über das Lied, das bei manchem Anlaß vorgetragen werden kann, eine Möglichkeit, auch dem mit dem Plattdeutschen nicht Vertrauten diese Sprache näherzubringen. Dazu paßt, daß im Buch zu nicht weniger als 20 Beiträgen die Noten abgedruckt sind. Die Melodien sind fast alle vom Autor selbst komponiert; bearbeitet hat sie Ludwig Kronabel (bei „In't Emsland" ist als Komponist Herms Niel angegeben, der im Zweiten Weltkrieg viele damals sehr populäre Lieder, wie „Erika", „Gerda, Ursula, Marie" u. a. geschrieben hat).

Der außerordentlich reiche Buchschmuck ist von einer ganzen Reihe verschiedener Künstler gestaltet, wie Franz Hecker, Hans Hasekamp, Heinz Raasch, Joh. Holtz, C. Ahrens, H. Wilberding u. a.; diese manchmal ganzseitigen Illustrationen stehen vielfach in der Tradition Ludwig Richters, von dem selbst auch einige Zeichnungen stammen. Hier und da hätte man sich eine genauere Zuordnung der Urheberschaft gewünscht. Für die Ausschmückung der Kapitelüberschriften zeichnet Eckhardt Trinckauf verantwortlich. Die Umschlaggestaltung sowie der klare Druck runden das durchaus positive Bild dieser mit einem Geleitwort von Dr. Josef Stecker versehenen Neuerscheinung ab. Dem oben beschriebenen selbstgestellten Anspruch dürfte der Autor weitgehend gerecht geworden sein.   Heinz von der Wall

Thekla Brinker: Diene Hand in miene Hand. Werlte [1990], 90 S., 19,80 DM
Unverkennbar erlebt auch das Emsland seit einigen Jahren eine Rückbesinnung auf die kulturelle Bedeutung der plattdeutschen Sprache – eine Entwicklung, die nicht zuletzt auf dem regionalen Buchmarkt sichtbar wird. Nun hat auch Thekla Brinker in „Diene Hand in miene Hand" 36 plattdeutsche Erzählungen und Gedichte, die sie seit Mitte der achtziger Jahre verfaßte, in einem Band zusammengestellt und veröffentlicht. Die Autorin ist Hümmlingerin; geboren im Hümmlingdorf Lorup, lebt sie seit 1969 in der kleinen Nachbargemeinde Rastdorf und ist nicht zuletzt durch ihre Tätigkeit für die regionale Tagespresse und ihr Engagement in der Heimatarbeit eine gute Kennerin dieses Landstrichs um Sögel und Werlte. So ist verständlich, daß in vielen Texten der Hümmling in Vergangenheit und Gegenwart beschrieben wird. Die Erzählungen „Benjamin un däi Säögeler Kaermsse", „Baden in 'n Fleisloot" oder „Per Anhalter" beispielsweise sind geprägt von der Erinnerung an Kindheit und Jugend in dieser Region. In Texten wie „Knöpkers Hinnerk", „Tannhäuser – Däi erste Säögeler Schoulrat", „Hünteljans Sina", „Scheperjans Haerm sien Wilm" und „Hans Meyer-Wellmann" werden Personen vorgestellt, die mit dem Hümmling eng verbunden sind. Beispiele einer einfühlsamen Schilderung sehr persönlicher Erlebnisse bilden Geschichten wie „Shannon" und „Annelies".

Die Texte sind in einem gut lesbaren Plattdeutsch abgefaßt, weniger gebräuchliche Begriffe werden jeweils am Ende der Erzählungen und Gedichte erläutert. Zur guten Lesbarkeit trägt auch der Druck in einer großen Schrifttype bei. Die Gesamtausstattung ist solide. Zweifellos stellt das Buch eine dankenswerte Bereicherung der plattdeutschen Literatur des Emslandes dar. Eine weite Verbreitung – nicht nur im nördlichen Emsland – ist zu wünschen.

Josef Grave

Alfons Sanders: Dat olle Backhuus. Vertellsels un Riemsels. Lingen (Ems) 1989, 180 S., 36,– DM
In seinem „Vörwoort" schreibt Dr. Josef Stecker, daß Alfons Sanders in dem Buch „Dat olle Backhuus" nicht nur ein Stück vom täglichen Leben festhalte, sondern sich auch auf diese Weise für die plattdeutsche Sprache und deren Fortbestand einsetze. Der Verfasser selbst weist in seiner Einleitung „Teuw noch eis äwen!" darauf hin, daß es doch schade sei, wenn das, was man sich früher am Herdfeuer oder am Stammtisch erzählt habe, verloren zu gehen drohe. „Dorüm hebb ick versöcht, dat faste tau hollen, wat ick sülwst beläwet hebbe, wat mi jüst so infallen is un wat man mi vertellt heff."

Dieses Zitat deutet an, und auch der Buchtitel läßt es schon anklingen, daß ein großer Teil der Texte Ereignisse, Begebenheiten, Zustände in vergangener Zeit behandelt, nicht selten auf wirkliche Personen und Geschehnisse bezogen. Dabei wird das Damals nicht durchweg aus heutiger Sicht verklärt, sondern die Schattenseiten werden ebenfalls erwähnt.

Die meisten der dreißig längeren und kürzeren Geschichten haben einen heiteren Inhalt; es finden sich jedoch auch Stücke mit ernsterem Hintergrund (De Törfdeiw, Brüggen bauen, u. a.). Erzählungen aus der Kindheit und Jugendzeit, aus dem dörflichen Umfeld, aus heimischem Brauchtum (z. B. bei der Jagd), aus der Natur im Lauf

der Jahreszeiten, von merkwürdigen Menschen (z. B. Jan Knüll) wechseln ab mit (insgesamt sieben) Gedichten, die sich vor allem in herkömmlichen Formen als ein Nachgesang mit den vergehenden Manifestationen bäuerlich-ländlicher Kultur befassen: „De Eikboom sing in'n Sturmgebruus / nao hunnert Johren noch sien Lied, / van't lang verschwunn'ne Hürmannshuus. / Doch lett man üm dortau de Tied?" (Seite 88).
Das vom Verfasser verwendete Plattdeutsch wirkt durchaus echt und nicht gekünstelt oder gewollt; ein zweieinhalbseitiges „Woortverkloren" am Schluß macht mit den nicht so gebräuchlichen, räumlich begrenzt heimischen oder vielleicht schon vergessenen Ausdrücken bekannt.
Der große Druck wird sicher nicht nur von älteren Leuten als angenehm und leserfreundlich empfunden; die Gesamtausstattung ist gediegen und ansprechend, wozu wesentlich auch die ganzseitigen Federzeichnungen von Peter Franke beitragen, die auf künstlerisch-einfühlsame Weise Inhalt und Aussage der Texte ergänzen. So ist insgesamt genommen die heimatliche Literatur um ein erfreuliches Beispiel bereichert worden.
Heinz von der Wall

Die aus Anlaß der 1100-Jahrfeiern veröffentlichten Ortschroniken emsländischer Gemeinden sollen im Folgeband vorgestellt werden. Bei Redaktionsschluß lagen Chroniken und Festschriften über folgende Orte vor:
Ahlde, Elbergen, Handrup, Herbrum, Langen, Listrup, Lünne, Schapen, Spelle und Wettrup.

Verzeichnis der z. Zt. vom Emsländischen Heimatbund und der Emsländischen Landschaft lieferbaren Schriften

Jahrbücher des Emsländischen Heimatbundes

Band 5/1958, unveränderter Nachdruck 1987, 151 S.	16,— DM
Band 6/1959, unveränderter Nachdruck 1987, 152 S.	16,— DM
Band 7/1960, unveränderter Nachdruck 1988, 120 S.	18,— DM
Band 8/1961, unveränderter Nachdruck 1988, 164 S.	18,— DM
Band 9/1962, unveränderter Nachdruck 1990, 160 S.	18,— DM
Band 23/1977, 264 S., kart.	16,50 DM
Band 23/1977, 264 S., Linson	19,75 DM
Band 25/1979, 268 S., kart.	16,50 DM
Band 25/1979, 268 S., Linson	19,75 DM
Band 26/1980, 288 S., Linson	19,75 DM
Band 27/1981, 288 S., kart.	17,25 DM
Band 28/1982, 288 S., Linson	22,— DM
Band 29/1983, 304 S., kart.	19,75 DM
Band 29/1983, 304 S., Linson	22,— DM
Band 32/1986, 304 S., Linson	22,— DM
Band 33/1987, 320 S., Linson	22,— DM
Band 34/1988, 344 S., kart.	19,75 DM
Band 35/1989, 392 S., kart.	22,50 DM
Band 35/1989, 392 S., Linson	24,80 DM
Band 36/1990, 362 S., kart.	22,50 DM
Band 36/1990, 362 S., Linson.	24,80 DM
Band 37/1991, 360 S., kart.	22,50 DM
Band 37/1991, 360 S., Linson	24,80 DM
Register für die Bände 1/1953 bis 36/1990, 131 S., kart.	19,80 DM

Emsland – Raum im Nordwesten

Band 1: MOOR IM EMSLAND
von W. Franke, G. Hugenberg, H. H. Bechtluft, K. Wiborg, E. Kramm. Sögel, 1979, 92 S. — 19,80 DM

Band 2: EMSLAND-PFADE
von Rainer A. Krewerth. Sögel, 1980, 124 S. — 19,80 DM

Band 4: VON SPEERSPITZEN UND STEINGRÄBERN
von W. Franke, H.-G. Peters, H. Schirnig, S. Fröhlich, K. Wilhelmi, H. Hayen. Sögel, 1982, 96 S. — 19,80 DM

Band 5: WASSER IM EMSLAND
von R. A. Krewerth, H. Stellmacher, R. Eggelsmann, E. P. Löhnert, M. Robben, A. Kötter. Sögel, 1983, 135 S. — 19,80 DM

Band 6: STÄDTE UND DÖRFER IM EMSLAND
von W. Franke, C. Geißler, W. Landzettel, R. Poppe, W. Wortmann. Sögel, 1984, 144 S. — 19,80 DM

Band 7: BAUERN, HEUERLEUTE, SIEDLER – LANDWIRTSCHAFT IM EMSLAND
von W. Franke, H. H. Bechtluft, I. Hiebing, O. Bünker, G. Hugenberg, F. Dwehus. Sögel, 1985, 167 S. — 19,80 DM

Band 8: EMSLAND IM WERDEN – Vom Handwerk bis zur Kernkraft
von J. Stecker, H. Kaiser, T. Grotefendt, K. Wiborg, W. Ohlms. Sögel, 1986, 160 S. — 19,80 DM

Band 9: CLEMENSWERTH – SCHLOSS IM EMSLAND
von R. A. Krewerth, E. Wagner, H.-R. Jarck, H. Lemmermann, R. Poppe, D. Hennebo. Sögel, 1987, 176 S. — 19,80 DM

CLEMENSWERTH – SCHLOSS IM EMSLAND
mit einer Zusammenfassung in englischer, französischer und niederländischer Sprache.
Sögel, 1987, 272 S.   24,80 DM
Band 10: NATURSCHUTZ IM EMSLAND
von W. Franke, H. Weber, E. Burrichter, G. u. R. Wustig, K.-G. Bernhardt.
Sögel, 1988, 176 S.   19,80 DM
Band 11: SPORT, ERHOLUNG, FREIZEIT IM EMSLAND
von J. Stecker, R. Schimmöller, R. A. Krewerth. Sögel, 1989, 152 S.   19,80 DM

Landschaften im Emsland
LANDSCHAFTEN IM EMSLAND, LINGEN, EMSBÜREN, SALZBERGEN
von W. Franke, L. Remling, E. Sass, H. Scharenberg, H. Uebbing.
Sögel, 1990, 175 S.   19,80 DM

Emsland/Bentheim   Beitäge zur neueren Geschichte
Band 1: Mit Beiträgen von Theodor Penners, Stefan Benning, Wolf-Dieter Mohrmann
und Hans Taubken. Sögel, 1985, 420 S.   39,80 DM
Band 2: Mit Beiträgen von Wolf-Dieter Mohrmann, Wolfgang Seegrün und Klaus-Peter Kiedel.
Sögel, 1986, 288 S.   34,– DM
Sonderdruck: Von Papenburg nach London z. Zt. Napoleons
Godfried Buerens Tagebuch seiner Gesandtschaftsreise im Sommer 1806
von Stefan Benning und Wolf-Dieter Mohrmann. Sögel, 1985, 189 S.   29,80 DM
Band 3: Franz Bölsker-Schlicht: Die Hollandgängerei im Osnabrücker Land und im Emsland.
Sögel, 1987, 326 S.   34,– DM
Band 4: Mit Beiträgen von Hans-Joachim Behr, Werner Rohr und Edgar F. Warnecke.
Sögel, 1988, 228 S.   29,80 DM
Band 5: Hans-Georg Aschoff: Rechtsstaatlichkeit und Emanzipation.
Das politische Wirken Ludwig Windthorsts. Sögel, 1988, 296 S.   34,– DM
Band 6: Mit Beiträgen von Ingeborg Hermeling,
Wilfried Hinrichs, Klaus Wessels und Hermann Wichers. Sögel, 1990, 406 S.   39,80 DM
Sonderdruck: Die emsländische Presse unter dem
Hakenkreuz. Selbstanpassung und Resistenz im katholischen Milieu
von Wilfried Hinrichs. Sögel, 1990, 253 S.   29,80 DM

Einzelwerke
Franke, Werner: Dörfer im Emsland
(Erhaltenswerte ländliche Siedlungsstrukturen
in Niedersachsen). 2. Aufl., 1990, 124 S.   14,80 DM
Gröninger-Lindloh, Hermann: Aus der Geschichte emsländischer Moorkolonien
Lingen, 1910, unveränderter Nachdruck, Sögel, 1982, 191 S.   16,80 DM
Hake, Aloys: Die Bückelter Kapelle
Sögel, 1984, 31 S.   14,80 DM
Harren, Birgit/Scholübbers, Hubert: Allgemeine Bibliographie über den Raum
Emsland/Grafschaft Bentheim bis 1982. Sögel, 1988, 428 S.   38,– DM
Lemmermann, Holger: Geschichte der Juden im alten Amt Meppen
bis zur Emanzipation (1848). 2. erw. Auflage. Sögel, 1985, 123 S.   29,80 DM
Lemmermann Holger: Zigeuner und Scherenschleifer im Emsland. Sögel, 1986, 159 S.   29,80 DM
Nauhaus, Karl-Eberhard: Das Emsland im Ablauf der Geschichte. Sögel, 1984 (Atlas), kart.   58,– DM
Nauhaus, Karl-Eberhard: Das Emsland im Ablauf der Geschichte. Sögel, 1984 (Atlas), Efalin   69,– DM
Tenfelde, Walter: Die Mühlen im ehemaligen Landkreis Lingen. Lingen (Ems), 1985, 200 S.   29,80 DM

AUTORENVERZEICHNIS

Ulrich Adolf, Adolfstr. 25, 2300 Kiel; Dr. Heinrich Book, Kolpingstr. 20, 4401 Sendenhorst; Uwe Eissing, Umländerwiek rechts 72, 2990 Papenburg; Dr. Andreas Eiynck, Pontanusstr. 4, 4450 Lingen; Werner Franke, Deichstr. 16, 4450 Lingen-Schepsdorf; Willy Friedrich, Gartenweg 20, 4459 Uelsen; Hermann Friese (Friemann), Immendorfweg 3, 4470 Meppen; Dr. Josef Hamacher, Gelshof, 4473 Haselünne-Klosterholte; Heinz Janzen, Lange Pool 16, 4454 Bawinkel; Heinrich Jungeblut, Auf der Leuchtenburg 10, 4447 Hopsten; Dr. Andrea Kaltofen, Ordeniederung 1, 4470 Meppen; Erhard Müller, Eduard-Mörike-Str. 39, 4460 Nordhorn; Dr. Karl Pardey, Rotdornweg 4, 4470 Meppen; Dr. Ludwig Remling, Werkstättenstr. 9a, 4450 Lingen; Alfons Sanders, Zur Alten Mühle 2, Aselage, 4479 Herzlake; Dr. Eggert Sass, Am Schafbrinke 99, 3000 Hannover 81; Josef G. Schmidt, Merschweg 2, 4479 Dohren; Joachim Schrape, Tuchtweg 29, 2900 Oldenburg; Karl Seemann, Nordring 41, 4444 Bad Bentheim; Dr. Hans Slemeyer, Weißdornweg 108, 5300 Bonn 2-Bad Godesberg; Dr. Josef Stecker, Am Nachtigallenwäldchen 3, 4470 Meppen; Eckard Wagner, Schloß Clemenswerth, 4475 Sögel

Autoren des Sonderteils

Werner Franke, Deichstr. 16, 4450 Lingen-Schepsdorf; Christel Habbe, Schlosswender Str. 1, 3000 Hannover; Dr. Josef Hamacher, Gelshof, 4473 Haselünne-Klosterholte; Rainer A. Krewerth, Hagebuttenweg 2, 4410 Warendorf 2; Prof. Dipl.-Ing. Wilhelm Landzettel, Schlosswender Str. 1, 3000 Hannover; Helge Scharenberg, Waldmeisterstr. 17, 4470 Meppen

FOTOS UND KARTEN

Archivfotos und Zeichnungen von Verfassern; Bundesarchiv Koblenz, 5400 Koblenz; Universitätsbibliothek Münster, 4400 Münster (Karte S. 103); Kulturgeschichtliches Museum Osnabrück, 4500 Osnabrück; Landkreis Emsland, 4470 Meppen (S. 40, B. Vos, 1986); Museum Stadt Lingen, 4450 Lingen; Stadtarchiv Lingen, 4450 Lingen; Archiv der Stadt Haselünne, 4473 Haselünne; Stadt Meppen, Kulturamt, 4470 Meppen; Archiv der Freilichtbühne Meppen, 4470 Meppen.
Ulrich Brinker, 4450 Lingen; Alois Demann, 4452 Freren; Peter Franke, 4450 Lingen-Schepsdorf; Werner Franke, 4450 Lingen-Schepsdorf; Luc de Geyter, B-2670 Puurs (Belgien); Foto Hartdegen, 4450 Lingen; Edmund Fürst Hatzfeld, 5000 Köln; Fotoverlag Hans Peter Huber, 8100 Garmisch-Partenkirchen; M. Riskamp, Mus. Osnabrück, 4500 Osnabrück; Ewald Risau, 4452 Messingen; Helge Scharenberg, 4470 Meppen; Helmut Tecklenburg, 4470 Meppen; Paul Teismann, 4453 Wettrup; Foto Temming, 4473 Haselünne; Foto A. Weber, 4470 Meppen – S. 35 nach einem Ölgemälde in Privatbesitz von Frau A. Hecker, Salzbergen – S. 37 nach Originalfoto in Privatbesitz von Frau A. Hecker, Salzbergen – S. 37 nach Originalfoto in Privatbesitz von Herrn Pfarrer i. R. A. Dalsing, Bad Iburg.
Karte S. 144
Kartengrundlage: Gaußsche Landesaufnahme, Blatt 35 (1857–58). Herausgegeben von der Historischen Kommission für Niedersachsen und Bremen und vom Niedersächsischen Landesverwaltungsamt – Landesvermessung.
Vervielfältigt mit Erlaubnis des Niedersächsischen Landesverwaltungsamtes – Landesvermessung – B4 – 681/90.
Karte S. 145
Kartengrundlage: Topographische Karte 1:25000, 3310 (1983), 3311 (1983).
Vervielfältigt mit Erlaubnis des Herausgebers: Niedersächsisches Landesverwaltungsamt – Landesvermessung – B4 – 681/90.